KB111648

쉽게 따라하는

IoT 서비스 만들기

정보문화사
Information Publishing Group

Coding Book No. 3

쉽게 따라하는

IoT 서비스 만들기

초판 1쇄 발행 | 2018년 06월 10일
초판 2쇄 발행 | 2019년 11월 15일

지 은 이 | 이미향, 김창기
발 행 인 | 이상만
발 행 처 | 정보문화사

편 집 진 행 | 노미라

주 소 | 서울시 종로구 대학로 12길 38 (정보빌딩)
전 화 | (02)3673-0037(편집부) / (02)3673-0114(代)
팩 스 | (02)3673-0260
등 록 | 1990년 2월 14일 제1-1013호
홈 페 이 지 | www.infopub.co.kr

I S B N | 978-89-5674-786-6

머리말

2018년부터 2015년 개정 교육과정에 따른 정보 교과가 중학교 1학년부터 적용되고 있습니다. 즉, 정책이 교육 현장에 실제적으로 적용되기 시작한 중요한 시기입니다.

또한, 약 2015년부터 '코딩'과 관련한 교육 콘텐츠들이 많이 쏟아져 나오고 있고, 학교를 비롯한 여러 기관에서 캠프 등을 통해 다양한 방법으로 재미있고 효과적인 교육을 하고자 하는 시도들도 많이 있습니다.

이 시점에 이 책은 다음 세대인 우리 자녀들이 아두이노 센서나 액츄에이터가 어떤 기능을 하는지 한두 번 동작시켜 보거나 앱 인벤터의 컴포넌트와 블록의 기능을 익히기 위해 단순한 앱을 개발하는 것을 목표로 하지는 않습니다.

인간, 사물, 공간, 서비스 등 모든 사물이 하나로 연결되는 사물 인터넷(IoT) 시대를 맞아 우리 생활을 보다 편리하게 하는 서비스가 어떤 것이 있는지 각 챕터에서 제시하는 예제와 함께 익히고, 나아가 실제 생활에서 해결해야 할 문제나 개선되어야 할 부분들을 스스로 찾아 직접 시제품을 설계하고 구현하여 서비스화하기까지의 모든 과정에 필요한 창의융합적인 능력을 향상시키는 것을 기대합니다. 시제품을 만들어 보는 방법은 여러 가지가 있지만 이 책에서는 아두이노와 앱 인벤터를 활용하였습니다.

이제는 단순히 문법이나 센서의 기능만을 익히는 것을 넘어, 작지만 제대로 된 서비스를 직접 만들어 보고자 하는 분들에게 이 책이 도움이 되었으면 합니다.

또 한 번 새로운 도전을 할 수 있게 좋은 기회를 주신 정보문화사 모든 관계자 분들과 함께 집필해 주신 김창기 대표님께 감사드립니다. 그리고 저의 가장 든든한 후원자인 사랑하는 남편과 두 공주 민지, 민주에게도 감사의 마음을 전하고, 저를 위해 기도해 주신 가족들과 포커스 교회 모든 성도님들께도 감사드립니다. 마지막으로 저의 삶을 인도해 주신 하나님께 감사드립니다.

이미향

함께 집필해 주신 이미향 박사님께 감사드리며, 교정 및 편집을 위해 노력해 주신 정보문화사 관계자 분들께도 감사드립니다. 그리고 저를 늘 응원해 주는 사랑하는 우리 가족, 예원, 성민, 유민에게 감사드립니다.

김창기

이 책은 아두이노로 개발된 제품을 앱 인벤터로 컨트롤하는 앱을 개발하는 내용으로 구성하였습니다. 아두이노를 처음 접하는 사람들이 어려워 하는 부분들을 쉽고 자세하게 설명하였으며, 초보자도 쉽게 따라할 수 있는 블록코딩형 앱 개발 도구인 앱 인벤터의 다양한 기능을 익힐 수 있습니다. 특히 실생활에 유용한 IoT 서비스를 쉽고 재미있게 만들어 볼 수 있는 예제들로 구성을 하였습니다.

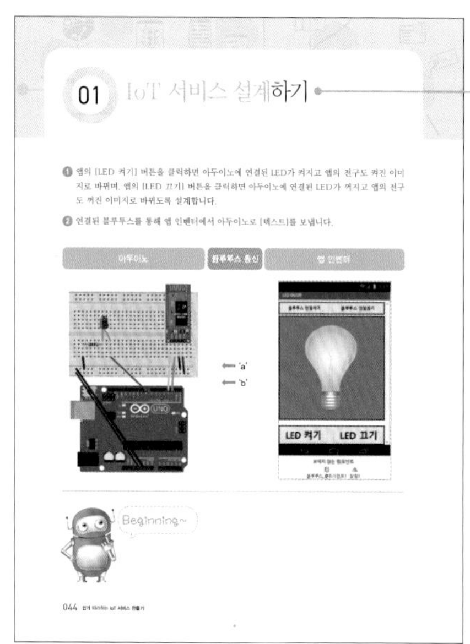

IoT 서비스 설계하기
예제의 IoT 서비스에 대한 전체적인 개념을 설명합니다. 아두이노와 앱 인벤터가 어떻게 통신을 하고, 동작하는지를 이해할 수 있습니다.

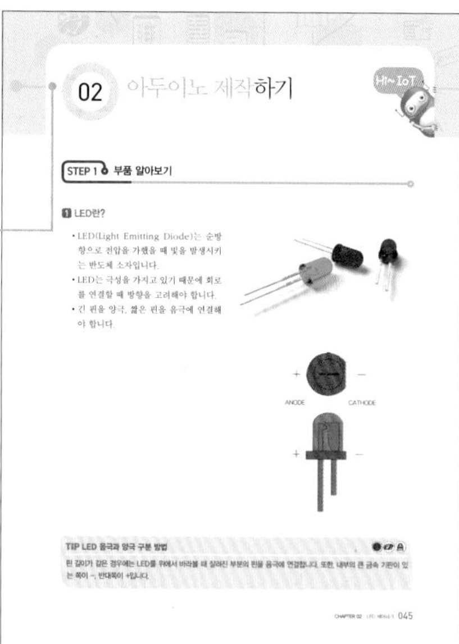

아두이노 제작하기
6개의 STEP으로 설명이 이루어집니다.

STEP 1에서는 각 CHAPTER에서 사용되는 센서 및 액츄에이터를 설명합니다. 이를 통해 센서 및 액츄에이터가 어떤 구조를 가지고 있으며, 어떻게 동작하는지를 이해할 수 있습니다.
STEP 2에서는 IoT 시제품 제작에 필요한 부품들을 설명합니다.
STEP 3에서는 아두이노와 부품을 연결하는 방법을 설명합니다. 브레드보드 회로도, 회로 연결 후 사진 및 부품의 위치를 자세히 설명합니다.
STEP 4에서는 아두이노 보드로 업로드할 스케치를 볼 수 있습니다.
STEP 5에서는 작성한 스케치를 보다 자세히 설명합니다.
STEP 6에서는 작성한 스케치를 컴파일 및 아두이노 보드로 업로드하는 방법을 설명하고 있습니다.

앱 인벤터와 아두이노 통신하기
앱 인벤터와 아두이노가 어떻게 통신을 하는지와 어떤 동작을 발생시키는지를 설명하고 있습니다.

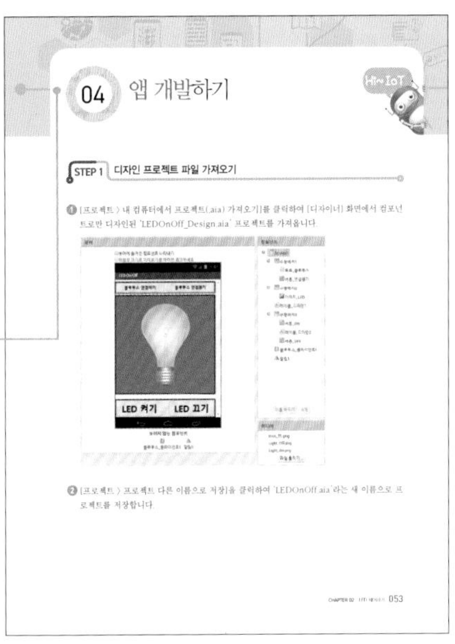

앱 개발하기
3개의 STEP으로 설명이 이루어집니다.

STEP 1에서는 [디자이너] 화면에서 컴포넌트로만 디자인된 각 CHAPTER의 프로젝트 파일을 가져오는 방법을 설명하고 있습니다.
STEP 2에서는 (STEP 1)에서 가져온 프로젝트 파일의 각 컴포넌트 기능을 설명하고 있습니다.
STEP 3에서는 [블록] 화면으로 이동하여 앱 인벤터에서 제공하는 블록을 사용하여 블록코딩하는 방법을 설명하고 있습니다.

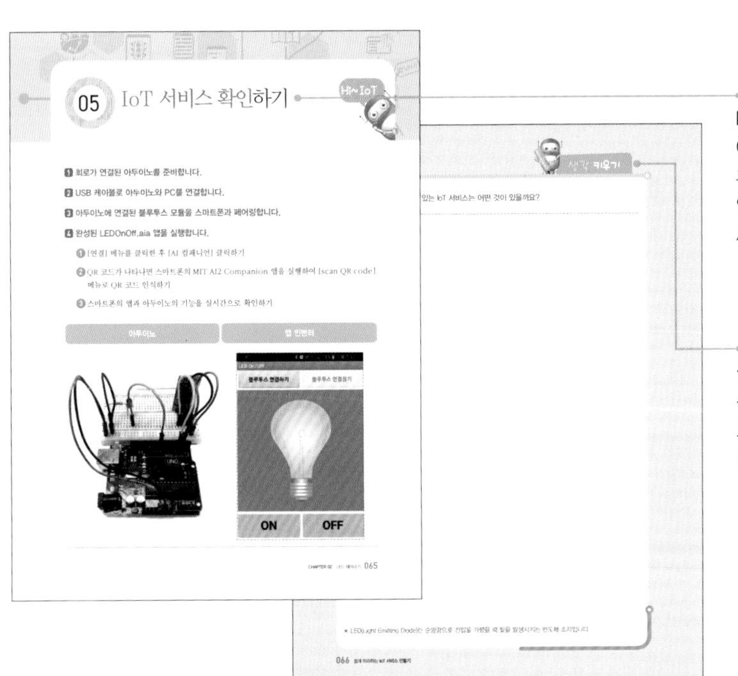

IoT 서비스 확인하기
아두이노와 앱 인벤터에 대한 코드를 작성한 후 IoT 서비스를 확인하는 방법을 설명하고 있습니다. 완성된 IoT 서비스를 확인해 봄으로써 작성한 코드와 통신을 이해할 수 있습니다.

생각 키우기
수록된 예제를 수정, 추가해 봄으로써 아두이노와 앱 인벤터에 대한 이해를 돕고, 응용력을 키울 수 있도록 합니다.

목차

CHAPTER 01 아두이노와 앱 인벤터를 이용한 IoT 서비스 만들기

CHAPTER 02 LED 제어하기

▲ LEDOnOff.aia 앱

CHAPTER 03 무드등 조절기 만들기

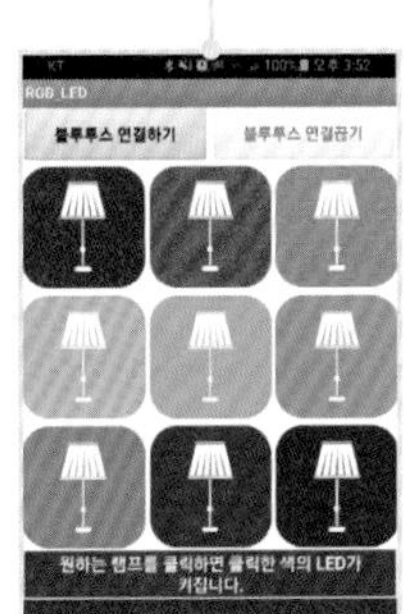

▲ RGBLED.aia 앱

CHAPTER 04 나의 스마트폰 찾기

▲ FindSmartPhone.aia 앱

CHAPTER 05 음성으로 전등 켜기

▲ VoiceCommand.aia 앱

CHAPTER 06 우리 집 온도 측정기 만들기

▲ Thermistor.aia 앱

CHAPTER 07 거리 측정기 만들기

▲ Ruler.aia 앱

CHAPTER 08 집안 침입자 알림이 만들기

▲ Alarm.aia 앱

CHAPTER 09 빗물 감지기 만들기

▲ RainSensor.aia 앱

CHAPTER 10 스마트폰으로 조절하는 휴지통 만들기

▲ TrashCanController.aia 앱

CHAPTER 11 전압 측정기 만들기

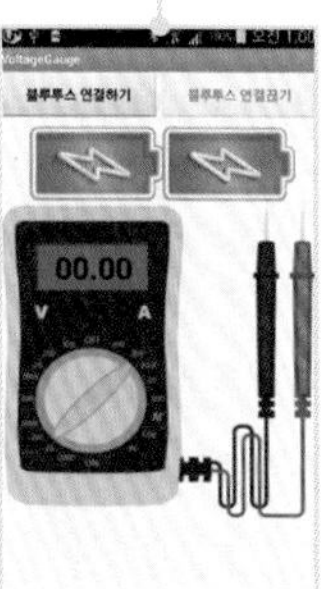

▲ VoltageGauge.aia 앱

CHAPTER 12 난로 지킴이 만들기

▲ HeaterKeeper.aia 앱

CHAPTER 13 햇빛량 측정기 만들기

▲ Sunlight.aia 앱

CHAPTER 14 선풍기 조절기 만들기

▲ FanController.aia 앱

CHAPTER 15 음악 볼륨 조절기 만들기

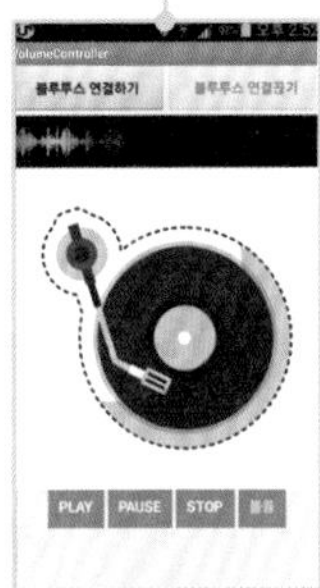

▲ VolumeController.aia 앱

CHAPTER 16 화분 물주기

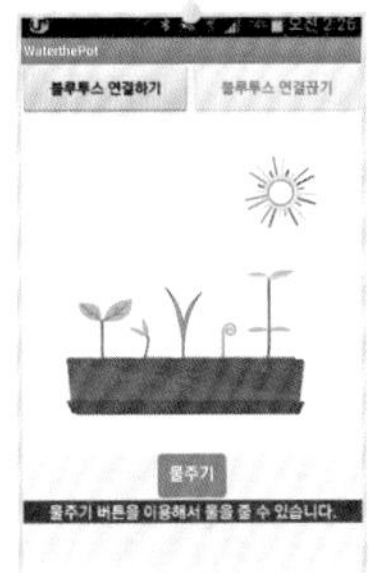

▲ WaterthePot.aia 앱

부품(하드웨어) 준비하기

이 책에서 사용할 모든 부품에 대한 정보입니다. 부품 구매에 대한 정보는 필자의 블로그를 참고해 주시고 문의사항은 이메일로 문의해 주세요.

- 김창기 : http://blog.naver.com/winkck, winkck@naver.com
- 이미향 : http://blog.naver.com/smilequeen, smilequeen@gmail.com

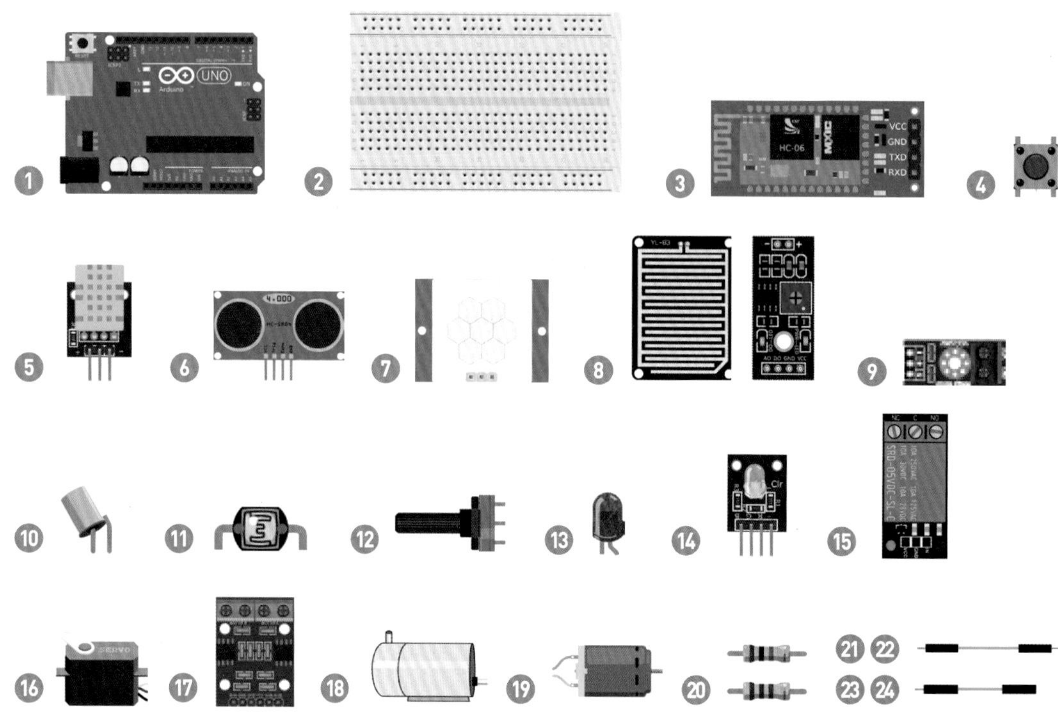

공통부품	개수	액츄에이터	개수
❶ 아두이노 우노 보드	1	⓭ LED	1
❷ 브레드보드	1	⓮ RGB LED 모듈	1
❸ 블루투스 모듈	1	⓯ 릴레이 모듈	1
센서	**개수**	⓰ 서보모터(SG90)	1
❹ 택트 스위치	1	⓱ 모터 드라이버 모듈(L9110)	1
❺ 온습도 센서 모듈(DHT11)	1	⓲ 워터펌프	1
❻ 초음파 거리 센서(HC-SR04)	1	⓳ DC모터	1
❼ 인체 감지 모션 센서(HC-SR501)	1	**기타**	**개수**
❽ 빗물 감지 센서 모듈	1	⓴ 저항 10KΩ, 220Ω	각 1
❾ 전압 측정 센서 모듈	1	㉑ 점퍼와이어(MM) 10cm	20
❿ 기울기 센서	1	㉒ 점퍼와이어(MM) 20cm	5
⓫ 조도 센서	1	㉓ 점퍼와이어(MF) 10cm	10
⓬ 가변저항(10K)	1	㉔ 점퍼와이어(MF) 20cm	5

CHAPTER

01

아두이노와 앱 인벤터를 이용한 IoT 서비스 만들기

우리 생활을 보다 편리하게 하는 서비스를 아두이노와 앱 인벤터를 사용하여 개발할 수 있습니다.

01 IoT

STEP 1 IoT 서비스란?

IoT(Internet of Things)는 사물 인터넷이라고도 불리며, 사물들이 네트워크로 연결되어 서로 소통할 수 있는 것을 의미합니다.

즉, 사물 인터넷(IoT)은 인간, 사물, 공간, 서비스 등 모든 사물을 하나로 연결해 새로운 부가가치를 창출하는 것이라고 할 수 있습니다.

사물 인터넷(IoT)을 가능케 하는 주요한 기술에는 센서, 통신 및 네트워크 인프라, 인터페이스 기술이 있습니다.

센서(Sensor)는 온도, 습도, 열 등 전통적인 센서부터 레이더, 위치, 모션, 영상 등 현대적 장비에 이르기까지 주위 환경으로부터 정보를 얻을 수 있는 물리적 센서를 말합니다.

통신 및 네트워크 인프라는 WPAN, Wi-Fi, 5G/4G/LTE, Bluetooth 등 인간, 사물, 서비스 등을 연결시켜 주는 유·무선 연결망을 말합니다.

인터페이스는 인간, 사물, 서비스 등이 특정 기능을 수행하는 응용 서비스를 수행할 수 있는 능력을 말합니다.

이런 IT 기술이 빠르게 발전하면서 모든 사물이 하나로 연결되는 초연결사회로 변화하고 있습니다. 그 중심에는 인간, 사물, 서비스를 연결하는 것을 목표로 하는 사물 인터넷(IoT)이 자리 잡고 있다고 해도 과언이 아닙니다(참고 사이트-http://www.zamong.co.kr).

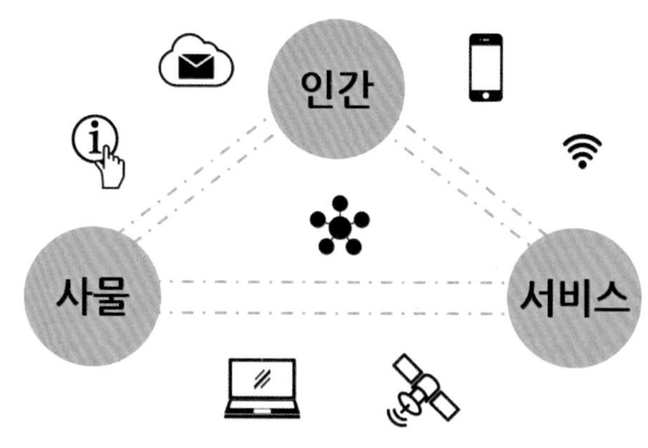

사물 인터넷(IoT) 핵심 구성 요소

STEP 2 IoT 서비스 사례 알아보기

1 SMART HOME

스마트폰을 이용하여 전등이나 선풍기를 켜고 끌 수 있고, 반대로 센서를 이용하여 집 안의 온도, 비가 오는지 등을 스마트폰으로 알 수 있는 다양한 IoT 서비스가 있습니다. 이런 IoT 서비스를 이용하여 스마트 홈(Smart Home)을 만들어 볼 수 있습니다.

2 SMART FACTORY

IoT 서비스는 일상생활뿐 아니라 공장 내 설비와 기계에 적용하여 스마트 팩토리(Smart Factory)를 만들 수도 있습니다.

설비와 기계들이 무선통신으로 연결되어 있어 모든 공정들을 모니터링할 수 있습니다.

이외에도 IoT는 다양한 분야에 사용될 수 있으며, 4차 산업혁명의 핵심 중 하나로 꼽히고 있습니다.

교재에서는 아두이노와 앱 인벤터를 사용하여 실생활에 유용하고 다양한 IoT 서비스의 예들을 설명하고 있습니다.

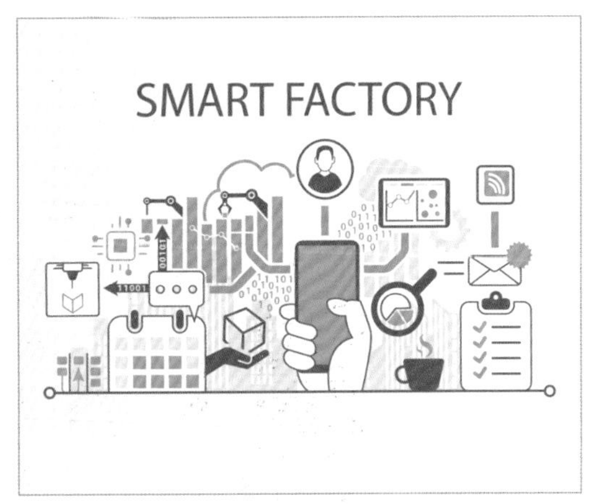

아두이노에는 다양한 센서와 액츄에이터들을 연결하고, 앱 인벤터를 이용하여 스마트폰의 앱을 만들 것입니다.

그리고, 아두이노와 스마트폰을 연결하여 다양한 IoT 서비스를 체험한 후 나만의 IoT 서비스를 만들어 본다면, 4차 산업혁명의 중요한 IoT에 대한 개념을 익힐 수 있습니다.

02 아두이노

STEP 1 아두이노(Arduino)란?

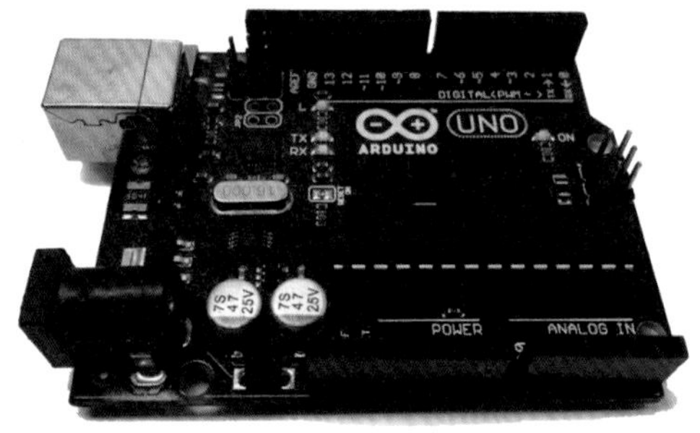

아두이노는 사용하기 쉬운 하드웨어와 소프트웨어를 기반으로 하는 오픈 소스 전자 플랫폼입니다. 아두이노 보드는 다양한 센서로부터 입력 신호를 읽고 다양한 액츄에이터를 통해 원하는 동작을 일으킬 수 있습니다. 이런 동작을 일으키기 위해 코드를 만든 후 아두이노 IDE를 사용하여 아두이노 보드로 명령어들을 보내야 합니다.

센서는 사람의 감각기관에 해당하며, 액츄에이터는 표현기관에 해당됩니다. 센서로부터 입력되는 다양한 정보를 가지고 액츄에이터들을 어떻게 동작시킬지는 프로그램을 작성하는 사람의 생각에 따라 달라질 수 있습니다.

STEP 2 아두이노 보드 살펴보기

아두이노 보드는 입문 단계에 적합한 아두이노 우노(UNO), 복잡한 프로젝트에 사용되는 아두이노 메가(Mega), 사물 인터넷을 위한 아두이노 윤(YUN), 웨어러블(Wearable)을 위한 릴리패드(Lilypad) 아두이노 등 이외에도 다양한 종류의 아두이노 보드들이 있습니다. 이 책에서는 아두이노를 처음 시작할 때 많이 사용되는 아두이노 우노(UNO) R3를 사용합니다.

아두이노 우노 R3(Revision 3)에서는 다음의 핀들이 센서 및 액츄에이터를 위해 많이 사용됩니다.

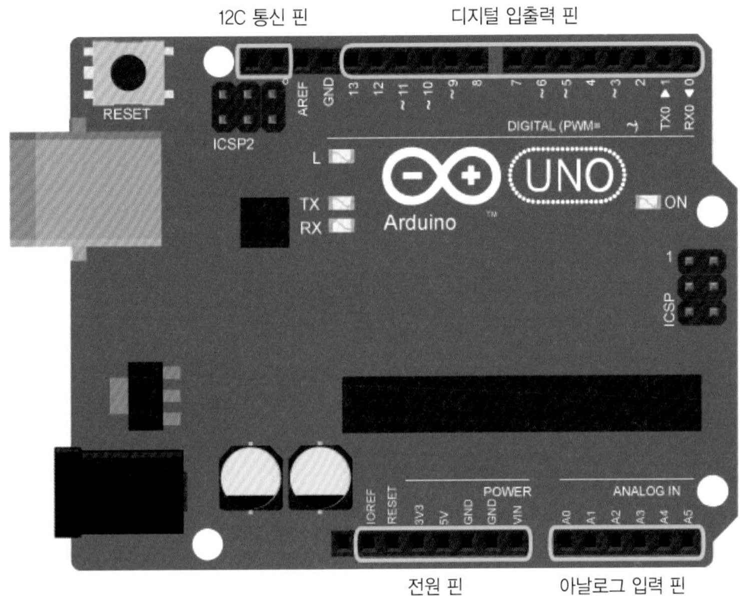

14개의 디지털 입출력 핀을 가지고 있으며, 그 중 6개의 핀은 PWM 출력이 가능합니다. PWM 출력이 가능한 핀은 숫자 옆에 '~' 표시가 있습니다. 그리고, 6개의 아날로그 입력 핀이 있으며, I2C 통신을 사용하기 위한 핀이 있습니다.

TIP PWM 

PWM(Pulse Width Modulation)은 아날로그 신호를 디지털 형태로 나타낸 것을 의미합니다. 디지털 신호에 주파수를 설정하고 펄스 폭(Pulse Width)을 변화시켜 사용합니다. 예를 들어, 최대 5V 출력을 가지고 있는 디지털 핀에서 2.5V가 필요할 경우 펄스 폭을 50%로 설정합니다.

STEP 3 아두이노 IDE 설치하기

아두이노 IDE(Integrated Development Environment)는 아두이노 통합 개발 환경을 의미합니다. 즉, 프로그램을 작성하고, 아두이노 보드로 업로드하기 위해 아두이노 IDE를 사용합니다. 아두이노 IDE로 작성한 프로그램을 '스케치'라고 합니다. 그리고 아두이노 IDE는 아두이노 홈페이지에서 다운로드하여 설치할 수 있습니다.

https://www.arduino.cc/en/Main/Software

1. 아두이노 홈페이지에서 [SOFTWARE]를 선택하면 다음의 화면이 나타납니다. 윈도우 환경을 사용할 경우 [Windows Installer]를 선택합니다.

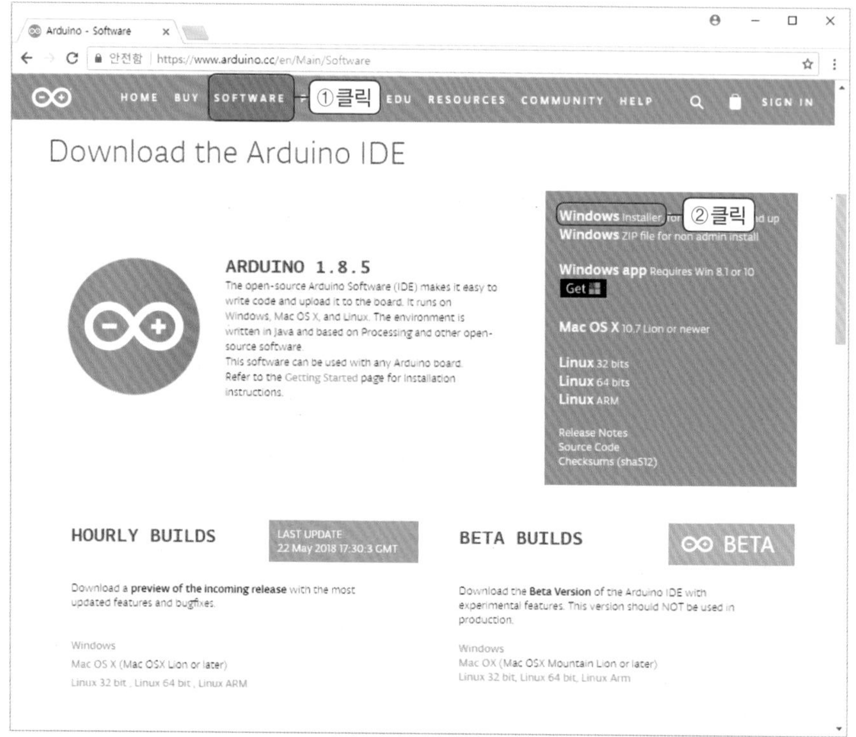

2 [Windows Installer]를 선택하면 아두이노 IDE를 다운로드하기 위한 페이지로 이동합니다. 다운로드는 무료이지만 기부를 하고 다운로드할 수도 있습니다.

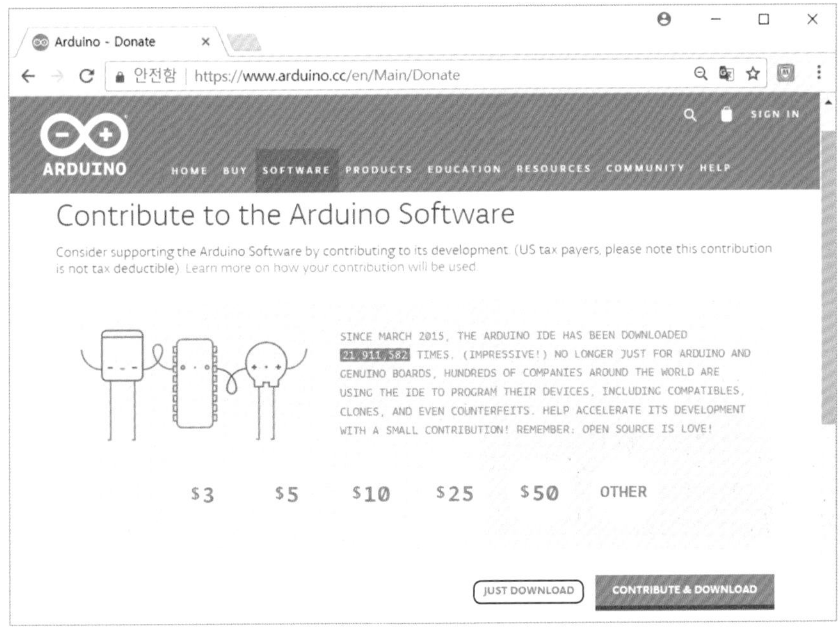

3 다운로드 후 아두이노 IDE를 설치합니다. 설치 중 아두이노 USB Driver를 설치하기 위한 창이 나타나면, [설치]를 선택합니다.

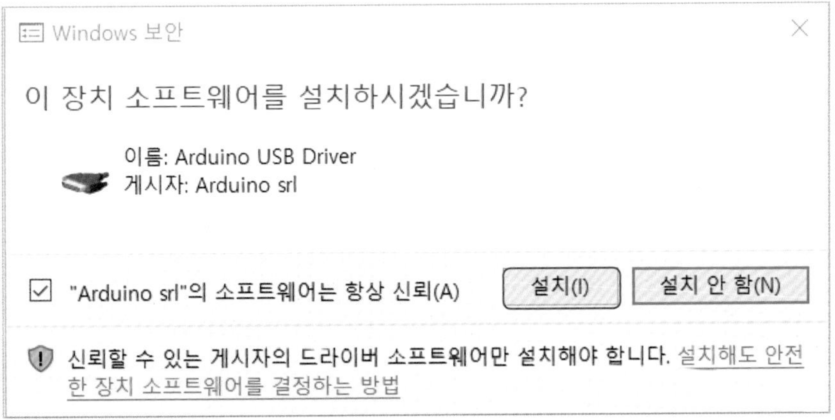

4 USB 케이블로 아두이노 보드를 컴퓨터에 연결합니다.

5 아두이노 IDE를 실행하면 다음의 화면이 나타납니다.

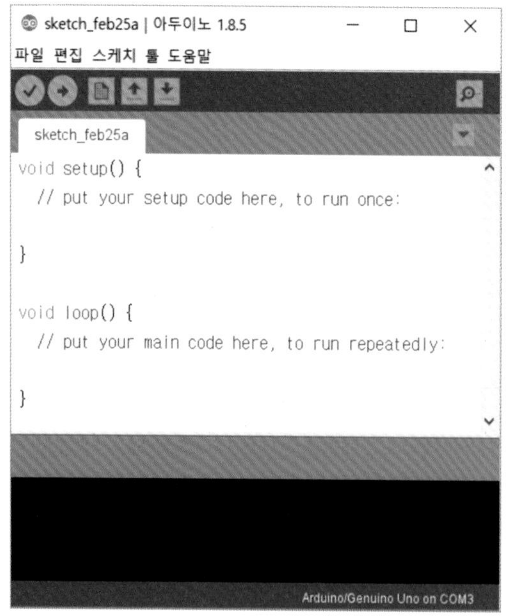

6 아두이노 IDE를 실행한 후 [툴]에서 [보드]와 [포트]를 사용하고자 하는 보드 종류와 통신을 위한 COM 포트로 설정합니다.
이 책에서는 아두이노 우노를 사용하기 때문에 [보드]는 'Arduino/Genuino Uno'로 설정합니다. 포트는 USB Driver가 정상적으로 설치되었다면 'Arduino/Genuino Uno'로 표시된 COM 포트가 보일 것이며, 이 포트로 설정합니다.

TIP 포트 설정

컴퓨터에 따라 COM 포트의 번호가 다를 수 있습니다. [포트]에 아무런 COM 포트도 보이지 않을 경우에는 아두이노 USB Driver가 정상적으로 설치되었는지, 아두이노 보드가 정상적으로 연결이 되었는지 등을 확인합니다.

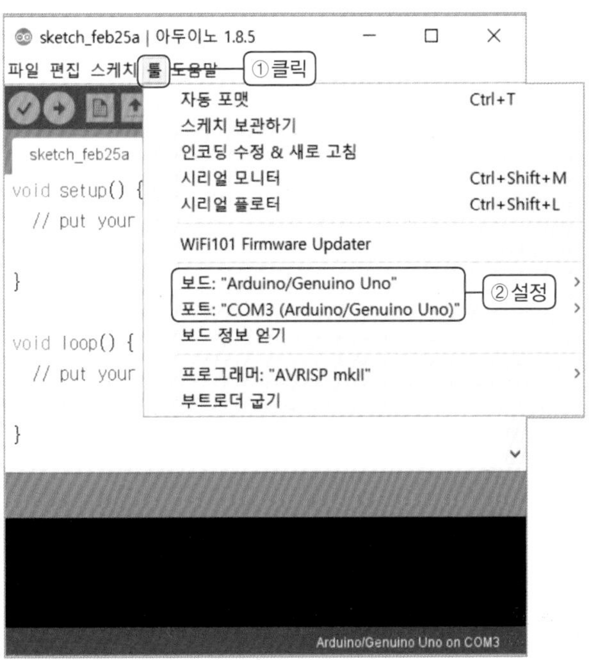

7. 보드와 포트를 설정한 후, 아두이노 IDE에서 [파일]-[예제]-[01.Basics]-[Blink]를 선택합니다.

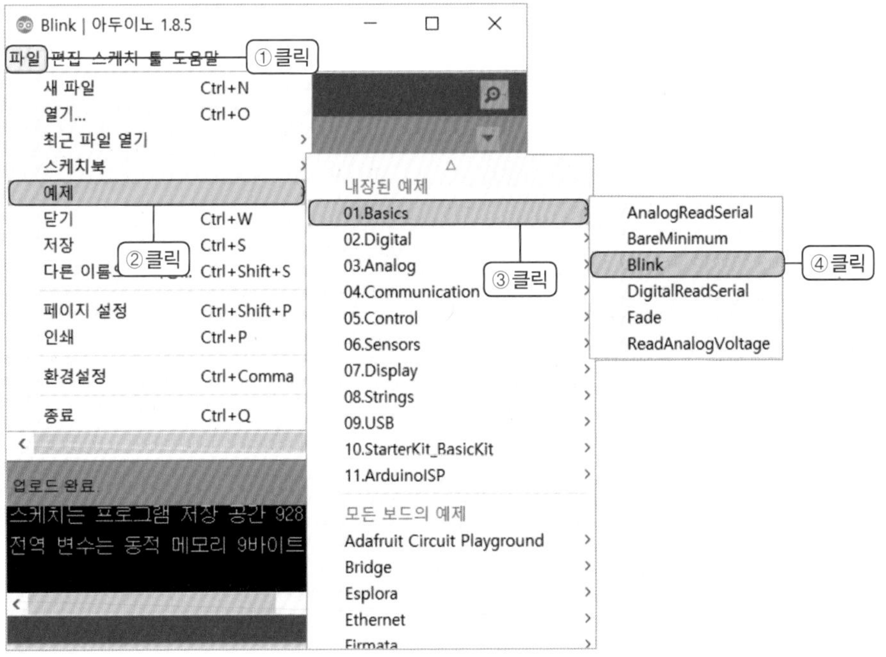

❽ [업로드] 버튼을 클릭하여 스케치를 컴파일 및 아두이노 보드로 업로드합니다. 정상적으로 업로드가 되었다면, '업로드 완료' 메시지가 상태 바에 나타납니다.

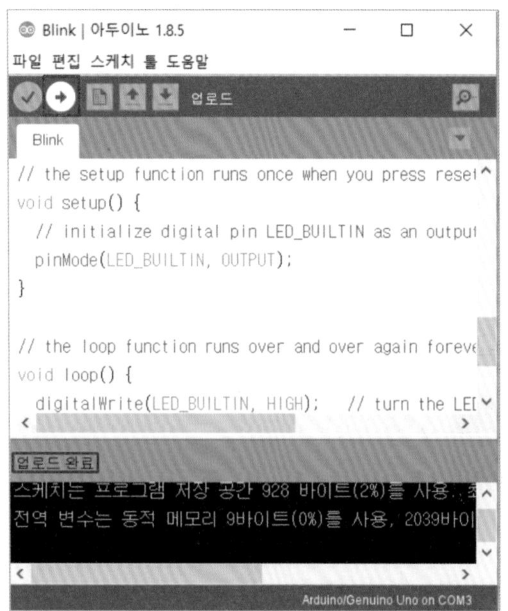

❾ 아두이노 우노 보드에서 'L'로 표시된 LED가 1초 주기로 깜박이는 것을 확인합니다.

①~⑨번까지 모두 진행이 되었다면, 아두이노를 사용할 준비가 끝난 상태입니다.

STEP 4 아두이노 IDE 알아보기

아두이노 IDE를 실행하면, 텍스트 편집기에 setup()과 loop() 함수가 있습니다.

setup()은 스케치를 시작할 때 한 번 실행되며, 핀 모드 설정 또는 라이브러리 초기화를 위한 코드를 작성하는 것이 좋습니다. loop()는 계속해서 호출되며 작성하고자 하는 코드를 구성하는 부분입니다. 따라서 스케치는 두 함수를 모두 포함하고 있어야 합니다.

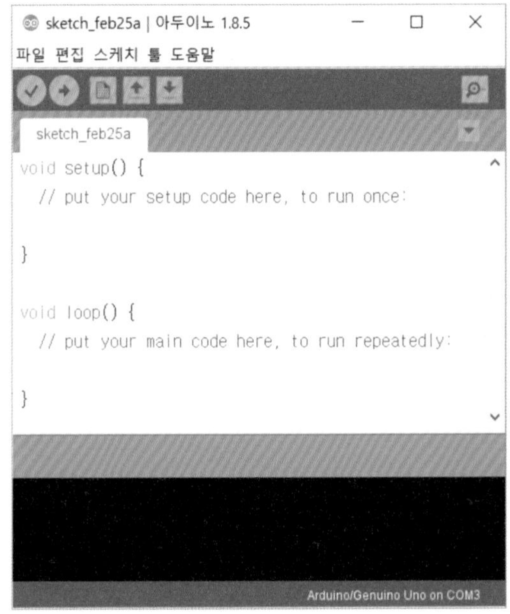

아두이노 IDE에서 자주 사용되는 툴바에는 [확인], [업로드], [새 파일], [열기], [저장], [시리얼 모니터] 버튼이 있습니다.

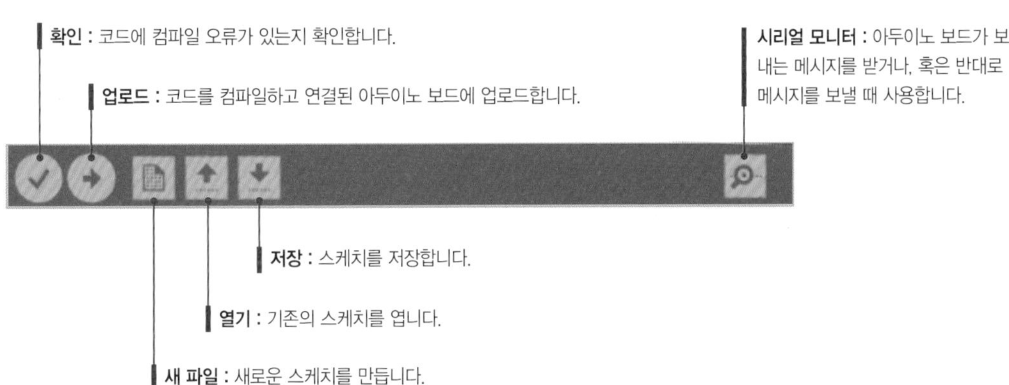

STEP 5 아두이노 라이브러리(library) 설치하기

라이브러리는 센서, 디스플레이, 모듈 등을 쉽게 사용할 수 있도록 하는 코드 모음입니다. 추가 라이브러리를 사용하려면 라이브러리를 설치해야 합니다. 라이브러리를 설치하는 방법은 다음과 같습니다.

- 라이브러리 관리자 사용하기
- .ZIP 라이브러리 가져오기
- 수동 설치하기

이 책에서는 .zip 라이브러리를 설치하는 방법에 대해 알아보겠습니다. 아두이노 IDE에서 [스케치]-[라이브러리 포함하기]-[.ZIP 라이브러리 추가]를 선택하여 ZIP 파일로 되어 있는 라이브러리를 선택합니다.

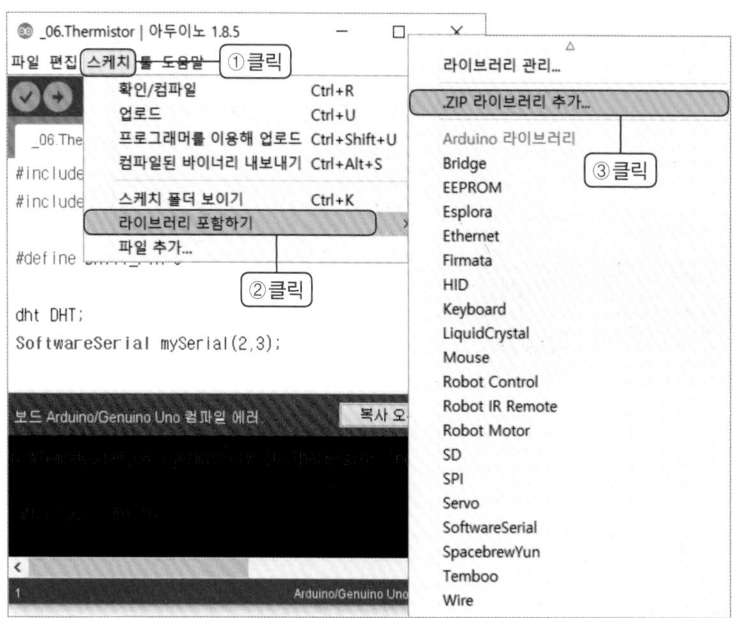

라이브러리를 추가한 후 [스케치]-[라이브러리 포함하기]를 선택하면 새로 추가한 라이브러리가 나타납니다. 사용하고자 하는 라이브러리를 선택하면 스케치에 자동으로 라이브러리에 대한 헤더 파일(.h)이 추가됩니다.

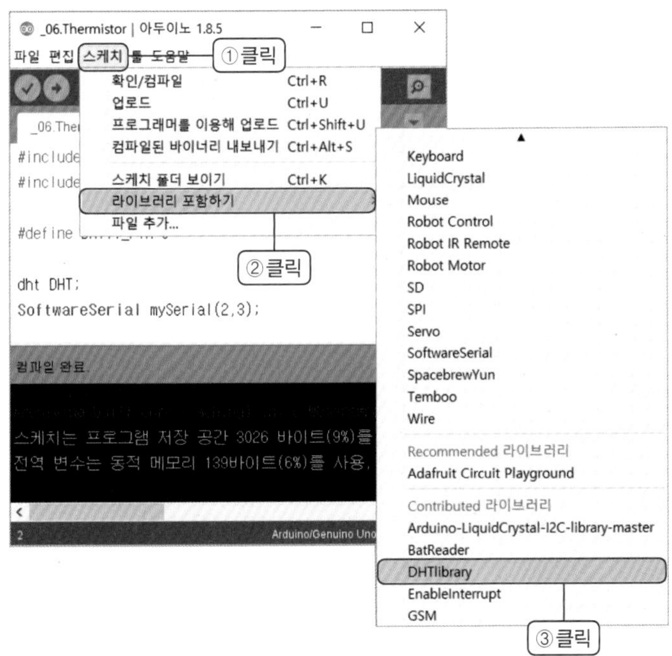

STEP 6 브레드보드 살펴보기

브레드보드는 '빵판'이라고도 부릅니다. 납땜을 하지 않고도 전자부품을 서로 연결할 수 있어 시제품 제작에 용이합니다. 이 책에서 사용되는 브레드보드는 400개의 홀을 가지고 있습니다.

다음 그림에서 같은 색의 홀들은 서로 연결되어 있습니다. 연한 빨간색, 파란색 홀들은 주로 전원을 연결하기 위해 사용되고, 연한 녹색 홀들은 부품들을 연결하기 위해 사용됩니다.

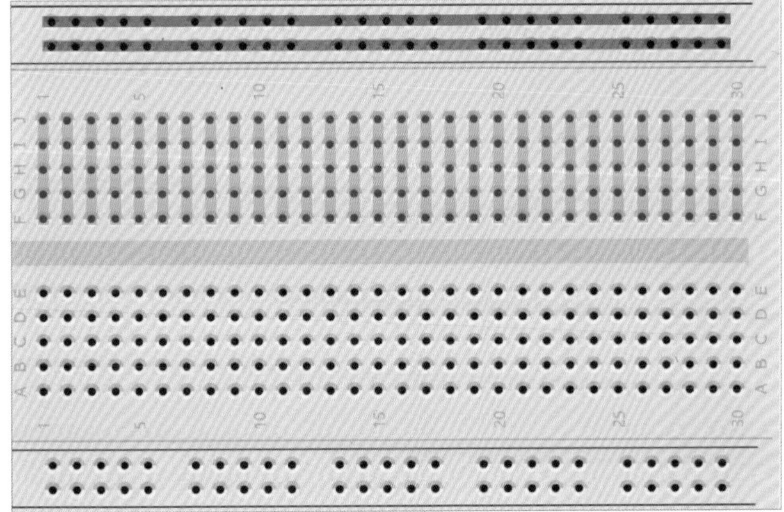

STEP 7 저항 알아보기

저항은 과전류로부터 전자부품을 보호하기 위해 많이 사용됩니다. 전류의 흐름을 방해하는 성질을 이용하여 전자부품이 허용할 수 있는 전류범위 내로 만들어 줍니다.

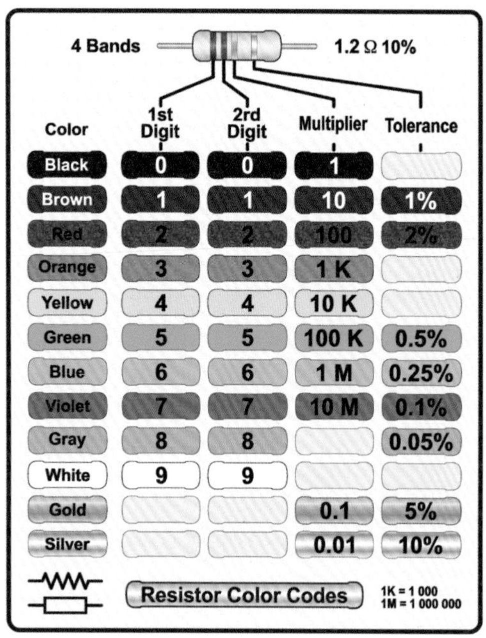

4 Bands 1.2 Ω 10%

Color	1st Digit	2rd Digit	Multiplier	Tolerance
Black	0	0	1	
Brown	1	1	10	1%
Red	2	2	100	2%
Orange	3	3	1 K	
Yellow	4	4	10 K	
Green	5	5	100 K	0.5%
Blue	6	6	1 M	0.25%
Violet	7	7	10 M	0.1%
Gray	8	8		0.05%
White	9	9		
Gold			0.1	5%
Silver			0.01	10%

Resistor Color Codes

1K = 1 000
1M = 1 000 000

저항 값은 부품에 표시된 색띠로 알 수 있습니다.
다음 그림은 CHAPTER 02에서 사용된 저항입니다. 저항을 보면, 빨간색, 빨간색, 갈색, 금색의 색띠를 가지고 있습니다. 색띠와 저항 색 코드를 보면 빨간색은 2, 갈색은 1, 금색은 5%로 표시된 것을 알 수 있고, 이것은 저항 값 220Ω이라는 것을 알 수 있습니다.

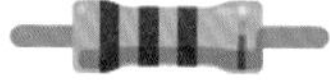

$22 \times 10^{1} \pm 5\%$

STEP 8 블루투스(Bluetooth) 알아보기

블루투스는 다양한 기기들이 서로 연결되어 파일을 주고받거나, 정보를 교환할 수 있게 해 주는 근거리 무선통신 기술입니다. 이 책에서 사용되는 블루투스 모듈 HC-06은 개방된 공간에서 10m 범위 내로 통신이 가능합니다. 또한, HC-06은 블루투스 연결 상태를 나타내는 LED가 있으며, 정상적으로 연결이 되고 나면 깜빡이던 LED가 계속 불이 들어와 있는 상태로 바뀝니다.

HC-06은 블루투스를 연결할 때 표시되는 이름을 AT 명령어로 변경할 수 있습니다. 이름을 변경하기 위해서는 아두이노 보드와 블루투스 모듈을 CHAPTER 02와 같이 연결한 후 아래의 사이트에 있는 스케치를 업로드합니다.

http://www.instructables.com/id/How-to-Change-the-Name-of-HC-06-Bluetooth-Module/

업로드 후 아두이노 IDE의 시리얼 모니터 창에서 아래의 AT 명령어로 이름을 변경할 수 있습니다.

AT + NAME[이름]

예 블루투스 모듈의 이름을 info로 변경하고자 할 경우 'AT+NAMEinfo'를 시리얼 모니터 창에 입력합니다. 응답으로 'OKsetname' 메시지가 나타나야 이름이 변경됩니다.

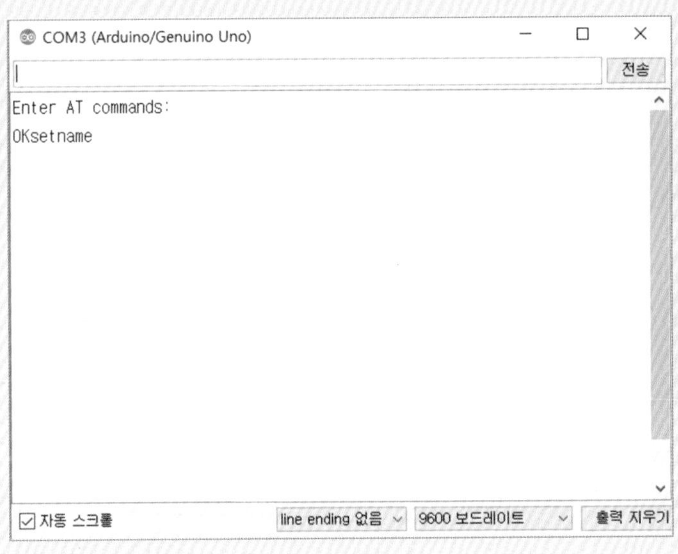

03 앱 인벤터

스마트폰 사용이 보편화되고 스마트폰에서 사용할 수 있는 앱(Application)을 스토어(구글의 Play 스토어)를 통해 쉽게 다운로드할 수 있는 환경이 되면서 많은 사람들이 앱을 개발하기 시작했습니다. 하지만 이런 앱을 누구나 쉽게 개발할 수 있는 것은 아니었습니다. 반면 앱 인벤터는 누구나 쉽게 원하는 앱을 만들 수 있도록 해 주는 프로그램입니다.

STEP 1 앱 인벤터란?

앱 인벤터(App Inventor)는 안드로이드 스마트폰 앱을 만들 수 있는 도구입니다. 그리고 크롬 브라우저로 'http://appinventor.mit.edu/explore/'에 접속하여 바로 코딩할 수 있습니다.

STEP 2 앱 인벤터 사용을 위한 준비하기

앱 인벤터로 앱을 개발하기 위해서는 크롬 브라우저와 구글 계정을 준비해야 합니다.

1 크롬 브라우저 설치하기

앱 인벤터는 구글에서 만든 크롬(Chrome) 브라우저에서 실행합니다. 크롬 브라우저를 다운로드하여 설치합니다.

※ 크롬 브라우저 다운로드 주소 : http://www.google.com/chrome/

2 구글 계정 만들기

1 앱 인벤터를 사용하기 위해서는 구글(Google) 계정이 있어야 합니다. 구글 계정은 'http://www.google.co.kr/'에서 만들 수 있습니다.

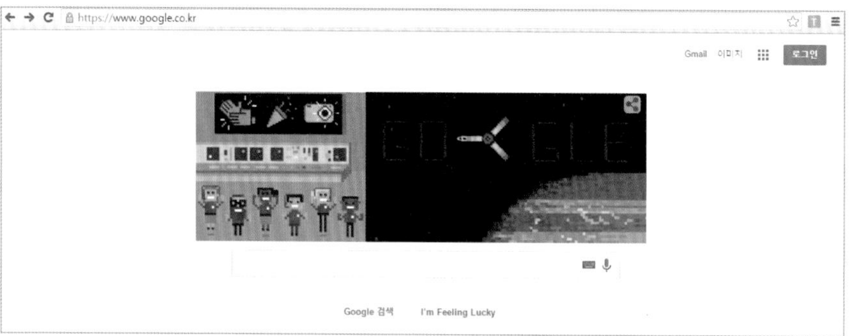

2 크롬 브라우저에서 구글 웹 사이트(http://www.google.co.kr/)에 구글 계정으로 로그인합니다.

3 앱 인벤터 시작하기

1 앱 인벤터 웹 사이트(http://appinventor.mit.edu/)에 접속합니다. 화면 오른쪽 위에 있는 Create apps! 버튼을 클릭합니다.

② 앱 인벤터 화면에서 언어를 [English]에서 [한국어]로 변경합니다.

STEP 3 앱 테스트 및 설치를 위한 준비하기

앱을 개발하면서 중간중간에 기능을 확인하기 위한 테스트 과정이 필요합니다. 그리고 앱이 완성되어 앱을 스마트폰에 설치하기 위해 필요한 사항을 준비합니다.

1 안드로이드 스마트폰 준비하기

앱 인벤터(App Inventor)는 안드로이드 플랫폼 앱을 개발하는 프로그램이므로 앱을 실제로 실행해 볼 수 있는 디바이스(스마트폰, 태블릿 등)를 준비합니다.

2 MIT AI2 Companion 설치하기

개발 중인 앱을 테스트 또는 실시간 미리 보기를 하기 위해 [Play 스토어]에서 'MIT AI2 Companion'을 다운로드하여 설치합니다. 이때 컴퓨터와 스마트폰은 같은 Wifi에 연결되어 있어야 합니다.

이 외 테스트 방법은 여러 가지가 있지만, 이 책에서는 이 방법을 추천합니다.

3 QR 코드 리더 앱 설치하기

완성된 앱을 스마트폰에 설치하기 위해 [Play 스토어]에서 'QR코드리더'로 검색하여 원하는 앱을 설치합니다.

STEP 4 앱 인벤터 화면 살펴보기

앱 인벤터는 컴포넌트로 앱의 화면을 디자인하는 [디자이너]와 기능(동작)을 블록으로 코딩하는 [블록] 화면으로 구성되어 있습니다. 디자이너 블록 버튼을 클릭하여 두 화면 중 하나를 선택할 수 있습니다.

1 [디자이너] 화면

컴포넌트들로 앱의 화면을 디자인하는 화면입니다.

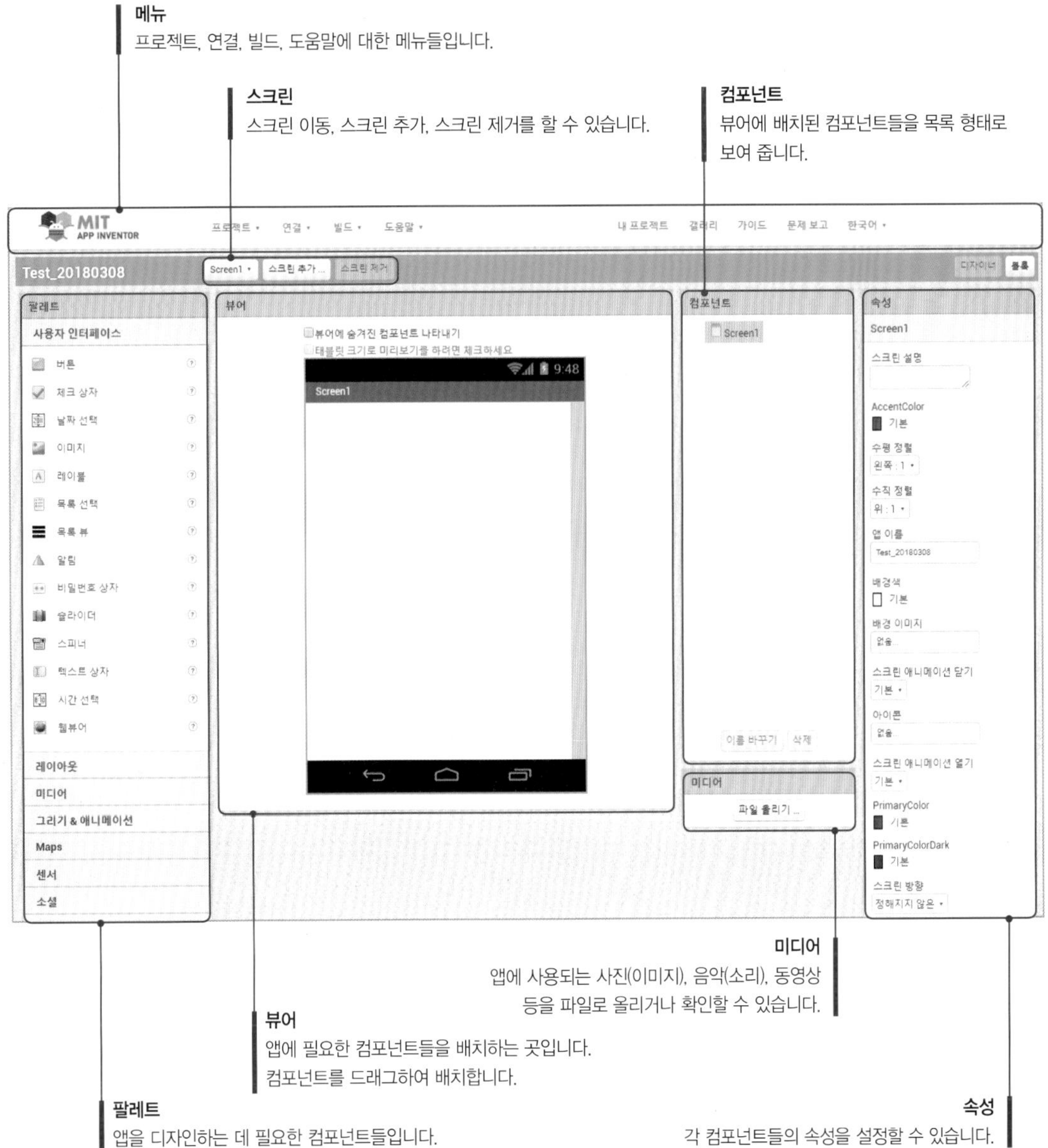

2 [블록] 화면

블록으로 앱의 기능(동작)을 코딩하는 화면입니다.

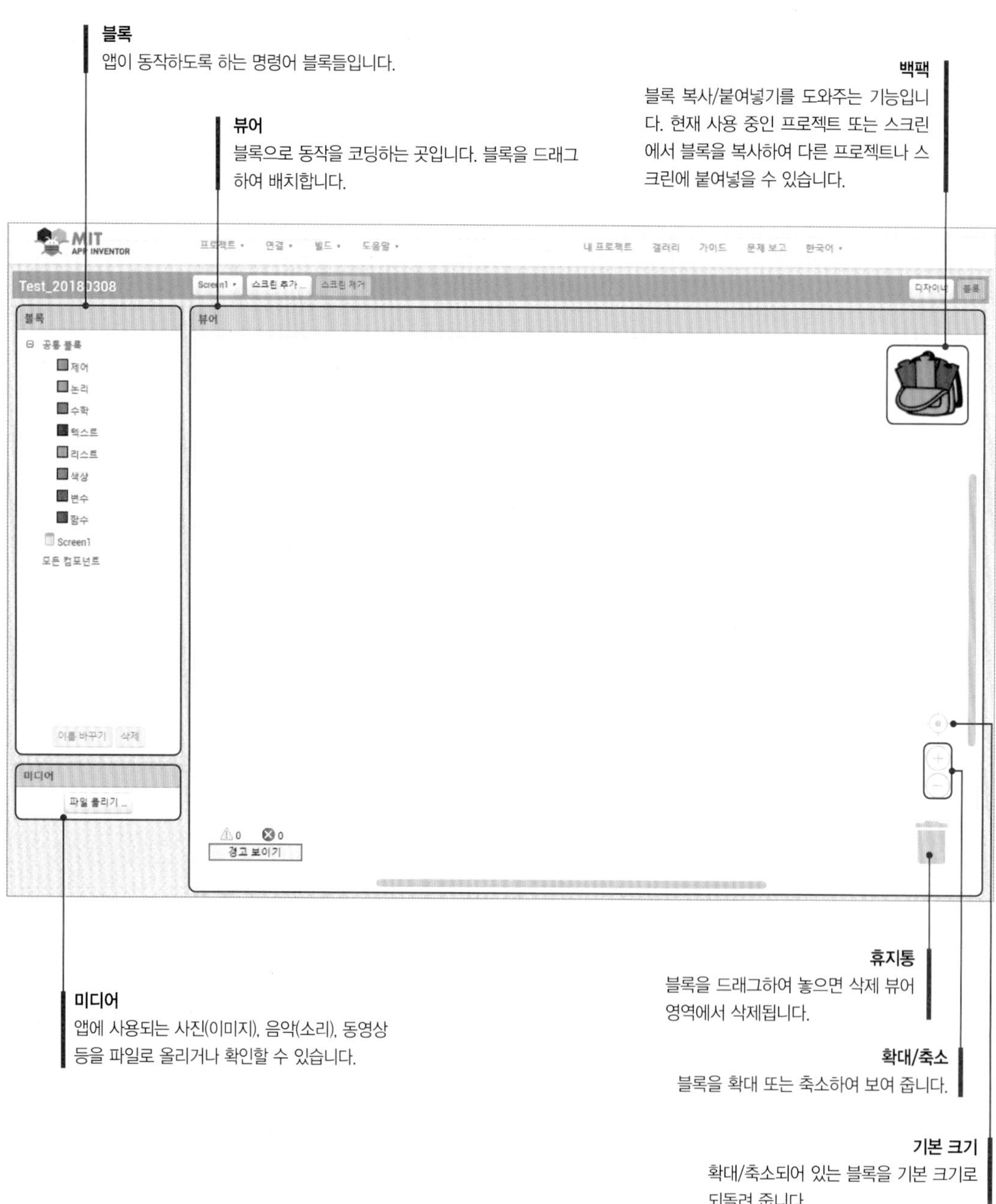

STEP 5 앱 만들기–테스트–저장–설치하기

1 앱 만들기

새로운 앱을 만듭니다.

① [프로젝트 〉 새 프로젝트 시작하기] 메뉴를 클릭합니다.

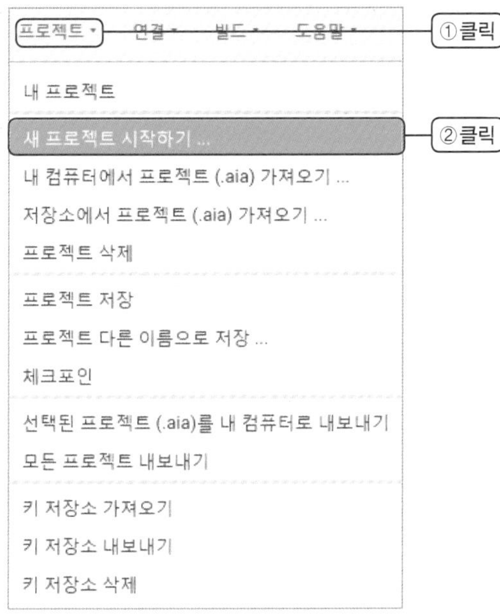

② 프로젝트 이름을 입력합니다.

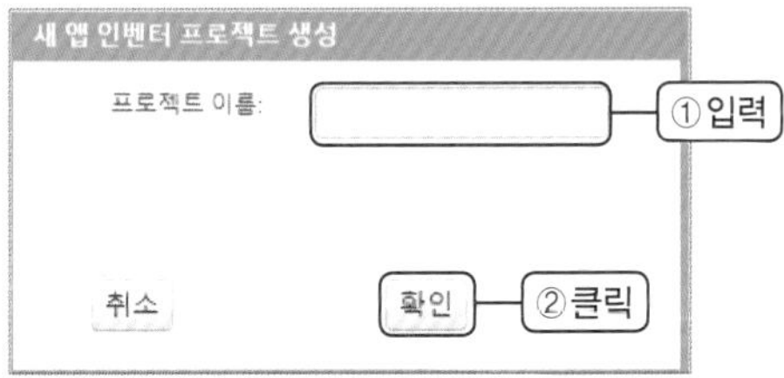

TIP 프로젝트 이름 정하기

프로젝트 이름은 영어 알파벳으로 시작해야 하고 특수문자(언더바(_) 제외)는 사용할 수 없습니다.

❷ 앱 테스트하기(실시간 미리 보기)

개발 중인 앱을 중간중간 실시간 미리 보기를 이용하여 확인합니다.
컴퓨터와 스마트폰이 같은 Wifi에 연결된 환경에서의 테스트 방법입니다.

❶ [연결 〉 AI 컴패니언] 메뉴를 클릭합니다.

❷ QR code와 6자리로된 code가 화면에 표시됩니다.

③ 스마트폰에 미리 다운로드한 MIT AI2 Companion 앱의[scan QR code] 메뉴를 사용하여 실시간 미리 보기를 진행합니다.

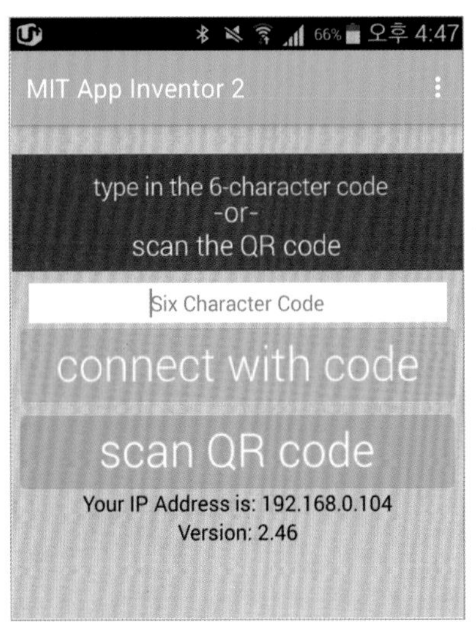

TIP 실시간 미리 보기 

실시간 미리 보기는 앱 인벤터 프로젝트(.aia)를 앱(.apk)으로 변환하지 않고 말 그대로 '미리 보기'하는 것이므로 실제로 정확히 동작하지 않을 때도 있습니다.

3 앱 저장하기

완성된 앱을 컴퓨터에 저장합니다.

① [프로젝트 〉 선택된 프로젝트(.aia)를 내 컴퓨터로 내보내기]로 저장합니다.
앱을 다시 편집할 수 있는 프로젝트로 저장하는 방법입니다. 이 경우 [프로젝트 〉 내 컴퓨터에서 프로젝트(.aia) 가져오기]로 다시 불러올 수 있습니다.

❷ [빌드 〉 앱(.apk를 내 컴퓨터에 저장하기)]로 저장합니다.
완성된 앱은 설치 파일 형태인 .apk 파일로 저장됩니다. 파일은 사용자 컴퓨터의 [다운로드] 폴더에서 확인할 수 있습니다.

❹ 앱 설치하기

완성된 앱을 스마트폰에 설치합니다. 스마트폰에 앱을 설치하기 위해서는 먼저 'QR 코드 리더' 앱이 설치되어 있어야 합니다.

❶ [빌드 〉 앱(.apk용 QR 코드 제공)]을 클릭합니다.

❷ QR 코드가 나타나면 앞에서 설치해 둔 'QR 코드 리더' 앱으로 코드를 인식합니다.

TIP QR 코드 유효 시간

이렇게 만들어진 QR 코드는 2시간 동안만 유효합니다. 다시 앱을 설치하기 위해서는 다시 QR 코드를 만들어야 합니다.

❸ 코드를 인식하면 '*.apk' 파일이 스마트폰에 저장되고 저장된 파일을 클릭하여 앱을 설치합니다. 이때 앱 설치와 관련된 보안 경고 창이 나타납니다.

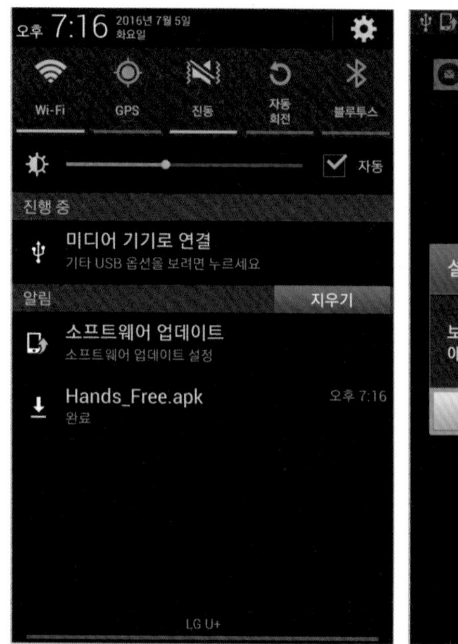

*.apk 파일 저장

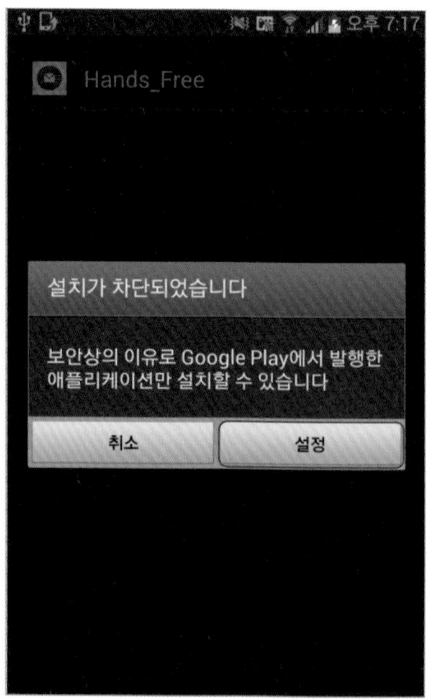

*.apk 파일을 설치할 때 보안 경고 창

❹ 스마트폰의 [설정 〉 보안 〉 디바이스 관리] 메뉴의 '알 수 없는 출처'를 선택하여 Play 스토어 외에 다른 출처의 애플리케이션을 설치할 수 있도록 허용합니다.

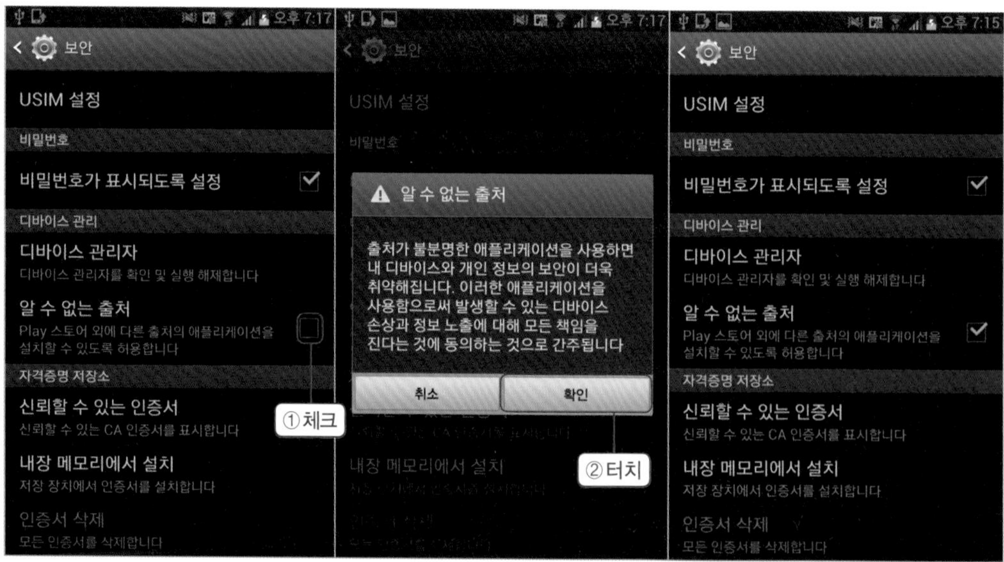

설정 〉 보안 / 알 수 없는 출처 허용 / 설정 완료

5 '*.apk' 파일을 찾거나 다시 빌드하여 앱을 설치합니다. 설치가 끝나면 [열기] 버튼을 클릭하여 앱을 실행합니다.

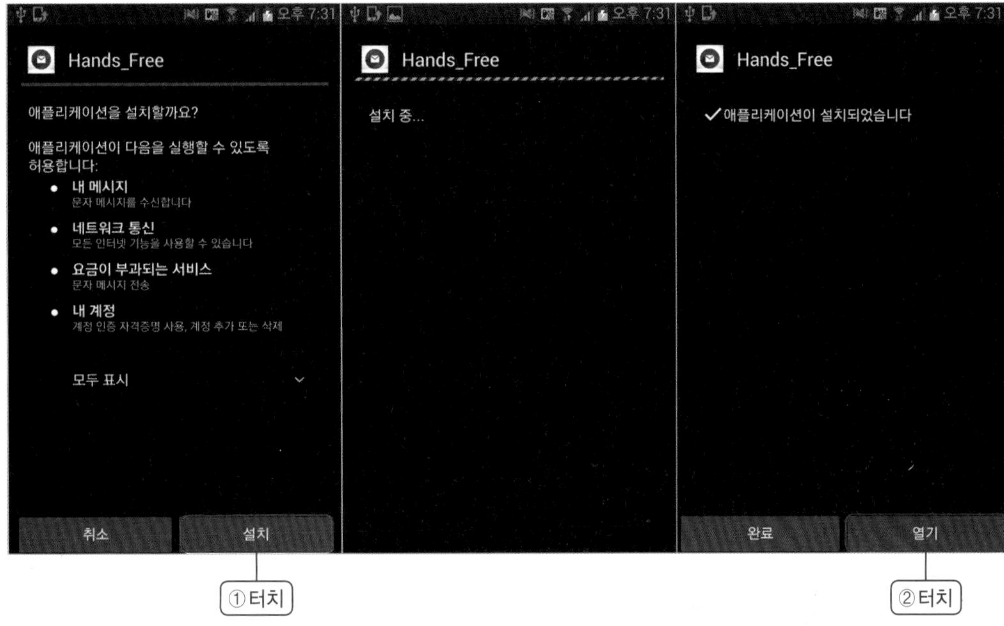

TIP 스마트폰 보안 설정

① 스마트폰 종류에 따라 설정 화면은 다를 수 있습니다.
② 스마트폰의 [설정 〉 보안 〉 디바이스 관리] 메뉴의 '알 수 없는 출처' 허용은 한 번만 하면 이후에는 보안 경고 창 없이 앱을 설치할 수 있습니다.

5 스마트폰과 아두이노의 블루투스 페어링하기

아두이노와 앱이 통신을 하기 위해서는 스마트폰과 아두이노의 블루투스가 페어링되어 있어야 합니다(사전 준비 사항 : 아두이노에 블루투스를 연결하여 이름 수정하기).

1. 스마트폰의 블루투스를 켭니다.

2. [찾기]를 클릭하여 사용할 수 있는 기기에 'HC-06'(또는 본인이 수정한 이름의 블루투스)이 보이면 선택합니다.

3. 블루투스 등록 요청 화면에서 PIN에 '0000' 또는 '1234'를 입력하고 [확인] 버튼을 누르면 등록된 기기에 등록됩니다.

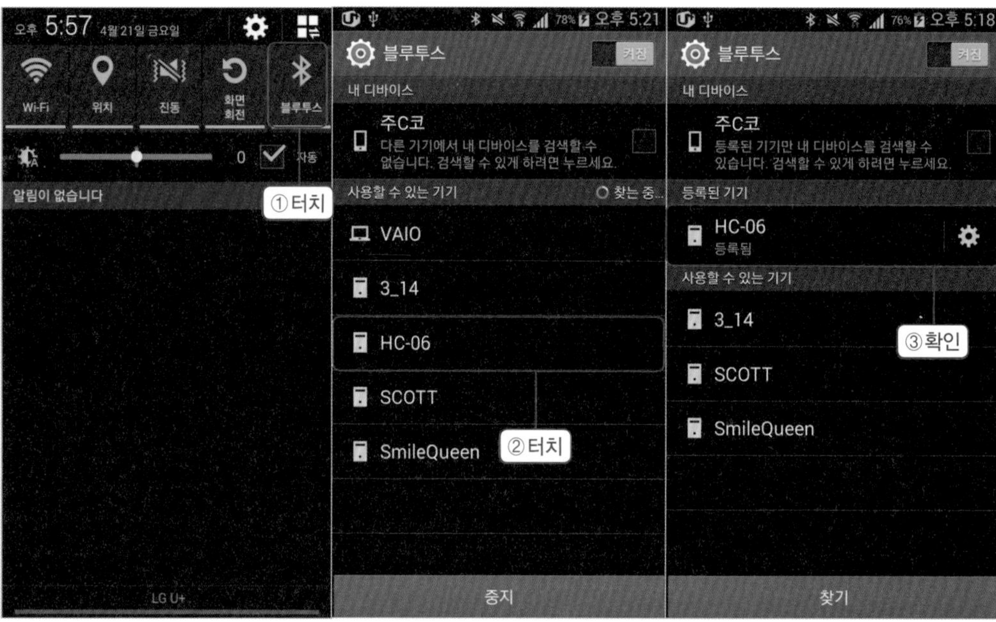

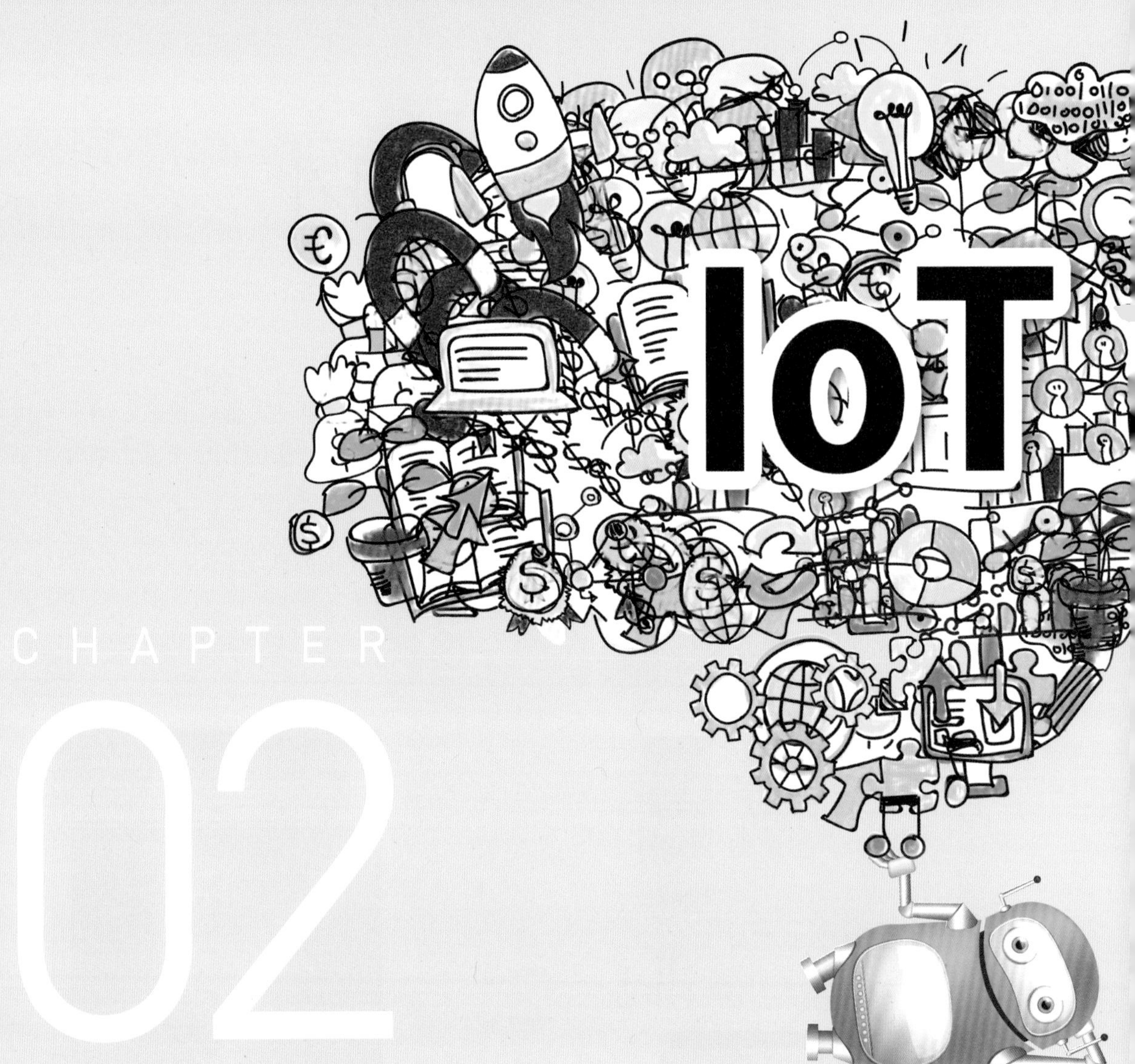

CHAPTER

02

LED 제어하기

앱을 사용하여 아두이노에 연결된 LED를 켜고 끌 수 있습니다.

01 IoT 서비스 설계하기

❶ 앱의 [LED 켜기] 버튼을 클릭하면 아두이노에 연결된 LED가 켜지고 앱의 전구도 켜진 이미지로 바뀌며, 앱의 [LED 끄기] 버튼을 클릭하면 아두이노에 연결된 LED가 꺼지고 앱의 전구도 꺼진 이미지로 바뀌도록 설계합니다.

❷ 연결된 블루투스를 통해 앱 인벤터에서 아두이노로 [텍스트]를 보냅니다.

아두이노	블루투스 통신	앱 인벤터

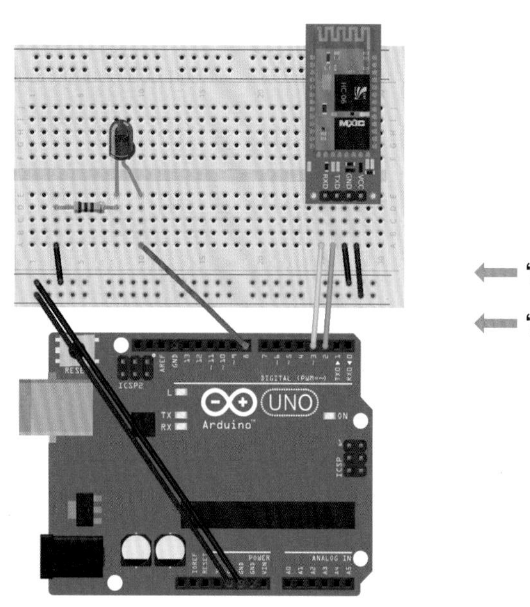

‘a’

‘b’

02 아두이노 제작하기

STEP 1 부품 알아보기

1 LED란?

- LED(Light Emitting Diode)는 순방향으로 전압을 가했을 때 빛을 발생시키는 반도체 소자입니다.
- LED는 극성을 가지고 있기 때문에 회로를 연결할 때 방향을 고려해야 합니다.
- 긴 핀을 양극, 짧은 핀을 음극에 연결해야 합니다.

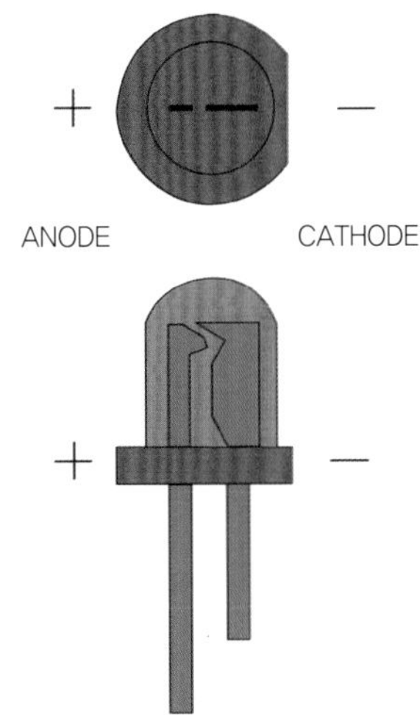

TIP LED 음극과 양극 구분 방법

핀 길이가 같은 경우에는 LED를 위에서 바라볼 때 잘려진 부분의 핀을 음극에 연결합니다. 또한, 내부의 큰 금속 기판이 있는 쪽이 −, 반대쪽이 +입니다.

STEP 2 부품 준비하기

부품	개수
아두이노 우노	1
브레드보드	1
블루투스 모듈(HC-06)	1
LED	1
저항(220Ω)	1
수수(MM) 점퍼와이어	6(10cm) 2(20cm)

TIP 점퍼와이어

- 10cm 점퍼와이어는 가까운 거리에 있는 아두이노 보드의 디지털 핀들과 브레드보드, 부품들을 연결할 때 사용합니다.
- 20cm 점퍼와이어는 먼 거리에 있는 아두이노 보드의 전원 핀, 아날로그 핀들과 브레드보드, 부품들을 연결할 때 사용합니다.

STEP 3 아두이노 연결하기

2단계
LED의 긴 핀은 아두이노의 디지털 8번 핀에 연결합니다. LED는 극성이 있기 때문에 긴 핀이 디지털 8번 핀에 연결되어야 합니다.

1단계
저항과 LED의 짧은 핀이 서로 연결되도록 합니다. 저항은 극성이 없기 때문에 방향을 고려하지 않아도 됩니다.

3단계
블루투스 모듈(HC-06)의 TXD로 표기된 핀이 아두이노의 디지털 2번 핀에, RXD로 표기된 핀을 디지털 3번 핀에 연결합니다.

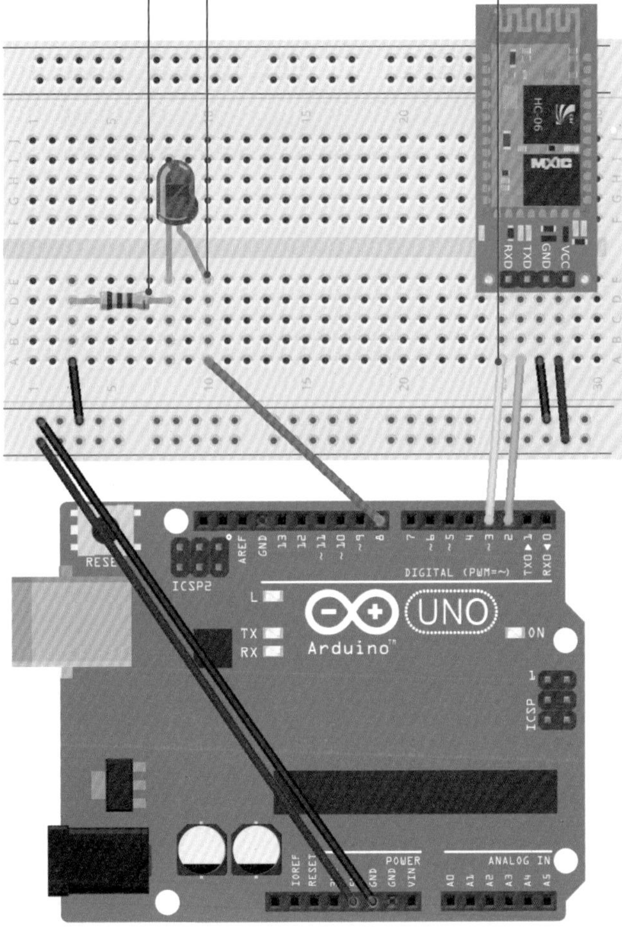

회로를 연결하고 브레드보드의 홀에 다음 이미지와 같이 부품 또는 점퍼와이어가 모두 연결되어야 합니다.

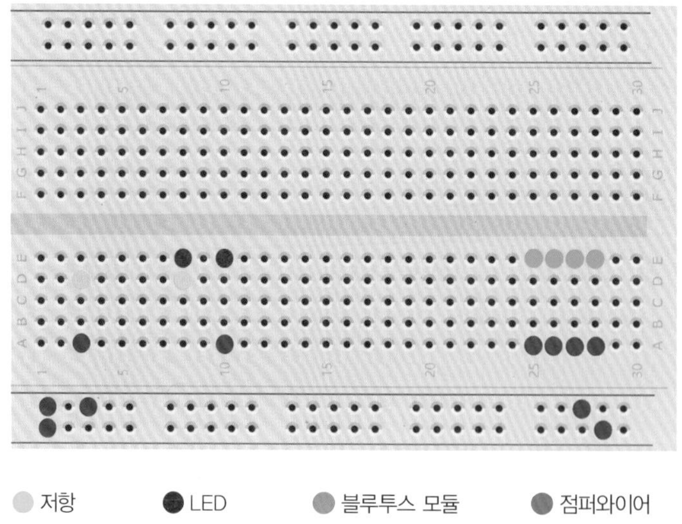

STEP 4 스케치 작성하기

LEDOnOff.ino

```
// 블루투스 통신을 위한 소프트웨어 시리얼 라이브러리를 추가한다.
#include <SoftwareSerial.h>
// LED를 디지털 8번으로 설정한다.
int led=8;

// SoftwareSerial 객체를 만들고, 디지털 2번을 데이터 수신, 3번을 데이터 송신으로 설정한다.
SoftwareSerial mySerial(2,3);

void setup() {
        // LED가 연결된 디지털 8번을 출력으로 설정한다.
        pinMode(led, OUTPUT);
        // 블루투스 모듈과의 통신 속도를 9600bps로 설정한다.
        mySerial.begin(9600);
}

void loop() {
        // 소프트웨어 시리얼 포트에서 읽을 수 있는 바이트의 개수를 알려 준다.
        if(mySerial.available()){
        // 소프트웨어 시리얼 포트의 RX핀에 수신된 문자를 변수 c에 대입한다.
        char c = mySerial.read();

        /* 앱으로부터 문자 a가 수신되면 LED가 연결된 디지털 8번을 HIGH(5V)로 세팅,
        문자 b가 수신되면 LOW(0V)로 세팅하여 LED를 켜거나 끈다. */
        if(c=='a')
           digitalWrite(led,HIGH);
        else if(c=='b')
           digitalWrite(led,LOW);
        }
}
```

STEP 5 스케치 알아보기

//	▪ 코드 내용을 설명하기 위한 주석(Comment)을 의미합니다. ▪ 일반적으로 주석이 한 줄일 경우 사용합니다.
#include 〈SoftwareSerial.h〉	▪ #include는 라이브러리를 포함하기 위해 사용합니다. ▪ 블루투스 통신을 위한 소프트웨어 시리얼 라이브러리(Software Serial Library)를 사용하기 위해 작성합니다.
int led=8;	▪ LED가 연결된 디지털 8번을 제어하기 위해 int형 변수 led를 선언하고 8로 초기화 합니다.
SoftwareSerial mySerial(2, 3);	▪ SoftwareSerial 객체를 생성합니다. ▪ 디지털 2번으로 블루투스 모듈로부터 데이터를 수신하고, 3번으로부터 블루투스 모듈로 데이터를 보내도록 설정합니다.
pinMode(led, OUTPUT);	▪ pinMode는 해당 핀을 입력 또는 출력으로 설정합니다. ▪ 변수 led에 숫자 8이 저장되어 있기 때문에, 디지털 8번을 출력으로 설정합니다.
mySerial.begin(9600);	▪ 블루투스 모듈과의 통신 속도를 9600bps로 설정합니다.
mySerial.available()	▪ 소프트웨어 시리얼 포트로부터 읽을 수 있는 바이트의 개수를 알려 줍니다. ▪ 앱에서 보낸 데이터가 수신되었는지를 확인하기 위해 사용합니다.
mySerial.read();	▪ 소프트웨어 시리얼 포트의 RX핀에 수신된 문자를 넘겨 줍니다. ▪ 문자가 없을 경우 -1을 넘겨 줍니다.
/* */	▪ 코드 내용을 설명하기 위한 주석을 의미합니다. ▪ 일반적으로 주석이 여러 줄일 경우 사용합니다.
digitalWrite(led, HIGH);	▪ digitalWrite는 디지털 핀을 HIGH(5V) 혹은 LOW(0V)로 세팅합니다. ▪ 변수 led에 8이 저장되어 있기 때문에, 디지털 8번을 HIGH(5V)로 세팅합니다.
digitalWrite(led, LOW);	▪ 변수 led에 8이 저장되어 있기 때문에, 디지털 8번을 LOW(0V)로 세팅합니다.

STEP 6 스케치 컴파일 및 업로드하기

1. 작성한 코드를 컴파일하기 위해 [확인]을 클릭합니다.

2. 에러가 없다면 '컴파일 완료'가 표시됩니다.

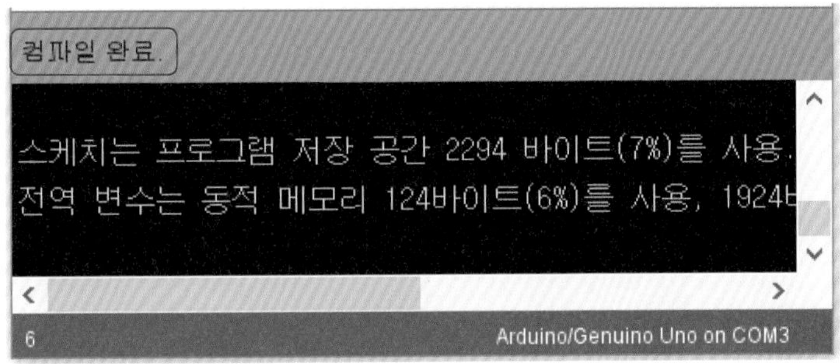

3. 컴파일 후 [업로드]를 클릭하여, 코드를 아두이노 보드로 업로드합니다.

4. 정상적으로 업로드가 되었다면 '업로드 완료'가 표시됩니다.

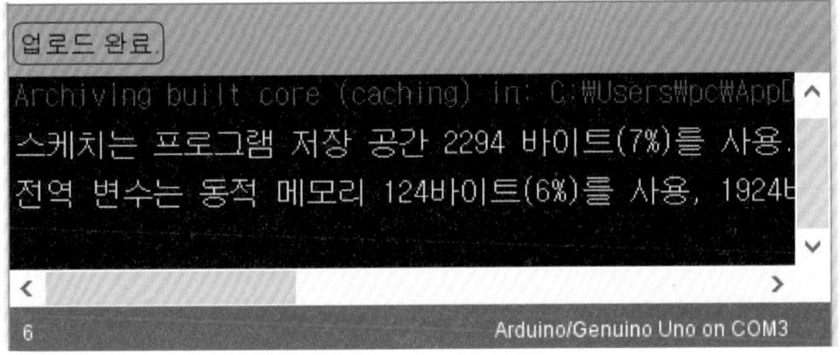

03 앱 인벤터와 아두이노 통신하기

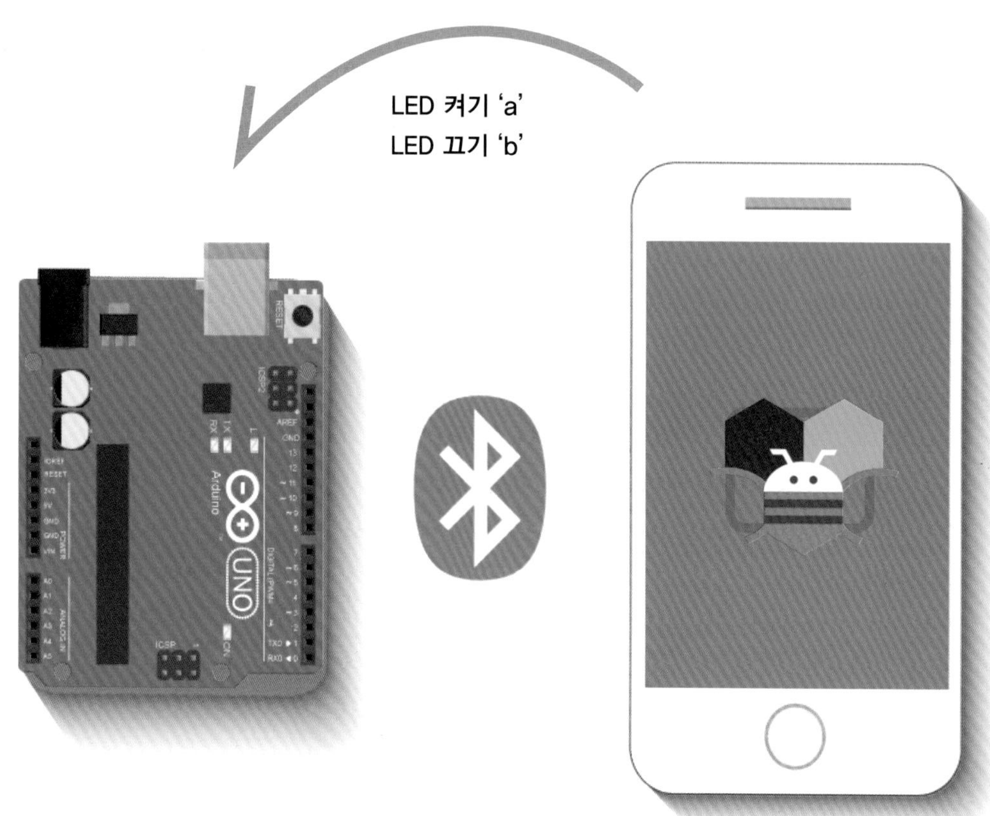

- 앱에서 [LED 켜기] 버튼을 클릭하면 소문자 'a'를 아두이노로 보냅니다. 아두이노가 소문자 'a'를 받으면, 보드에 연결된 LED가 켜집니다.
- 앱에서 [LED 끄기] 버튼을 클릭하면 소문자 'b'를 아두이노로 보냅니다. 아두이노가 소문자 'b'를 받으면 보드에 연결된 LED가 꺼집니다.
- 아두이노에서 앱으로 보내는 정보는 없습니다.

04 앱 개발하기

STEP 1 디자인 프로젝트 파일 가져오기

① [프로젝트 〉 내 컴퓨터에서 프로젝트(.aia) 가져오기]를 클릭하여 [디자이너] 화면에서 컴포넌트로만 디자인된 'LEDOnOff_Design.aia' 프로젝트를 가져옵니다.

② [프로젝트 〉 프로젝트 다른 이름으로 저장]을 클릭하여 'LEDOnOff.aia'라는 새 이름으로 프로젝트를 저장합니다.

STEP 2 컴포넌트 구성하기

'LEDOnOff.aia' 프로젝트의 컴포넌트 구성은 다음과 같습니다.

종류	팔레트	이름	설명
수평배치	레이아웃	**수평배치1**	[목록_블루투스]와 [버튼_연결끊기]를 수평으로 배치
목록 선택	사용자 인터페이스	**목록_블루투스**	연결 가능한 블루투스 정보 보여 주기
버튼	사용자 인터페이스	**버튼_연결끊기**	연결된 블루투스 연결 끊기
수평배치	레이아웃	**수평배치2**	[이미지_LED] 배치
이미지	그리기&애니메이션	**이미지_LED**	Light_Off.png/Light_On.png 파일 보여 주기
레이블	사용자 인터페이스	**레이블_디자인1**	[수평배치2]와 [수평배치3] 사이에 여백 주기
수평배치	레이아웃	**수평배치3**	[버튼_ON], [버튼_OFF] 배치
버튼	사용자 인터페이스	**버튼_ON**	LED 켜기
레이블	사용자 인터페이스	**레이블_디자인2**	[버튼_ON]과 [버튼_OFF] 사이에 여백 주기
버튼	사용자 인터페이스	**버튼_OFF**	LED 끄기
블루투스 클라이언트	연결	**블루투스_클라이언트1**	아두이노와 데이터 주고받음
알림	사용자 인터페이스	**알림1**	경고 창 나타내기

※ 　　　은 [보이지 않는 컴포넌트]입니다.

STEP 3 블록 코딩하기

1 변수 만들기

초깃값 : 공백

블루투스 연결:1

블루투스 미연결:2

전역변수 초기화 변수_블루투스연결상태 값 " "

① 블루투스의 연결 상태를 '공백/1/2'의 값으로 갖는 [변수_블루투스연결상태] 전역변수를 만들고 초깃값을 '공백'으로 설정합니다.

② 블루투스가 연결된 경우에는 '1', 연결되지 않은 경우에는 '2'로 설정합니다.

2 초기화하기

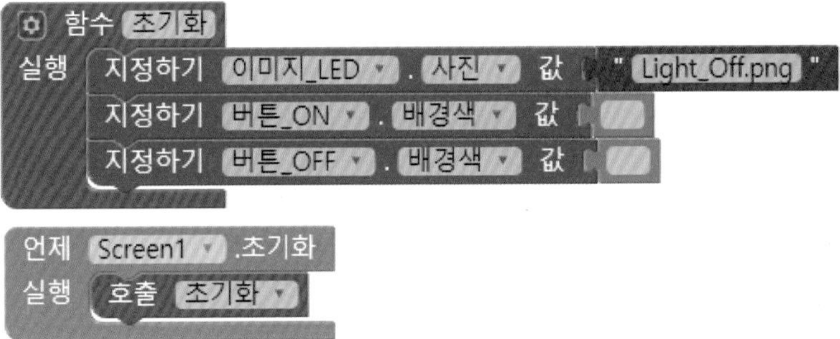

① 앱이 처음 실행되었을 때 초기화해야 할 컴포넌트들의 상태 값을 설정하는 [초기화] 함수를 만듭니다.

② [이미지_LED]의 [사진] 속성을 'Light_Off.png'로 설정하여 꺼진 상태로 표현합니다.

③ [버튼_ON]과 [버튼_OFF]의 [배경색] 속성을 '회색'으로 설정합니다.

④ [Screen1]의 초기화를 실행했을 때 [초기화] 함수를 호출합니다.

3 연결 가능한 블루투스 보여 주기

활성화된 블루투스를 리스트로 보여줌

언제 목록_블루투스 .선택 전
실행 지정하기 목록_블루투스 . 요소 값 블루투스_클라이언트1 . 주소와 이름들
만약 아니다 블루투스_클라이언트1 . 활성화
그러면 호출 알림1 .경고창 나타내기
알림 " 블루투스를 활성화시켜주세요! "

[목록_블루투스] 선택 전

1. [목록_블루투스]의 [요소] 속성에 활성화된 블루투스_클라이언트의 주소와 이름들을 보여 줍니다.
2. 만약 블루투스_클라이언트가 활성화되지 않았다면 '블루투스를 활성화시켜주세요!'라는 경고창을 보여 줍니다.

4 [팝업메시지] 함수 만들기

1. 여러 가지 상황에 따른 내용을 [알림] 컴포넌트를 사용하여 경고 창으로 나타내는 [팝업메시지] 함수입니다.
2. [팝업메시지] 함수를 호출할 때는 [내용]을 매개변수로 받습니다.

5 [연결됨] 함수 만들기

블루투스가 연결되었을 경우의 컴포넌트 값 설정하기

함수 연결됨 참거짓
실행 지정하기 목록_블루투스 . 활성화 값 아니다 가져오기 참거짓
지정하기 버튼_연결끊기 . 활성화 값 가져오기 참거짓

1 블루투스가 연결되었을 경우와 관련된 [목록_블루투스]와 [버튼_연결끊기] 컴포넌트의 [활성화] 속성을 설정하는 [연결됨] 함수입니다.

2 [목록_블루투스]의 [활성화] 속성을 '참거짓'의 반대값으로 지정하여 활성화 여부를 설정합니다. 즉, 블루투스가 연결되면 더 이상 블루투스를 연결할 필요가 없기에 [활성화] 값을 '거짓'으로 연결하고, 반대일 경우에는 '참'을 연결합니다.

3 [버튼_연결끊기]의 [활성화] 속성을 '참거짓'으로 지정하여 활성화 여부를 설정합니다. 즉, 블루투스가 연결되면 블루투스 연결을 끊을 필요가 있기 때문에 [활성화] 값을 '참'으로 연결하고, 반대일 경우에는 '거짓'을 연결합니다.

4 블루투스의 연결에 따라 [목록_블루투스]와 [버튼_연결끊기]의 [활성화] 값은 반대가 되도록 합니다.

5 [연결됨] 함수를 호출할 때는 [참거짓]을 매개변수로 받습니다.

6 선택한 블루투스 정보 보여 주기

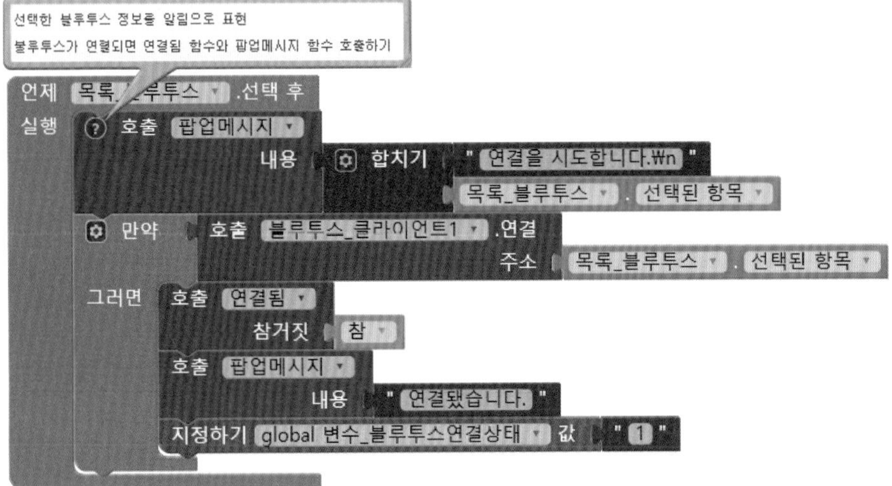

[목록_블루투스] 선택 후

1. [목록_블루투스]의 [선택된 항목] 블루투스와 연결을 시도하며 [팝업메시지] 함수를 호출합니다.
2. [목록_블루투스]의 [선택된 항목] 블루투스와 연결이 되면 [연결됨] 함수에 '참'을 전달하며 호출하고, [팝업메시지] 함수에 '연결됐습니다.'를 전달하며 호출합니다.
3. [변수_블루투스연결상태] 전역변수의 값을 '1'로 설정합니다.

7 [연결끊기] 함수 만들기

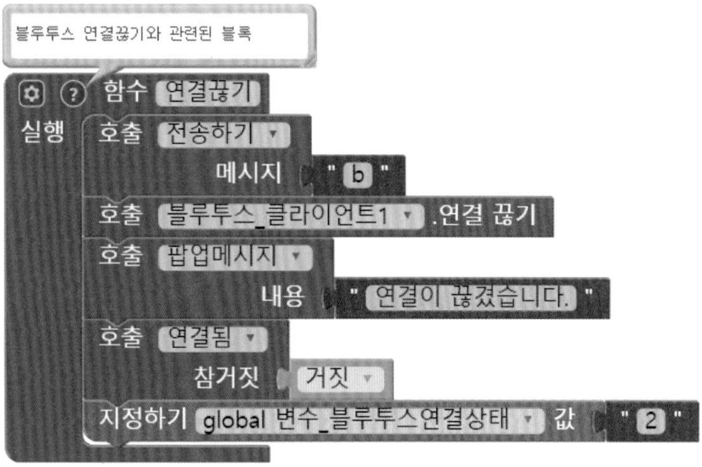

```
블루투스 연결끊기와 관련된 블록
함수 연결끊기
실행 호출 전송하기
          메시지 "b"
     호출 블루투스_클라이언트1 .연결 끊기
     호출 팝업메시지
          내용 "연결이 끊겼습니다."
     호출 연결됨
          참거짓 거짓
     지정하기 global 변수_블루투스연결상태 값 "2"
```

1. 블루투스 연결 끊기와 관련된 기능을 하는 [연결끊기] 함수를 만듭니다.
2. 'b'를 전달하며 [전송하기] 함수를 호출합니다.
3. [블루투스_클라이언트]의 연결을 끊습니다.
4. [팝업메시지] 함수에 '연결이 끊겼습니다.'를 전달하며 호출합니다.
5. [연결됨] 함수에 '거짓'을 전달하며 호출합니다.
6. [변수_블루투스연결상태] 전역변수의 값을 '2'로 설정합니다.

8 앱을 실행했을 때 발생하는 오류 보여주기

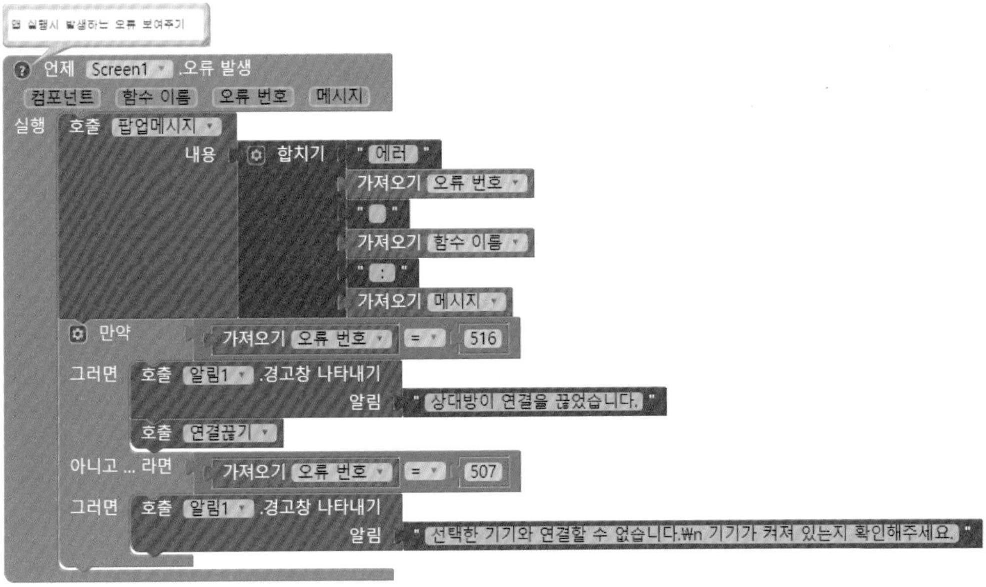

1 지역변수인 [오류 번호], [함수 이름], [메시지]를 이용한 텍스트 값을 전달하며 [팝업메시지] 함수를 호출합니다.

2 [오류 번호]가 '516'이면 '상대방이 연결을 끊었습니다.'라는 내용의 경고 창을 보여 주고, [연결끊기] 함수를 호출합니다.

3 [오류 번호]가 '507'이면 '선택한 기기와 연결할 수 없습니다. ₩n 기기가 켜져 있는지 확인해 주세요.'라는 내용의 경고 창을 보여 줍니다.

9 [버튼_연결끊기]를 클릭했을 때 블루투스 연결 끊고 초기화하기

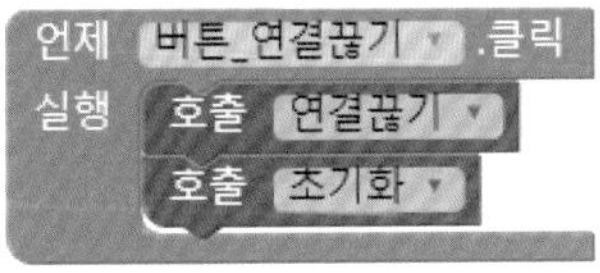

1 [버튼_연결끊기] 버튼을 클릭합니다.

2 [연결끊기] 함수를 호출하여 블루투스와의 연결을 끊습니다.

3 [초기화] 함수를 호출하여 초기화합니다.

10 [전송하기] 함수 만들기

1. 앱 인벤터에서 아두이노로 텍스트를 보내기 위한 [전송하기] 함수입니다.
2. [호출 '블루투스_클라이언트1.텍스트 보내기] 블록에 [가져오기 '메시지']를 연결합니다.

TIP "₩n"은 언제 사용하나요?

텍스트 블록의 값으로 입력된 내용 중에 "₩n"이 있는 것을 종종 볼 수 있습니다.
이 기호는 **기호(₩n) 뒤에 오는 텍스트를 다음 문장에 보여줄 때** 사용합니다.

예를 들어 다음과 같이 입력된 경우라면

" 선택한 기기와 연결할 수 없습니다.₩n 기기가 켜져 있는지 확인해주세요. "

화면에 보일 때는 다음과 같이 2개의 문장으로 보여집니다.

LED On/Off
블루투스 연결하기 블루투스 연결끊기
선택한 기기와 연결할 수 없습니다.
기기가 켜져있는지 확인해주세요.
ON OFF

11 [버튼_ON]을 클릭했을 때 LED 켜기

LED 켜기
언제 버튼_ON .클릭
실행 만약 가져오기 global 변수_블루투스연결상태 = " 1 "
그러면 호출 전송하기
메시지 " a "
지정하기 이미지_LED . 사진 값 " Light_On.png "
지정하기 버튼_ON . 배경색 값
지정하기 버튼_OFF . 배경색 값

1. [버튼_ON]을 클릭합니다.
2. [변수_블루투스연결상태] 값이 '1'인지 즉, 블루투스가 연결된 상태이면
3. 'a'를 전달한 후, [전송하기] 함수를 호출합니다.
4. [이미지_LED]의 [사진] 속성에 'Light_On.png' 값을 설정합니다.
5. [버튼_ON]의 [배경색] 속성을 '노랑'으로 설정합니다.
6. [버튼_OFF]의 [배경색] 속성을 '회색'으로 설정합니다.

12 [버튼_OFF]을 클릭했을 때 LED 끄기

LED 끄기
언제 버튼_OFF .클릭
실행 만약 가져오기 global 변수_블루투스연결상태 = " 1 "
그러면 호출 전송하기
메시지 " b "
지정하기 이미지_LED . 사진 값 " Light_Off.png "
지정하기 버튼_ON . 배경색 값
지정하기 버튼_OFF . 배경색 값

1. [버튼_OFF]를 클릭합니다.

② [변수_블루투스연결상태] 값이 '1'인지 즉, 블루투스가 연결된 상태이면

③ 'b'를 전달한 후, [전송하기] 함수를 호출합니다.

④ [이미지_LED]의 [사진] 속성에 'Light_Off.png' 값을 설정합니다.

⑤ [버튼_ON]의 [배경색] 속성을 '회색'으로 설정합니다.

⑥ [버튼_OFF]의 [배경색] 속성을 '노랑'으로 설정합니다.

13 전체 코드

```
전역변수 초기화 변수_블루투스연결상태 값 " "

함수 초기화
실행 지정하기 이미지_LED . 사진 값 " Light_Off.png "
     지정하기 버튼_ON . 배경색 값
     지정하기 버튼_OFF . 배경색 값

언제 Screen1 .초기화
실행 호출 초기화

언제 목록_블루투스 .선택 전
실행 지정하기 목록_블루투스 . 요소 값 블루투스_클라이언트1 . 주소와 이름들
     만약 아니다 블루투스_클라이언트1 . 활성화
     그러면 호출 알림1 .경고창 나타내기
                        알림 " 블루투스를 활성화시켜주세요! "

언제 목록_블루투스 .선택 후
실행 호출 팝업메시지
           내용 합치기 " 연결을 시도합니다.₩n "
                      목록_블루투스 . 선택된 항목
     만약 호출 블루투스_클라이언트1 .연결
                                 주소 목록_블루투스 . 선택된 항목
     그러면 호출 연결됨
                  참거짓 참
            호출 팝업메시지
                  내용 " 연결됐습니다. "
            지정하기 global 변수_블루투스연결상태 값 " 1 "
```

```
함수 팝업메시지 내용
실행 호출 알림1 .경고창 나타내기
                 알림  가져오기 내용

함수 연결됨 참거짓
실행 지정하기 목록_블루투스 . 활성화 값  아니다  가져오기 참거짓
     지정하기 버튼_연결끊기 . 활성화 값  가져오기 참거짓

함수 연결끊기
실행 호출 전송하기
          메시지 " b "
     호출 블루투스_클라이언트1 .연결 끊기
     호출 팝업메시지
          내용 " 연결이 끊겼습니다. "
     호출 연결됨
          참거짓 거짓
     지정하기 global 변수_블루투스연결상태 값 " 2 "

언제 버튼_연결끊기 .클릭
실행 호출 연결끊기
     호출 초기화

언제 Screen1 .오류 발생
 컴포넌트 함수 이름 오류 번호 메시지
실행 호출 팝업메시지
          내용 합치기 " 에러 "
                    가져오기 오류 번호
                    " "
                    가져오기 함수 이름
                    " : "
                    가져오기 메시지
     만약 가져오기 오류 번호 = 516
     그러면 호출 알림1 .경고창 나타내기
                 알림 " 상대방이 연결을 끊었습니다. "
            호출 연결끊기
     아니고 _ 라면 가져오기 오류 번호 = 507
     그러면 호출 알림1 .경고창 나타내기
                 알림 " 선택한 기기와 연결할 수 없습니다.\n 기기가 켜져 있는지 확인해주세요. "

함수 전송하기 메시지
실행 호출 블루투스_클라이언트1 .텍스트 보내기
                 텍스트  가져오기 메시지
```

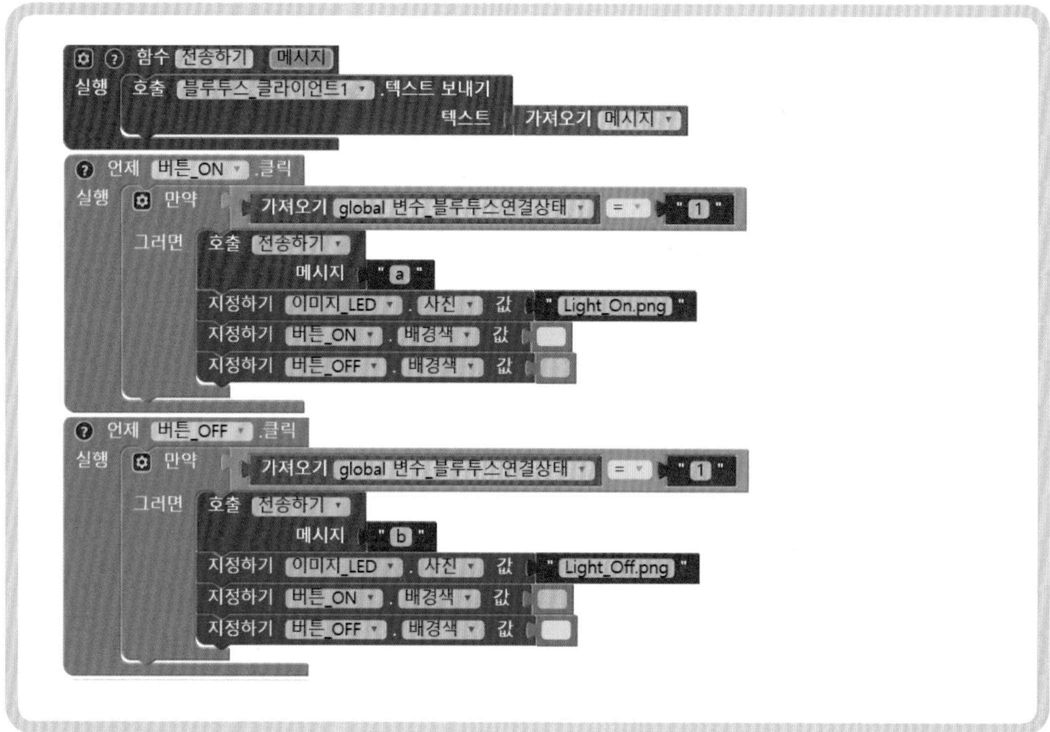

함수 전송하기 메시지
실행 호출 블루투스_클라이언트1 .텍스트 보내기
텍스트 가져오기 메시지
언제 버튼_ON .클릭
실행 만약 가져오기 global 변수_블루투스연결상태 = "1"
그러면 호출 전송하기
메시지 "a"
지정하기 이미지_LED . 사진 값 "Light_On.png"
지정하기 버튼_ON . 배경색 값
지정하기 버튼_OFF . 배경색 값
언제 버튼_OFF .클릭
실행 만약 가져오기 global 변수_블루투스연결상태 = "1"
그러면 호출 전송하기
메시지 "b"
지정하기 이미지_LED . 사진 값 "Light_Off.png"
지정하기 버튼_ON . 배경색 값
지정하기 버튼_OFF . 배경색 값

05 IoT 서비스 확인하기

1 회로가 연결된 아두이노를 준비합니다.

2 USB 케이블로 아두이노와 PC를 연결합니다.

3 아두이노에 연결된 블루투스 모듈을 스마트폰과 페어링합니다.

4 완성된 LEDOnOff.aia 앱을 실행합니다.

① [연결] 메뉴를 클릭한 후 [AI 컴패니언] 클릭하기

② QR 코드가 나타나면 스마트폰의 MIT AI2 Companion 앱을 실행하여 [scan QR code] 메뉴로 QR 코드 인식하기

③ 스마트폰의 앱과 아두이노의 기능을 실시간으로 확인하기

아두이노	앱 인벤터

LED를 활용해서 만들 수 있는 IoT 서비스는 어떤 것이 있을까요?

★ LED(Light Emitting Diode)는 순방향으로 전압을 가했을 때 빛을 발생시키는 반도체 소자입니다.

CHAPTER

03

무드등 조절기 만들기

그날의 기분에 따라 앱의 램프를 클릭하여 아두이노 보드에 연결된 RGB LED를 제어할 수 있습니다.

01 IoT 서비스 설계하기

❶ 앱의 여러 가지 색의 램프 중 하나를 클릭하면 선택한 색이 아두이노에 연결된 RGB LED에 켜지고, 앱의 선택한 색 영역에도 나타나도록 설계합니다.

❷ 연결된 블루투스를 통해 앱 인벤터에서 아두이노로 [텍스트]를 보냅니다.

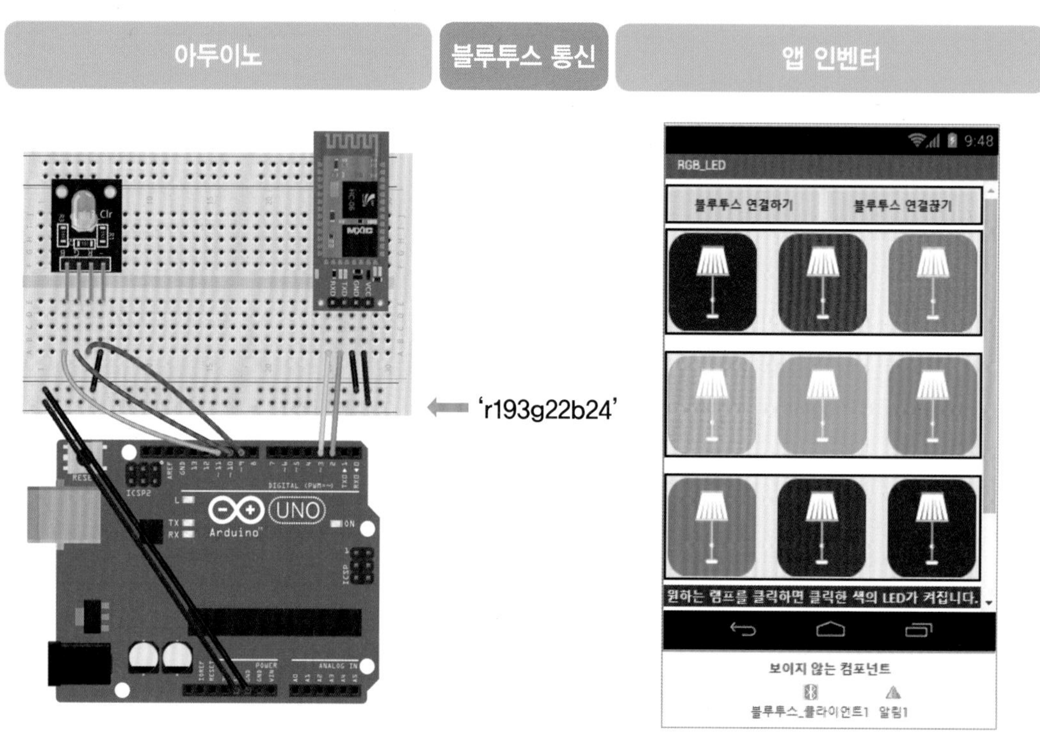

02 아두이노 제작하기

STEP 1 부품 알아보기

1 RGB LED란?

- RGB LED는 빨간색(Red), 녹색(Green), 파란색(Blue) 빛을 발생시키는 하나의 LED로 구성되어 있습니다.
- 커먼 캐소드(Common Cathode) RGB LED는 음극을 공통으로 사용합니다.
- 빛의 3원색인 R, G, B를 사용하여 다양한 색을 만들 수 있습니다.

▲ RGB LED 모듈

▲ RGB LED

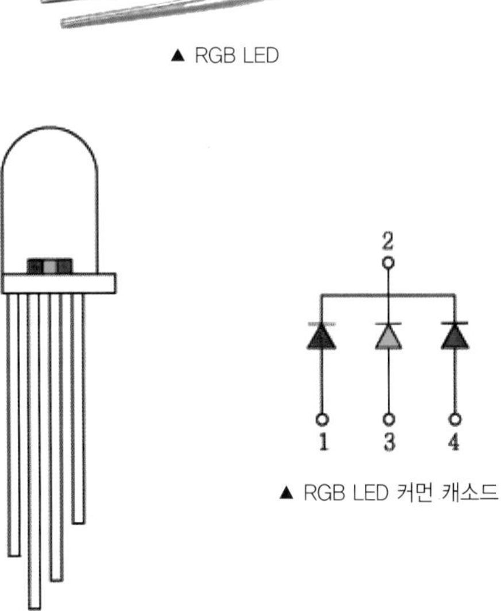

▲ RGB LED 커먼 캐소드

▲ RGB LED 내부 구성

STEP 2 부품 준비하기

부품		개수
	아두이노 우노	1
	브레드보드	1
	블루투스 모듈(HC-06)	1
	RGB LED 모듈	1
	수수(MM) 점퍼와이어	8(10cm) 2(20cm)

TIP RGB LED 모듈의 핀 위치

RGB LED 모듈은 제조사에 따라 R, G, B, – 핀의 위치가 다를 수 있습니다.

STEP 3 아두이노 연결하기

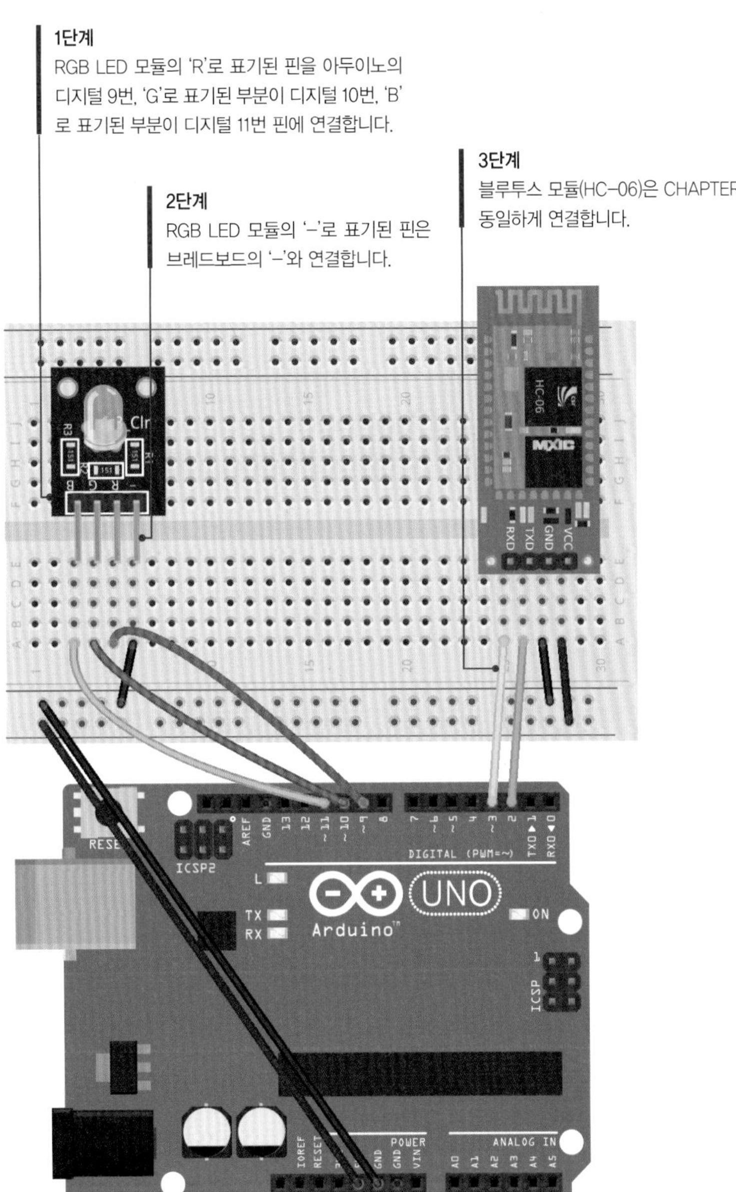

회로를 연결하고 브레드보드의 홀에 다음 이미지와 같이 부품 또는 점퍼와이어가 모두 연결되어야 합니다.

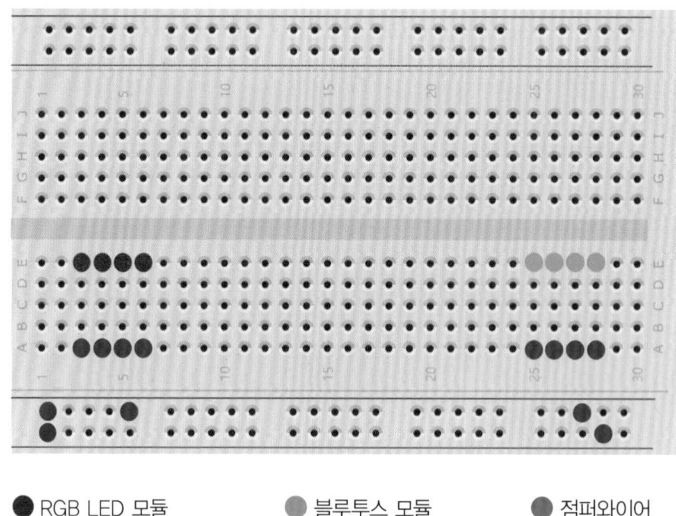

STEP 4 스케치 작성하기

RGBLED.ino

```
#include <SoftwareSerial.h>
// Red LED를 디지털 9번으로 설정한다.
#define LED_RED 9
// Green LED를 디지털 10번으로 설정한다.
#define LED_GREEN 10
// Blue LED를 디지털 11번으로 설정한다.
#define LED_BLUE 11

SoftwareSerial mySerial(2,3);

void setup() {
  // RGB LED 모듈의 R, G, B핀에 연결된 디지털 9, 10, 11번을 출력으로 설정한다.
  pinMode(LED_RED, OUTPUT);
  pinMode(LED_GREEN, OUTPUT);
  pinMode(LED_BLUE, OUTPUT);
  mySerial.begin(9600);
}

void loop() {
  if(mySerial.available()){
    char c = mySerial.read();
    // 문자열 이후 수신되는 정숫값을 변수 brightness에 저장한다.
    int brightness=mySerial.parseInt();

    /*앱으로부터 문자 r, g, b를 수신하고, 해당 문자 이후 수신되는 정숫값으로 R, G, B LED의
    밝기를 설정한다. */
    if(c=='r')
      analogWritc(LED_RED, brightness);
    else if(c=='g')
      analogWrite(LED_GREEN, brightness);
    else if(c=='b')
      analogWrite(LED_BLUE, brightness);
  }
}
```

STEP 5 스케치 알아보기

#define LED_RED 9	■ LED_RED를 상숫값 9로 정의합니다. ■ #define문에는 세미콜론(;)이 없습니다.
pinMode(LED_RED, OUTPUT);	■ LED_RED를 숫자 9로 정의했기 때문에, 디지털 9번을 출력으로 설정합니다.
mySerial.parseInt()	■ 연속적으로 수신되는 데이터에서 정수를 찾습니다. ■ r, g, b 이후 수신되는 LED 밝기에 대한 정숫값을 찾아서 넘겨 줍니다.
analogWrite(LED_RED, brightness);	■ analogWrite는 해당 핀에 아날로그 값(PWM 파형)으로 설정합니다. ■ LED_RED를 상숫값 9로 정의했기 때문에 디지털 9번을 변수 brightness에 저장된 값으로 설정합니다. ■ 설정하기 위한 아날로그 값은 0~255 사이의 값을 가집니다.

STEP 6 스케치 컴파일 및 업로드하기

CHAPTER 02 STEP 6의 순서로 스케치를 아두이노 보드로 업로드합니다.

03 앱 인벤터와 아두이노 통신하기

색상 정보 : 'r숫자g숫자b숫자'

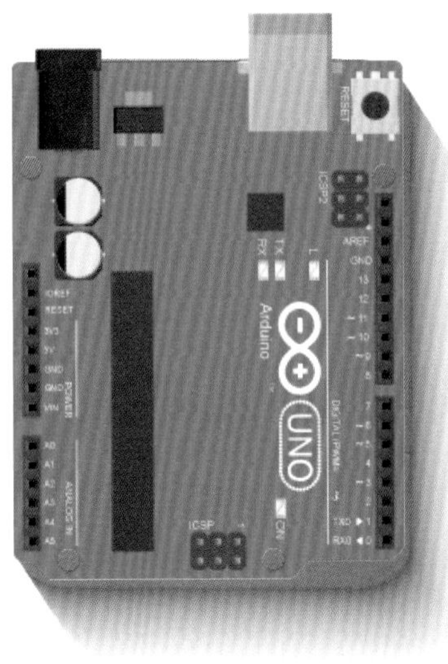

- 앱에서 원하는 색의 램프를 클릭하면 'r숫자g숫자b숫자'를 아두이노로 보냅니다.
- 아두이노가 'r숫자g숫자b숫자'를 받으면 각 문자와 숫자를 분리합니다.
- RGB LED 모듈의 빨간색(R), 초록색(G), 파란색(B) LED의 밝기를 앱에서 보낸 숫자로 세팅합니다.
- 아두이노에서 앱으로 보내는 정보는 없습니다.

TIP R, G, B 값의 범위

앱에서 R, G, B 문자와 함께 숫자를 보낼 때, 값의 범위는 0~255 중에서 하나의 값을 보냅니다.

04 앱 개발하기

STEP 1 디자인 프로젝트 파일 가져오기

1 [프로젝트 〉 내 컴퓨터에서 프로젝트(.aia) 가져오기]를 클릭하여 [디자이너] 화면에서 컴포넌트로만 디자인된 'RGBLED_Design.aia' 프로젝트를 가져옵니다.

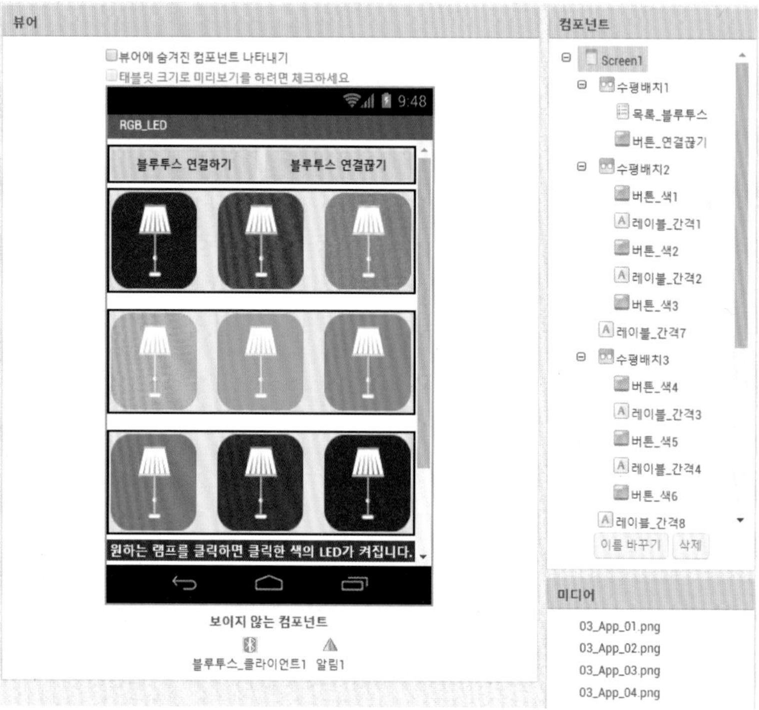

2 [프로젝트 〉 프로젝트 다른 이름으로 저장]을 클릭하여 'RGBLED.aia'라는 새 이름으로 프로젝트를 저장합니다.

STEP 2 컴포넌트 구성하기

'RGBLED.aia' 프로젝트의 컴포넌트 구성은 다음과 같습니다.

종류	팔레트	이름	설명
수평배치	레이아웃	**수평배치1**	[목록_블루투스]와 [버튼_연결끊기]를 수평으로 배치
목록 선택	사용자 인터페이스	**목록_블루투스**	연결 가능한 블루투스 정보 보여 주기
버튼	사용자 인터페이스	**버튼_연결끊기**	연결된 블루투스 연결 끊기
수평배치	레이아웃	**수평배치2~4**	[버튼_색1~9] 배치
버튼	사용자 인터페이스	**버튼_색1~9**	9가지 RGB 색
레이블	사용자 인터페이스	**레이블_간격1~8**	버튼과 수평배치 사이에 여백 주기
레이블	사용자 인터페이스	**레이블_안내**	앱의 기능 안내
수평배치	레이아웃	**수평배치_선택한색**	선택한 RGB 색 보여 주기
블루투스 클라이언트	연결	**블루투스_클라이언트1**	아두이노와 데이터 주고받음
알림	사용자 인터페이스	**알림1**	경고 창 나타내기

※ 은 [보이지 않는 컴포넌트]입니다.

STEP 3 블록 코딩하기

1 연결 가능한 블루투스 보여 주기

```
활성화된 블루투스를 리스트로 보여줌
언제 목록_블루투스 .선택 전
실행 지정하기 목록_블루투스 . 요소 값 블루투스_클라이언트1 . 주소와 이름들
    만약 아니다 블루투스_클라이언트1 . 활성화
    그러면 호출 알림1 .경고창 나타내기
                    알림 " 블루투스를 활성화시켜주세요! "
```

[목록_블루투스] 선택 전

1. [목록_블루투스]의 [요소] 속성에 활성화된 블루투스_클라이언트의 주소와 이름들을 보여 줍니다.
2. 만약 블루투스_클라이언트가 활성화되지 않았다면 '블루투스를 활성화시켜주세요!'라는 경고 창을 보여 줍니다.

2 [팝업메시지] 함수 만들기

```
특정 내용을 경고창으로 표현하기
함수 팝업메시지 내용
실행 호출 알림1 .경고창 나타내기
            알림 가져오기 내용
```

1. 여러 가지 상황에 따른 내용을 [알림] 컴포넌트를 사용하여 경고 창으로 나타내는 [팝업메시지] 함수입니다.
2. [팝업메시지] 함수를 호출할 때는 [내용]을 매개변수로 받습니다.

❸ [연결됨] 함수 만들기

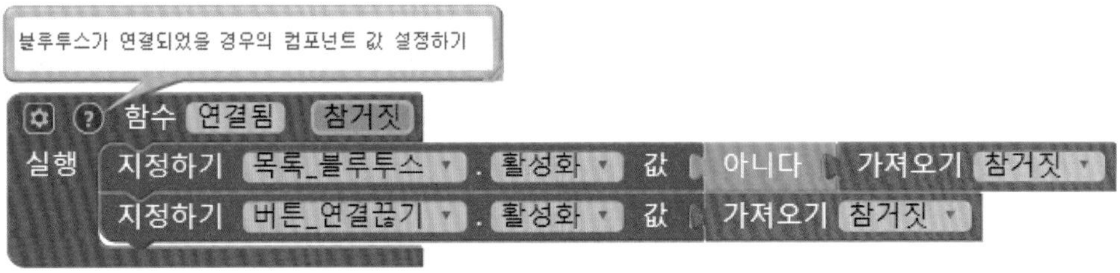

블루투스가 연결되었을 경우의 컴포넌트 값 설정하기

```
함수 연결됨 참거짓
실행 지정하기 목록_블루투스 . 활성화 값 아니다 가져오기 참거짓
     지정하기 버튼_연결끊기 . 활성화 값 가져오기 참거짓
```

❶ 블루투스가 연결되었을 경우와 관련된 [목록_블루투스]와 [버튼_연결끊기] 컴포넌트의 [활성화] 속성을 설정하는 [연결됨] 함수입니다.

❷ [목록_블루투스]의 [활성화] 속성을 '참거짓'의 반대값으로 지정하여 활성화 여부를 설정합니다. 즉, 블루투스가 연결되면 더 이상 블루투스를 연결할 필요가 없기에 [활성화] 값을 '거짓'으로 연결하고, 반대일 경우에는 '참'을 연결합니다.

❸ [버튼_연결끊기]의 [활성화] 속성을 '참거짓'으로 지정하여 활성화 여부를 설정합니다. 즉, 블루투스가 연결되면 블루투스 연결을 끊을 필요가 있기 때문에 [활성화] 값을 '참'으로 연결하고, 반대일 경우에는 '거짓'을 연결합니다.

❹ 블루투스의 연결에 따라 [목록_블루투스]와 [버튼_연결끊기]의 [활성화] 값은 반대가 되도록 합니다.

❺ [연결됨] 함수를 호출할 때는 [참거짓]을 매개변수로 받습니다.

❹ 선택한 블루투스 정보 보여 주기

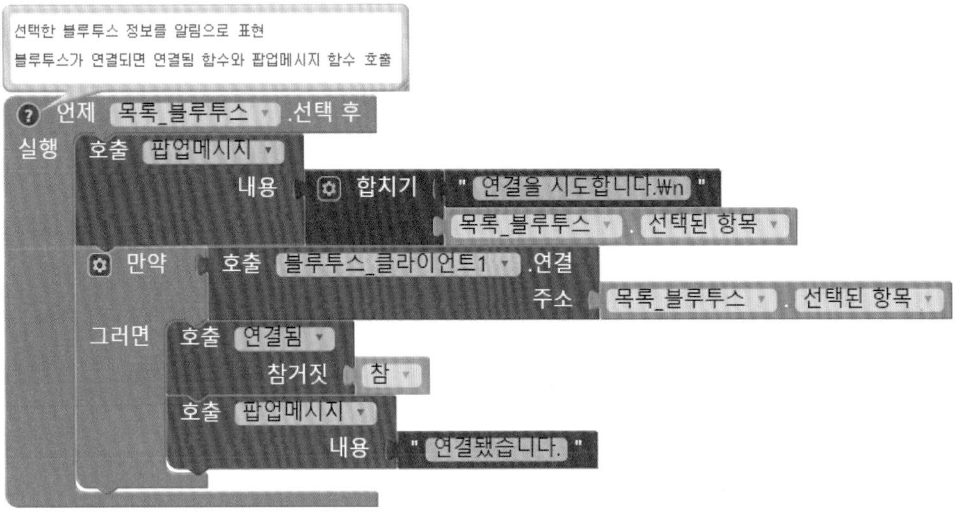

선택한 블루투스 정보를 알림으로 표현
블루투스가 연결되면 연결됨 함수와 팝업메시지 함수 호출

```
언제 목록_블루투스 .선택 후
실행 호출 팝업메시지
          내용 합치기 " 연결을 시도합니다.₩n "
                      목록_블루투스 . 선택된 항목
     만약 호출 블루투스_클라이언트1 .연결
                              주소 목록_블루투스 . 선택된 항목
     그러면 호출 연결됨
                 참거짓 참
            호출 팝업메시지
                 내용 " 연결됐습니다. "
```

[목록_블루투스] 선택 후

❶ [목록_블루투스]의 [선택된 항목] 블루투스와 연결을 시도하며 [팝업메시지] 함수를 호출합니다.

❷ [목록_블루투스]의 [선택된 항목] 블루투스와 연결이 되면 [연결됨] 함수에 '참'을 전달하며 호출하고, [팝업메시지] 함수에 '연결됐습니다.'를 전달하며 호출합니다.

5 [연결끊기] 함수 만들기

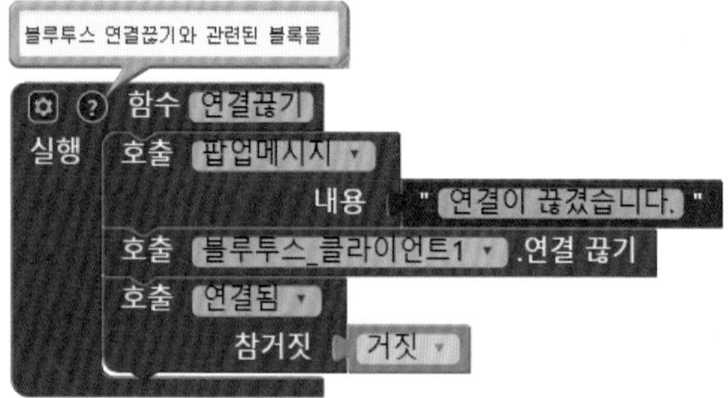

❶ 블루투스 연결 끊기와 관련된 기능을 하는 [연결끊기] 함수를 만듭니다.

❷ [팝업메시지] 함수에 '연결이 끊겼습니다.'를 전달하며 호출합니다.

❸ [블루투스_클라이언트]의 연결을 끊습니다.

❹ [연결됨] 함수에 '거짓'을 전달하며 호출합니다.

6 앱을 실행했을 때 발생하는 오류 보여 주기

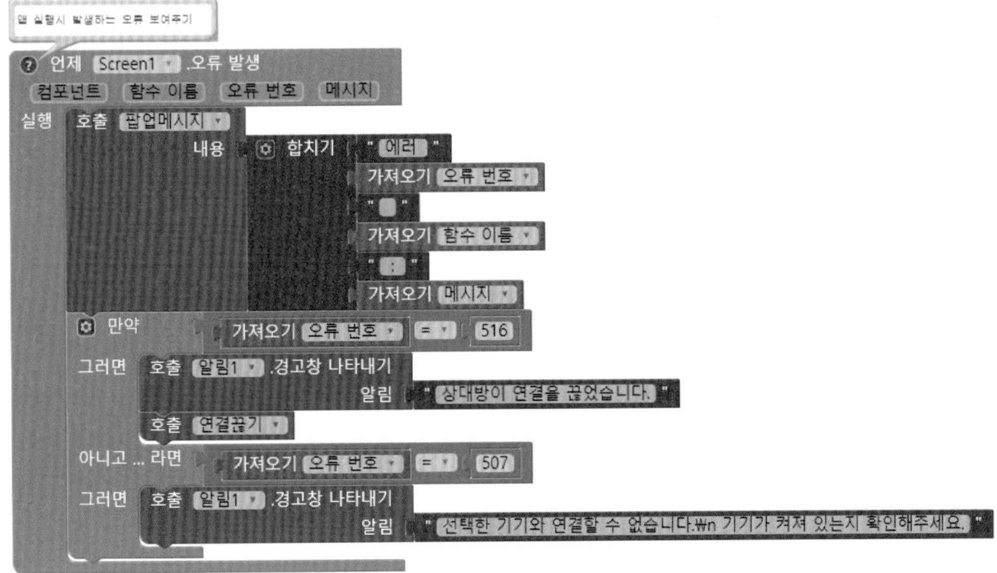

1. 지역변수인 [오류 번호], [함수 이름], [메시지]를 이용한 텍스트 값을 전달하며 [팝업메시지] 함수를 호출합니다.
2. [오류 번호]가 '516'이면 '상대방이 연결을 끊었습니다.'라는 내용의 경고 창을 보여 주고, [연결끊기] 함수를 호출합니다.
3. [오류 번호]가 '507'이면 '선택한 기기와 연결할 수 없습니다. ₩n 기기가 켜져 있는지 확인해 주세요.'라는 내용의 경고 창을 보여 줍니다.

7 [버튼_연결끊기]를 클릭했을 때 블루투스 연결 끊기

1. [버튼_연결끊기] 버튼을 클릭합니다.
2. [연결끊기] 함수를 호출하여 블루투스와의 연결을 끊습니다.

8 [전송하기] 함수 만들기

색상보내기에서 받은 텍스트 값을 블루투스로 보내기

함수 전송하기 메시지
실행 호출 블루투스_클라이언트1 .텍스트 보내기
텍스트 가져오기 메시지

① 앱 인벤터에서 아두이노로 텍스트를 보내기 위한 [전송하기] 함수입니다.

② [색상보내기]에서 받은 텍스트 값을 블루투스로 보냅니다.

③ [호출 '블루투스_클라이언트1.텍스트 보내기] 블록에 [가져오기 '메시지']를 연결합니다.

TIP 블루투스 통신을 위한 공통 블록

다음 7개 블록들은 블루투스와 통신을 하는 앱을 개발하기 위해 공통적으로 사용하는 블록입니다.

따라서 앞으로 본 교재에서 개발하는 모든 앱에는 이 공통 블록을 사용하게 되며, 동일한 기능이므로 반복해서 설명하지 않습니다(상세한 설명 : [CHAPTER 02 LED 제어하기] 참고).

언제 목록_블루투스 .선택 전 실행 지정하기 ... ➡ 연결 가능한 블루투스 보여 주기

함수 팝업메시지 내용 실행 호출 알림1 .경... ➡ [팝업메시지] 함수 만들기

함수 연결됨 참거짓 실행 지정하기 목록_블루... ➡ [연결됨] 함수 만들기

언제 목록_블루투스 .선택 후 실행 호출 팝업... ➡ 선택한 블루투스 정보 보여 주기

함수 연결끊기 실행 호출 팝업메시지 내용 " 연... ➡ [연결끊기] 함수 만들기

언제 Screen1 .오류 발생 컴포넌트 ... ➡ 앱을 실행했을 때 발생하는 오류 보여 주기

언제 버튼_연결끊기 .클릭 실행 호출 연결끊기 ➡ 블루투스 연결 끊기

9 [색상보내기] 함수 만들기

r/g/b 값을 받아서
1. [전송하기]함수에 텍스트 값으로 전달하기
2. 선택한색의 배경색 값 설정하기
함수 색상보내기 r g b
실행 호출 전송하기
메시지 합치기 " r "
가져오기 r
" g "
가져오기 g
" b "
가져오기 b
지정하기 수평배치_선택한색 . 배경색 값 색상 만들기 리스트 만들기 가져오기 r
가져오기 g
가져오기 b

❶ 앱에서 선택한 램프의 색을 'r숫자g숫자b숫자'와 같은 형식의 텍스트로 [전송하기] 함수에 전달합니다.

❷ [수평배치_선택한색] 컴포넌트의 배경색을 선택된 램프의 색으로 지정합니다.

10 [버튼_색1]을 클릭했을 때 색상보내기

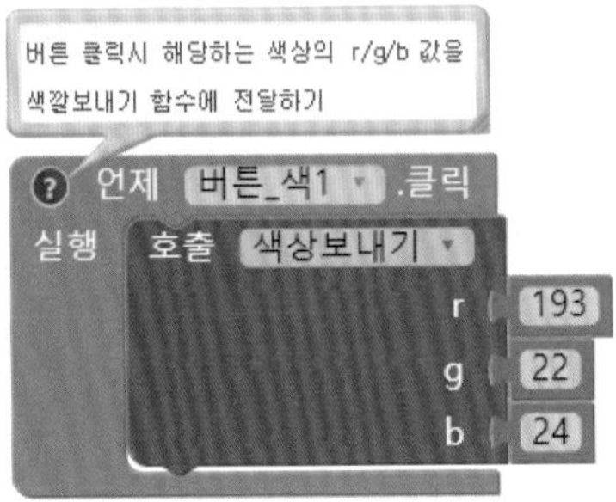

❶ 앱에서 9개 색상의 램프 중 하나를 클릭하면 해당 램프의 색상 값인 r, g, b 값을 전달하며 [색상보내기] 함수를 호출합니다.

❷ [버튼_색1]의 r, g, b 값은 (193, 22, 24)입니다.

11 [버튼_색2]~[버튼_색9]을 클릭했을 때 색상보내기

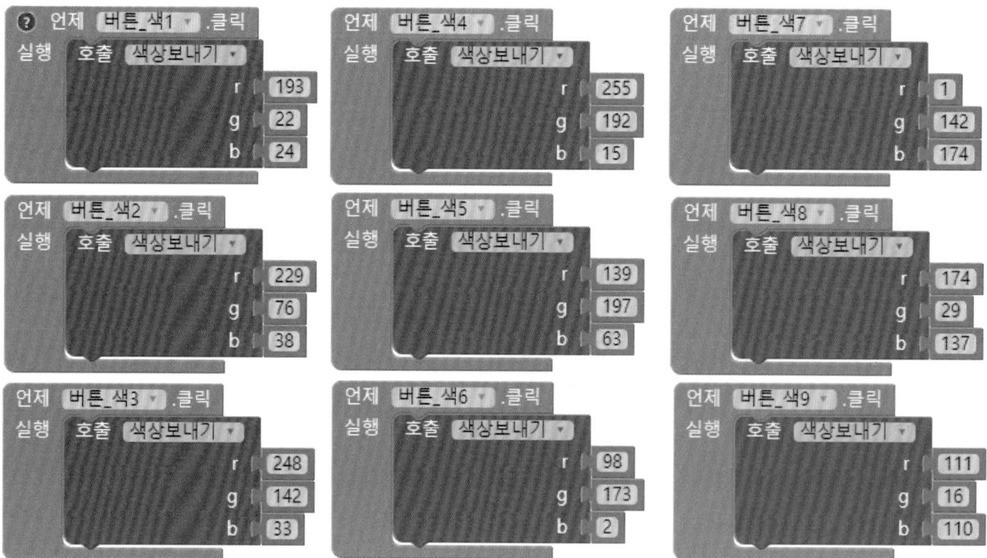

1 [버튼_색2]~[버튼_색9]의 r, g, b 값은 다음과 같습니다.

버튼 이름	r	g	b
버튼_색1	193	22	24
버튼_색2	229	76	38
버튼_색3	248	142	33
버튼_색4	255	192	15
버튼_색5	139	197	63
버튼_색6	98	173	2
버튼_색7	1	142	174
버튼_색8	174	29	137
버튼_색9	111	16	110

12 전체 코드

```
언제 목록_블루투스 .선택 전
실행 지정하기 목록_블루투스 . 요소 값 블루투스_클라이언트1 . 주소와 이름들
     만약 아니다 블루투스_클라이언트1 . 활성화
     그러면 호출 알림1 .경고창 나타내기
                        알림 " 블루투스를 활성화시켜주세요! "

함수 팝업메시지 내용
실행 호출 알림1 .경고창 나타내기
                   알림 가져오기 내용

함수 연결됨 참거짓
실행 지정하기 목록_블루투스 . 활성화 값 아니다 가져오기 참거짓
     지정하기 버튼_연결끊기 . 활성화 값 가져오기 참거짓

언제 목록_블루투스 .선택 후
실행 호출 팝업메시지
              내용 합치기 " 연결을 시도합니다.₩n "
                          목록_블루투스 . 선택된 항목
     만약 호출 블루투스_클라이언트1 .연결
                                   주소 목록_블루투스 . 선택된 항목
     그러면 호출 연결됨
                  참거짓 참
            호출 팝업메시지
                    내용 " 연결됐습니다. "

함수 연결끊기
실행 호출 팝업메시지
              내용 " 연결이 끊겼습니다. "
     호출 블루투스_클라이언트1 .연결 끊기
     호출 연결됨
            참거짓 거짓

언제 버튼_연결끊기 .클릭
실행 호출 연결끊기
```

```
언제 Screen1 .오류 발생
  컴포넌트 함수 이름 오류 번호 메시지
실행 호출 팝업메시지
         내용 합치기 " 에러 "
                    가져오기 오류 번호
                    "   "
                    가져오기 함수 이름
                    " : "
                    가져오기 메시지
     만약 가져오기 오류 번호 = 516
     그러면 호출 알림1 .경고창 나타내기
                 알림 " 상대방이 연결을 끊었습니다. "
            호출 연결끊기
     아니고 ... 라면 가져오기 오류 번호 = 507
     그러면 호출 알림1 .경고창 나타내기
                 알림 " 선택한 기기와 연결할 수 없습니다.\n 기기가 켜져있는지 확인해주세요. "

함수 전송하기 메시지
실행 호출 블루투스_클라이언트1 .텍스트 보내기
                          텍스트 가져오기 메시지

함수 색상보내기 r g b
실행 호출 전송하기
         메시지 합치기 " r "
                      가져오기 r
                      " g "
                      가져오기 g
                      " b "
                      가져오기 b
     지정하기 수평배치_선택한색 . 배경색 값 색상 만들기 리스트 만들기 가져오기 r
                                                            가져오기 g
                                                            가져오기 b

언제 버튼_색1 .클릭
실행 호출 색상보내기
         r 193
         g 22
         b 24

언제 버튼_색4 .클릭
실행 호출 색상보내기
         r 255
         g 192
         b 15

언제 버튼_색7 .클릭
실행 호출 색상보내기
         r 1
         g 142
         b 174

언제 버튼_색2 .클릭
실행 호출 색상보내기
         r 229
         g 76
         b 38

언제 버튼_색5 .클릭
실행 호출 색상보내기
         r 139
         g 197
         b 63

언제 버튼_색8 .클릭
실행 호출 색상보내기
         r 174
         g 29
         b 137

언제 버튼_색3 .클릭
실행 호출 색상보내기
         r 248
         g 142
         b 33

언제 버튼_색6 .클릭
실행 호출 색상보내기
         r 98
         g 173
         b 2

언제 버튼_색9 .클릭
실행 호출 색상보내기
         r 111
         g 16
         b 110
```

05 IoT 서비스 확인하기

1 회로가 연결된 아두이노를 준비합니다.

2 USB 케이블로 아두이노와 PC를 연결합니다.

3 아두이노에 연결된 블루투스 모듈을 스마트폰과 페어링합니다.

4 완성된 RGBLED.aia 앱을 실행합니다.

① [연결] 메뉴를 클릭한 후 [AI 컴패니언] 클릭하기

② QR 코드가 나타나면 스마트폰의 MIT AI2 Companion 앱을 실행하여 [scan QR code] 메뉴로 QR 코드 인식하기

③ 스마트폰의 앱과 아두이노의 기능을 실시간으로 확인하기

아두이노	앱 인벤터
	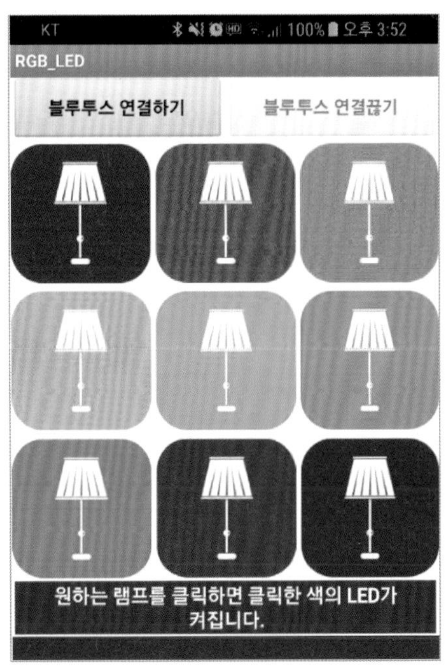

앱 인벤터의 [슬라이더] 컴포넌트를 사용하여, LED의 RGB 값을 지정하지 않고 마음대로 변경하는 서비스를 만들어 보세요.

★ R, G, B 값의 범위는 0~255이며, RGB LED는 R, G, B 3개의 값을 지정하여 원하는 색을 만들 수 있습니다.

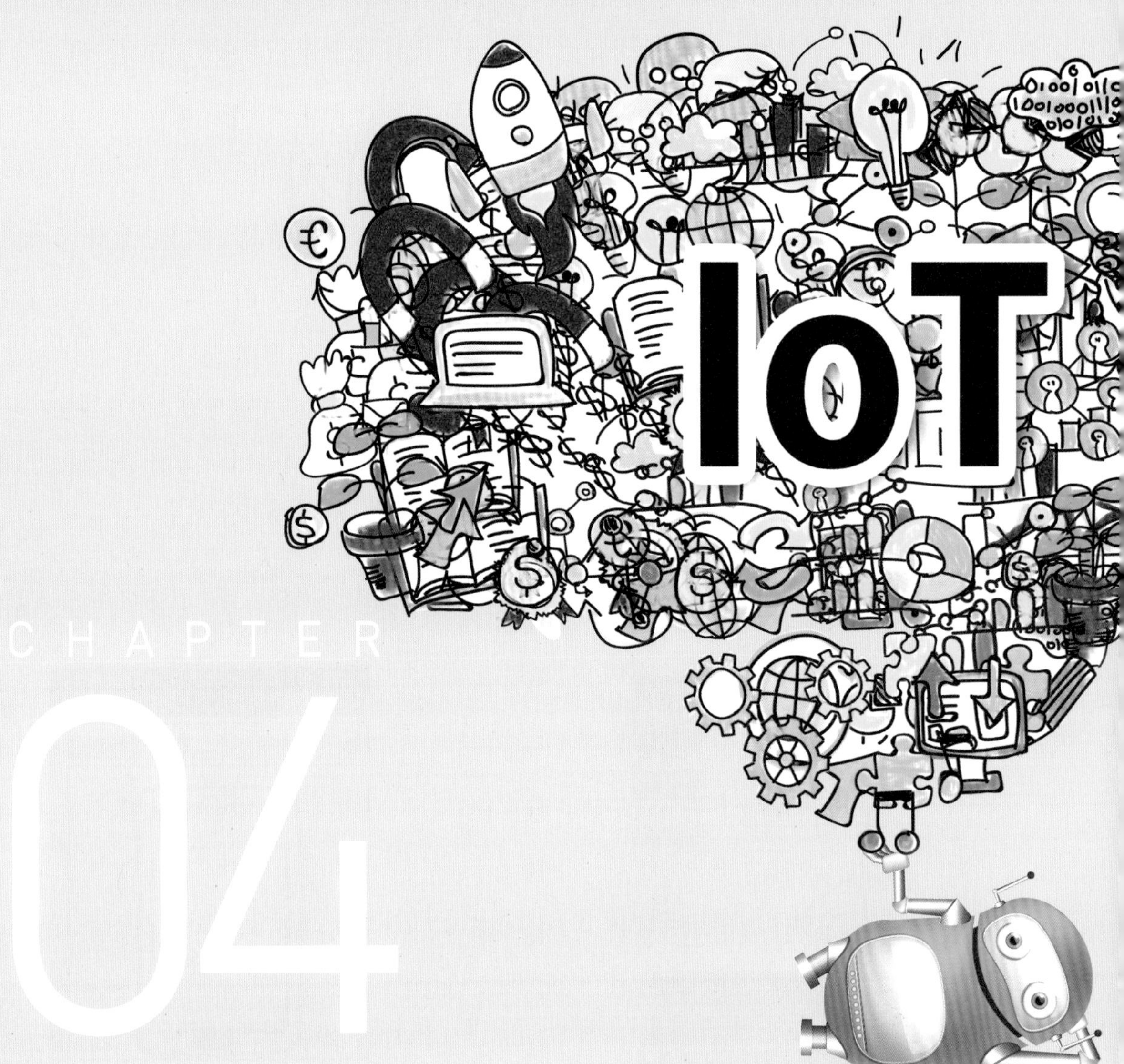

CHAPTER

04

나의 스마트폰 찾기

평소에 가장 자주 사용하는 스마트폰을 어디에 뒀는지 알 수 없을 경우, 스마트폰에 진동이 울리게 하여 찾을 수 있습니다.

01 IoT 서비스 설계하기

1 아두이노 보드에 연결된 스위치를 누르면 앱으로 신호가 보내지고 앱에서는 스마트폰을 진동하도록 설계합니다.

2 연결된 블루투스를 통해 아두이노에서 앱 인벤터로 [텍스트]를 보냅니다.

아두이노	블루투스 통신	앱 인벤터

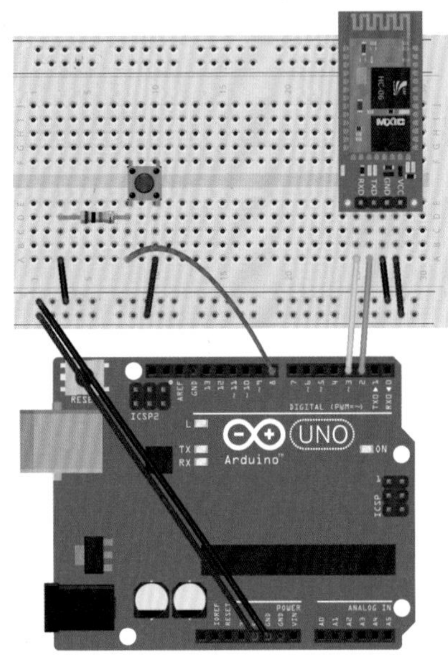

02 아두이노 제작하기

STEP 1 부품 알아보기

1 택트 스위치란?

- 택트 스위치는 전류의 흐름을 연결 또는 차단하는 역할을 합니다.
- 택트 스위치는 4개의 핀이 2개씩 서로 연결되어 있습니다.

다음 그림에서 ①, ②번이 서로 연결되어 있고, ③, ④번이 같이 연결되어 있습니다. 스위치로 사용하기 위해 ①, ③ 또는 ②, ④번 핀을 사용합니다.

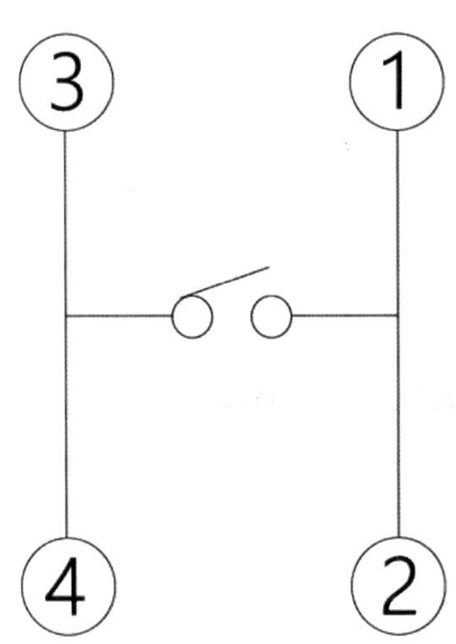

STEP 2 부품 준비하기

부품		개수
	아두이노 우노	1
	브레드보드	1
	블루투스 모듈(HC-06)	1
	택트 스위치	1
	저항(10KΩ)	1
	수수(MM) 점퍼와이어	7(10cm) 2(20cm)

TIP 택트 스위치 선택

4핀 대신 2핀 택트 스위치를 사용할 수 있습니다.

STEP 3 아두이노 연결하기

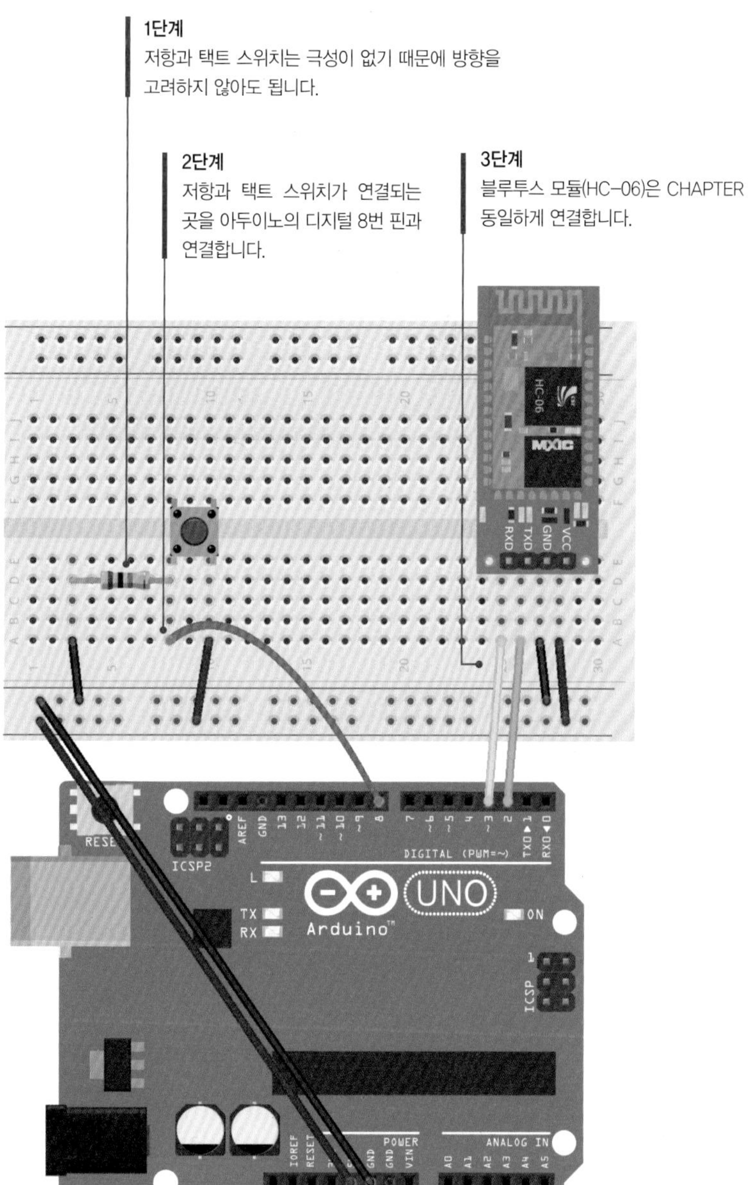

회로를 연결하고 브레드보드의 홀에 다음 이미지와 같이 부품 또는 점퍼와이어가 모두 연결되어야 합니다.

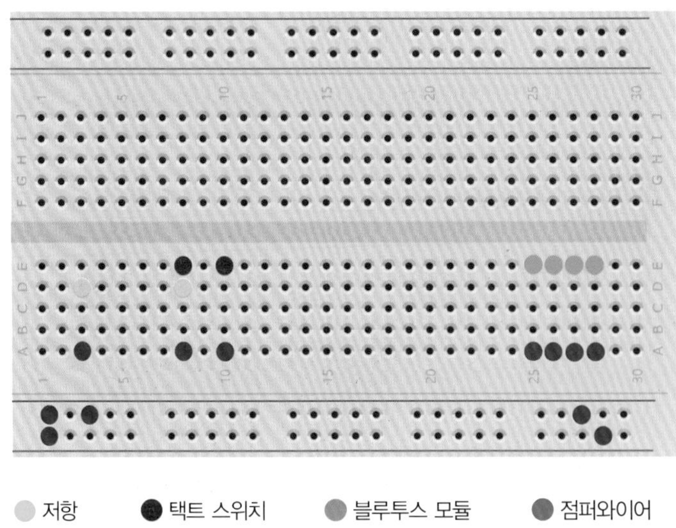

STEP 4 스케치 작성하기

FindSmartPhone.ino

```
#include <SoftwareSerial.h>
// 버튼을 디지털 8번으로 설정한다.
int button=8;

SoftwareSerial mySerial(2,3);

void setup() {
   // 스위치가 연결된 디지털 8번을 입력으로 설정한다.
   pinMode(button, INPUT);
   mySerial.begin(9600);
}

void loop() {
   // 스위치가 눌러졌는지를 확인한다.
   if(digitalRead(button)==HIGH){
      // 채터링(스위치 잡음)에 의한 재진입을 방지하기 위해 500ms 지연 시간을 설정한다.
      delay(500);
      // 문자 'a'를 앱으로 전송한다.
      mySerial.write('a');
   }
}
```

STEP 5 스케치 알아보기

int button=8;	▪ int형 변수 button을 선언하고 8로 초기화합니다.
pinMode(button, INPUT)	▪ 변수 button에 숫자 8이 저장되어 있기 때문에 디지털 8번을 입력으로 설정합니다.
digitalRead(button)	▪ digitalRead는 해당 핀이 HIGH(5V) 또는 LOW(0V)인지 확인합니다. ▪ 변수 button에 8이 저장되어 있기 때문에 디지털 8번의 값(HIGH 또는 LOW)을 읽어서 넘겨 줍니다.
delay(500);	▪ delay는 주어진 시간 동안 프로그램을 중지시킵니다. ▪ 500밀리 초 동안 프로그램을 중지시킵니다.
mySerial.write('a');	▪ mySerial.write는 소프트웨어 시리얼 포트로 데이터를 보냅니다. ▪ 블루투스 모듈을 통하여 앱으로 문자 'a'를 보냅니다.

STEP 6 스케치 컴파일 및 업로드하기

CHAPTER 02 STEP 6의 순서로 스케치를 아두이노 보드로 업로드합니다.

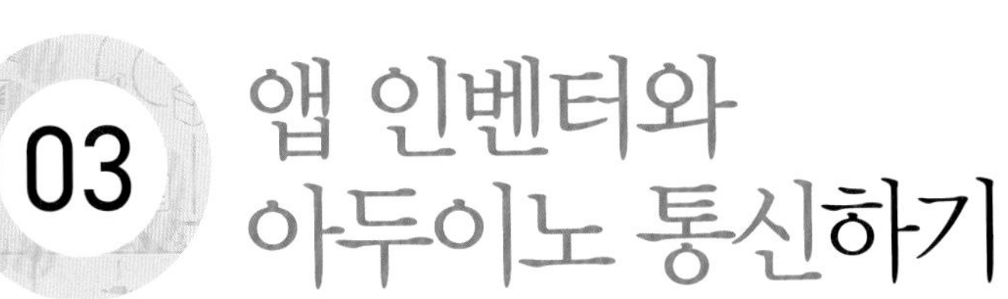

03 앱 인벤터와 아두이노 통신하기

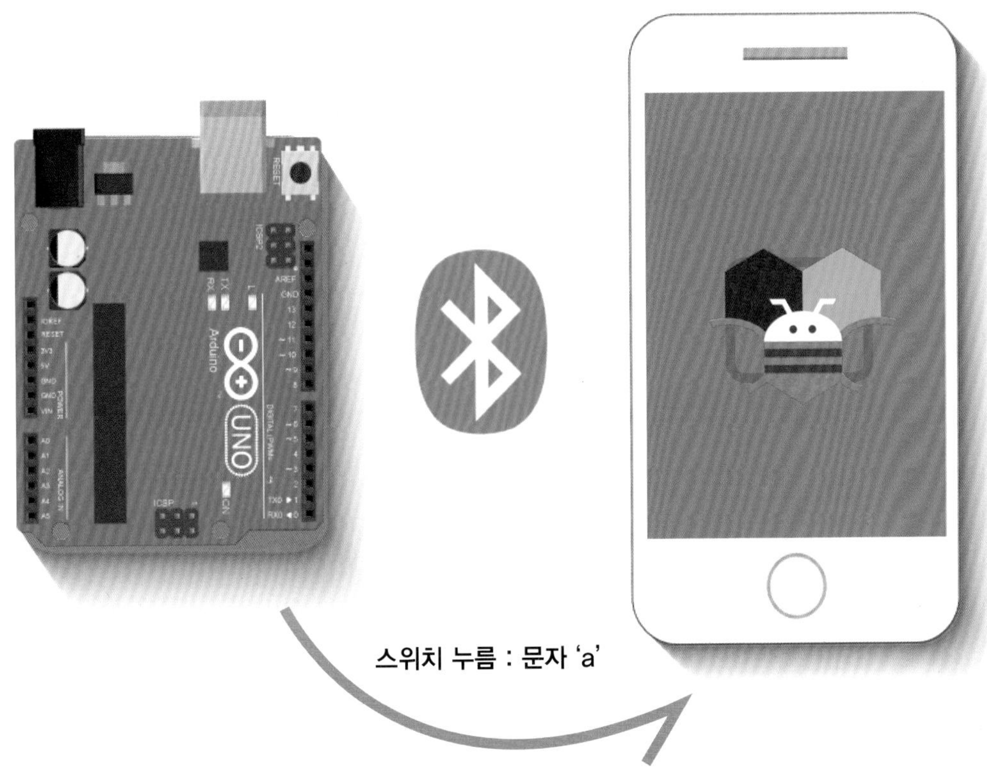

- 아두이노에 연결된 택트 스위치를 누르면 문자 'a'가 앱으로 보내집니다.
- 앱에서 문자 'a'를 받으면 1초 동안 진동을 발생시킵니다.
- 앱에서 아두이노로 보내는 정보는 없습니다.

04 앱 개발하기

STEP 1 디자인 프로젝트 파일 가져오기

1. [프로젝트 〉 내 컴퓨터에서 프로젝트(.aia) 가져오기]를 클릭하여 [디자이너] 화면에서 컴포넌트로만 디자인된 'FindSmartPhone_Design.aia' 프로젝트를 가져옵니다.

2. [프로젝트 〉 프로젝트 다른 이름으로 저장]을 클릭하여 'FindSmartPhone.aia'라는 새 이름으로 프로젝트를 저장합니다.

STEP 2 컴포넌트 구성하기

'FindSmartPhone.aia' 프로젝트의 컴포넌트 구성은 다음과 같습니다.

종류	팔레트	이름	설명
수평배치	레이아웃	**수평배치1**	[목록_블루투스]와 [버튼_연결끊기]를 수평으로 배치
목록 선택	사용자 인터페이스	**목록_블루투스**	연결 가능한 블루투스 정보 보여 주기
버튼	사용자 인터페이스	**버튼_연결끊기**	연결된 블루투스 연결 끊기
수평배치	레이아웃	**수평배치2**	[이미지_Find] 배치
이미지	사용자 인터페이스	**이미지_Find**	상황에 따른 이미지 보여 주기
블루투스 클라이언트	연결	**블루투스_클라이언트1**	아두이노와 데이터 주고받음
알림	사용자 인터페이스	**알림1**	경고 창 나타내기
시계	센서	**시계1**	아두이노로부터 데이터를 주기적으로 수신하기 위함
소리	미디어	**소리1**	스마트폰을 진동하기 위함

※ 은 [보이지 않는 컴포넌트]입니다.

STEP 3 블록 코딩하기

1 블루투스 통신을 위한 공통 블록

블루투스와 통신을 하는 앱을 개발하기 위해 공통적으로 사용하는 블록입니다.

활성화된 블루투스를 리스트로 보여줌

```
언제 목록_블루투스 .선택 전
실행 지정하기 목록_블루투스 . 요소 값 블루투스_클라이언트1 . 주소와 이름들
     만약 아니다 블루투스_클라이언트1 . 활성화
     그러면 호출 알림1 .경고창 나타내기
                        알림 " 블루투스를 활성화시켜주세요! "
```

특정 내용을 경고창으로 표현하기

```
함수 팝업메시지 내용
실행 호출 알림1 .경고창 나타내기
                    알림 가져오기 내용
```

블루투스가 연결되었을 경우의 컴포넌트 값 설정하기

```
함수 연결됨 참거짓
실행 지정하기 목록_블루투스 . 활성화 값 아니다 가져오기 참거짓
     지정하기 버튼_연결끊기 . 활성화 값 가져오기 참거짓
     지정하기 시계1 . 타이머 활성 여부 값 가져오기 참거짓
```

선택한 블루투스 정보를 알림으로 표현
블루투스가 연결되면 연결됨 함수와 팝업메시지 함수 호출

```
언제 목록_블루투스 .선택 후
실행 호출 팝업메시지
          내용 합치기 " 연결을 시도합니다.₩n "
                      목록_블루투스 . 선택된 항목
     만약 호출 블루투스_클라이언트1 .연결
                                  주소 목록_블루투스 . 선택된 항목
     그러면 호출 연결됨
                 참거짓 참
            호출 팝업메시지
                 내용 " 연결됐습니다. "
```

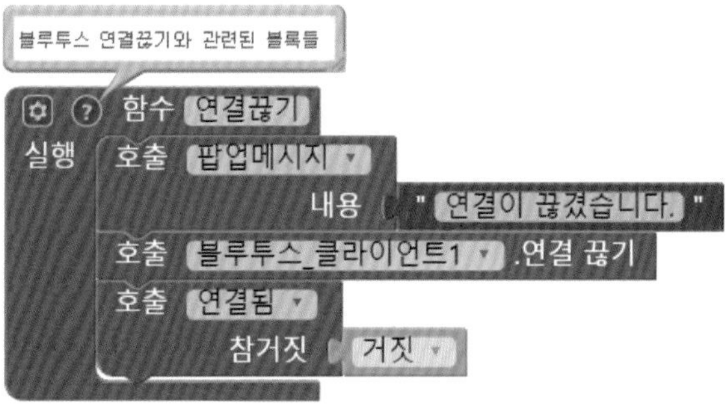

```
블루투스 연결끊기와 관련된 블록들
함수 연결끊기
실행  호출 팝업메시지
              내용 " 연결이 끊겼습니다. "
      호출 블루투스_클라이언트1 .연결 끊기
      호출 연결됨
              참거짓 거짓

앱 실행시 발생하는 오류 보여주기
언제 Screen1 .오류 발생
  컴포넌트  함수 이름  오류 번호  메시지
실행  호출 팝업메시지
              내용 합치기 " 에러 "
                          가져오기 오류 번호
                          "  "
                          가져오기 함수 이름
                          " : "
                          가져오기 메시지
      만약 가져오기 오류 번호 = 516
      그러면 호출 알림1 .경고창 나타내기
                    알림 " 상대방이 연결을 끊었습니다. "
             호출 연결끊기
      아니고 ... 라면 가져오기 오류 번호 = 507
      그러면 호출 알림1 .경고창 나타내기
                    알림 " 선택한 기기와 연결할 수 없습니다.₩n 기기가 켜져 있는지 확인해주세요. "

언제 버튼_연결끊기 .클릭
실행  호출 연결끊기
      호출 초기화
```

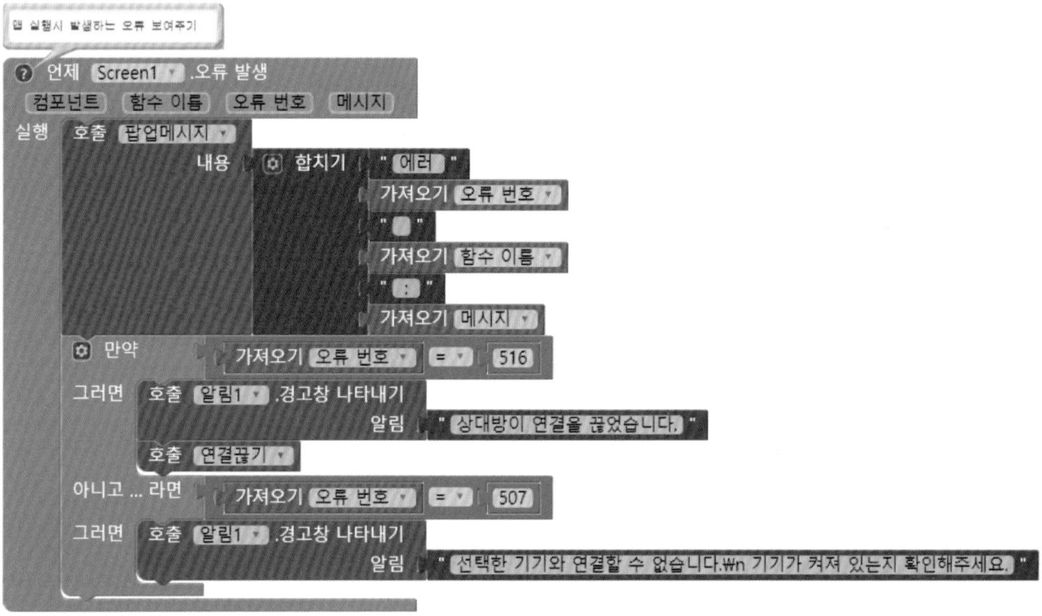

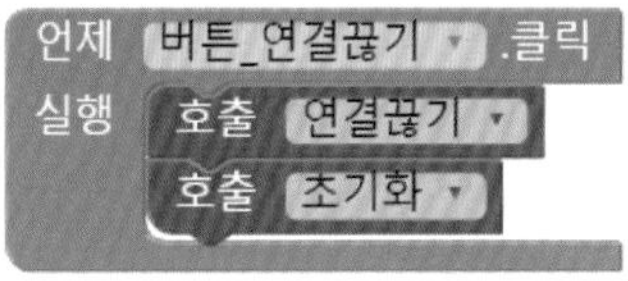

TIP 블루투스 통신을 위한 공통 블록

상세한 설명은 [CHAPTER 02 LED 제어하기]의 내용을 참고하기 바랍니다.

2 변수 만들기

아두이노가 보내는 텍스트 데이터를 저장하는 변수

전역변수 초기화 변수_받는데이터 값 " "

1. 아두이노가 보내는 텍스트 데이터를 저장하기 위해 [변수_받는데이터]라는 이름의 전역변수를 만듭니다.
2. [변수_받는데이터]의 초깃값을 공백으로 설정합니다.

3 초기화하기

앱 실행시 초기 이미지와 시계 컴포넌트의 비활성화 값을 초기화하는 함수

함수 초기화
실행 지정하기 이미지_Find . 사진 값 " 04_App_02.png "
지정하기 시계1 . 타이머 활성 여부 값 거짓

언제 Screen1 .초기화
실행 호출 초기화

1. 앱이 처음 실행되었을 때 초기화해야 할 컴포넌트들의 상태 값을 설정하는 [초기화] 함수를 만듭니다.
2. [이미지_Find]의 [사진] 속성을 '04_App_02.png'로 설정합니다.
3. [시계1] 컴포넌트의 [타이머 활성 여부] 속성을 '거짓'으로 설정합니다.
4. [Screen1]의 초기화를 실행했을 때 [초기화] 함수를 호출합니다.

TIP [시계] 컴포넌트

스마트폰의 시계, 타이머 그리고 시간 계산 기능을 제공하는 것으로, 보이지 않는 컴포넌트입니다. 특정한 기능들을 설정된 타이머 간격으로 반복하여 실행할 때 사용합니다.

 시계

4 블루투스로부터 받을 수 있는 데이터가 있다면

1 만약 블루투스로부터 받을 데이터가 있다면

2 받을 수 있는 바이트 크기의 텍스트 데이터를 받아서 미리 만들어 둔 [global 변수_받는데이터]에 저장합니다.

5 블루투스로부터 받은 데이터가 'a'라면

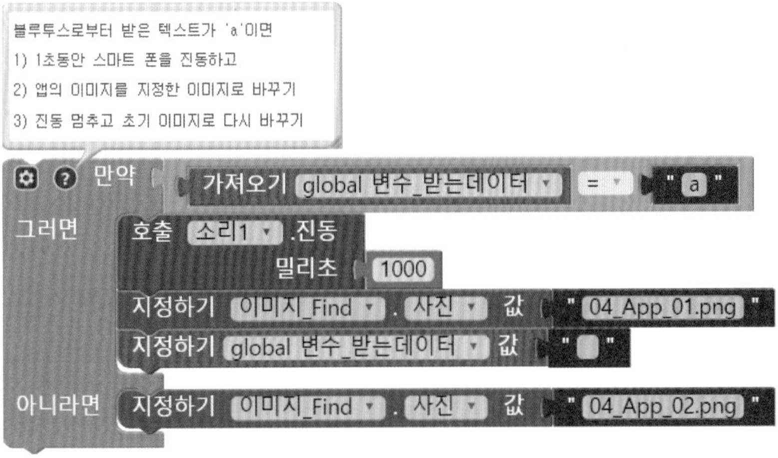

1 블루투스로부터 받은 데이터가 소문자 'a'라면

2 스마트폰을 1초 동안 진동합니다.

3 [이미지_Find]의 [사진] 속성을 '04_App_01.png'로 설정합니다.

4 계속 진동하는 것을 방지하기 위해 [global 변수_받는데이터]의 값을 공백으로 설정합니다.

5 'a'가 아니라면 [이미지_Find]의 [사진] 속성을 '04_App_02.png'로 설정합니다.

6 1초마다 데이터 수신과 확인 반복하기

❶ 1초마다 블루투스로부터 받을 데이터가 있는지

❷ 블루투스로부터 받은 데이터가 소문자 'a'인지를 확인하는 동작을 반복합니다.

TIP [시계] 컴포넌트의 속성

[시계] 컴포넌트의 속성에는 타이머 항상 작동, 타이머 활성 여부, 타이머 간격이 있으며, 단위는 밀리세컨드(millisecond, 1000분의 1초)입니다. 따라서 타이머 간격의 값 1000은 1초를 뜻합니다.

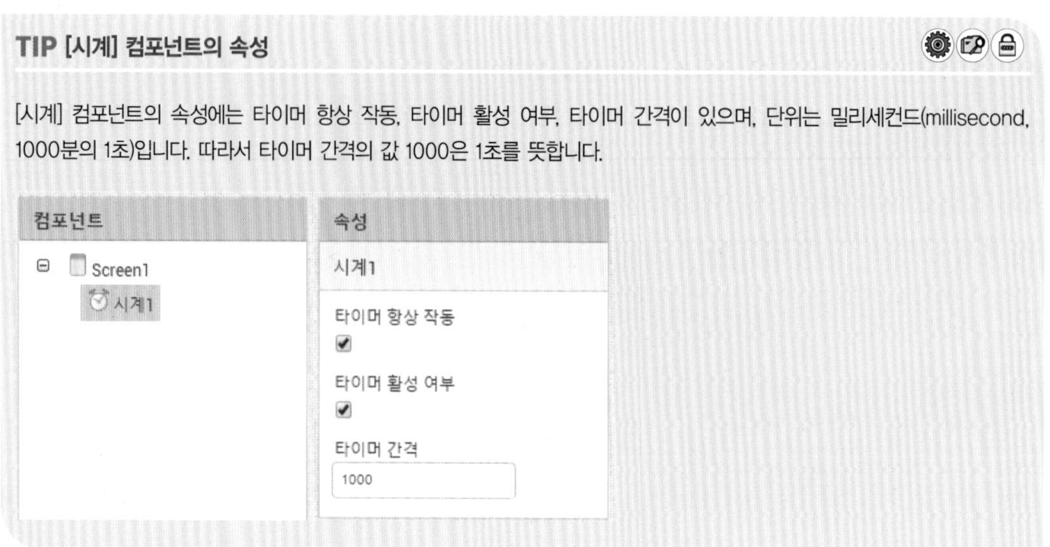

7 전체 코드

```
언제 목록_블루투스 .선택 전
실행 지정하기 목록_블루투스 . 요소 값 블루투스_클라이언트1 . 주소와 이름들
     만약 아니다 블루투스_클라이언트1 . 활성화
     그러면 호출 알림1 .경고창 나타내기
                          알림 " 블루투스를 활성화시켜주세요! "

함수 팝업메시지 내용
실행 호출 알림1 .경고창 나타내기
                     알림 가져오기 내용

함수 연결됨 참거짓
실행 지정하기 목록_블루투스 . 활성화 값 아니다 가져오기 참거짓
     지정하기 버튼_연결끊기 . 활성화 값 가져오기 참거짓
     지정하기 시계1 . 타이머 활성 여부 값 가져오기 참거짓

언제 목록_블루투스 .선택 후
실행 호출 팝업메시지
              내용 합치기 " 연결을 시도합니다.₩n "
                          목록_블루투스 . 선택된 항목
     만약 호출 블루투스_클라이언트1 .연결
                               주소 목록_블루투스 . 선택된 항목
     그러면 호출 연결됨
                 참거짓 참
            호출 팝업메시지
                   내용 " 연결됐습니다. "

함수 연결끊기
실행 호출 블루투스_클라이언트1 .연결 끊기
     호출 팝업메시지
              내용 " 연결이 끊겼습니다. "
     호출 연결됨
           참거짓 거짓
```

```
언제 Screen1 .오류 발생
  컴포넌트  함수 이름  오류 번호  메시지
실행  호출 팝업메시지
        내용  합치기  " 에러 "
                      가져오기 오류 번호
                      "   "
                      가져오기 함수 이름
                      " : "
                      가져오기 메시지
      만약  가져오기 오류 번호 = 516
      그러면  호출 알림1 .경고창 나타내기
                  알림  " 상대방이 연결을 끊었습니다. "
              호출 연결끊기
      아니고 ... 라면  가져오기 오류 번호 = 507
      그러면  호출 알림1 .경고창 나타내기
                  알림  " 선택한 기기와 연결할 수 없습니다.₩n 기기가 켜져 있는지 확인해주세요. "

언제 버튼_연결끊기 .클릭
실행  호출 연결끊기
      호출 초기화

전역변수 초기화 변수_받는데이터 값 "  "

함수 초기화
실행  지정하기 이미지_Find . 사진 값 " 04_App_02.png "
      지정하기 시계1 . 타이머 활성 여부 값 거짓

언제 Screen1 .초기화
실행  호출 초기화

언제 시계1 .타이머
실행  만약  호출 블루투스_클라이언트1 .받을 수 있는 바이트 크기 > 0
      그러면  지정하기 global 변수_받는데이터 값  호출 블루투스_클라이언트1 .텍스트 받기
                                                    바이트 수  호출 블루투스_클라이언트1 .받을 수 있는 바이트 크기
      만약  가져오기 global 변수_받는데이터 = " a "
      그러면  호출 소리1 .진동
                  밀리초 1000
              지정하기 이미지_Find . 사진 값 " 04_App_01.png "
              지정하기 global 변수_받는데이터 값 "  "
      아니라면  지정하기 이미지_Find . 사진 값 " 04_App_02.png "
```

05 IoT 서비스 확인하기

1 회로가 연결된 아두이노를 준비합니다.

2 USB 케이블로 아두이노와 PC를 연결합니다.

3 아두이노에 연결된 블루투스 모듈을 스마트폰과 페어링합니다.

4 완성된 FindSmartPhone.aia 앱을 실행합니다.

1. [연결] 메뉴를 클릭한 후 [AI 컴패니언] 클릭하기
2. QR 코드가 나타나면 스마트폰의 MIT AI2 Companion 앱을 실행하여 [scan QR code] 메뉴로 QR 코드 인식하기
3. 스마트폰의 앱과 아두이노의 기능을 실시간으로 확인하기

아두이노	앱 인벤터

앱 인벤터의 [소리] 컴포넌트를 사용하여 진동과 함께 소리도 나는 앱으로 수정해 보세요.

★ [소리] 컴포넌트에는 다음과 같은 블록이 있습니다. 

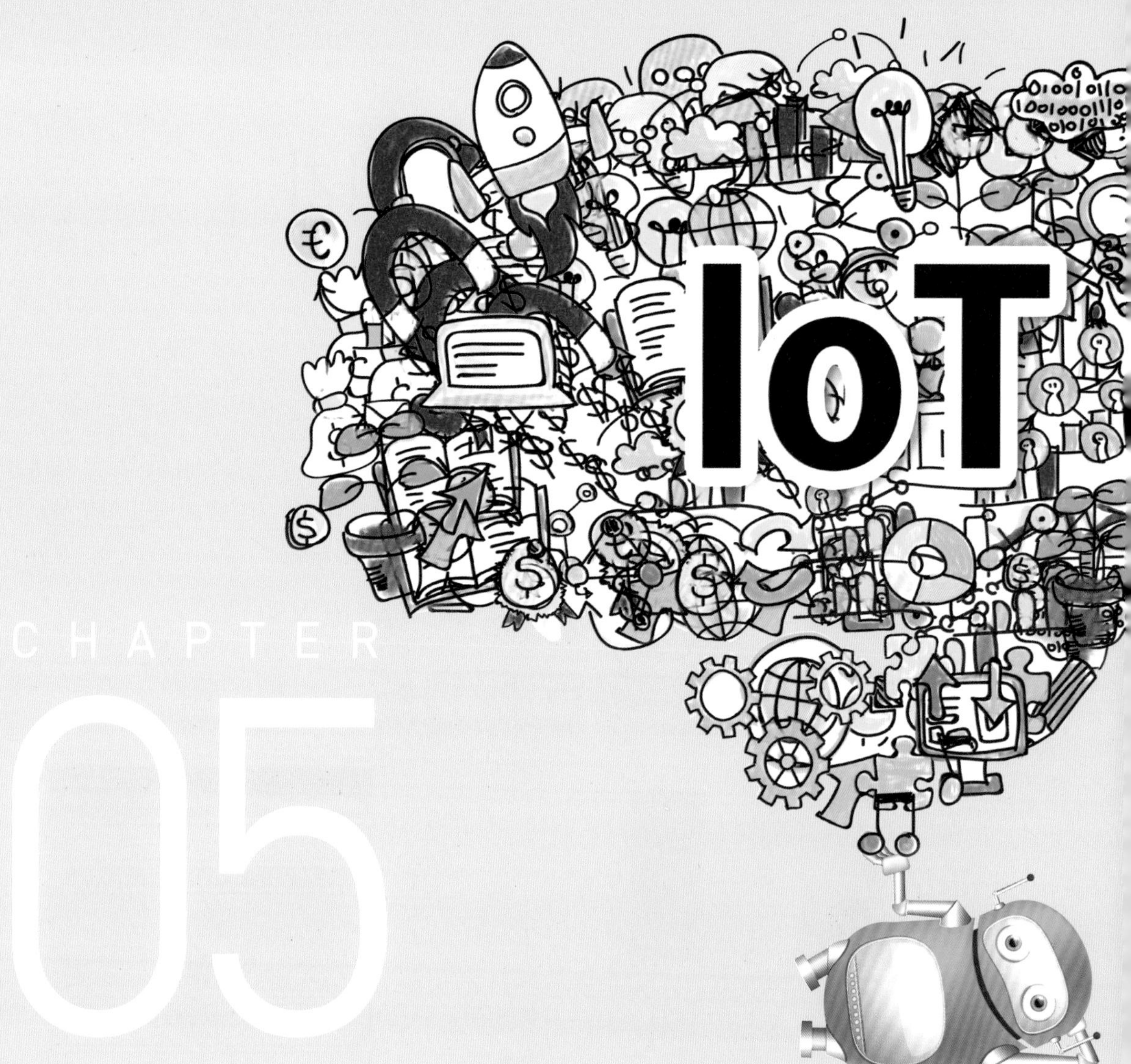

CHAPTER

05

음성으로 전등 켜기

전등을 켤 때 직접 손으로 스위치를 눌러서 켜지 않고 말로 전등을 켤 수 있다면 얼마나 좋을까요? 음성 인식으로 전등을 켜고 끌 수 있습니다.

01 IoT 서비스 설계하기

❶ 앱에서 음성으로 "켜기" 또는 "끄기"라고 말합니다.

❷ 앱이 인식한 음성이 '켜기'이면 'A', '끄기'이면 'B'를 앱에서 아두이노로 보내고 'A'를 보내면 아두이노의 전등이 켜지고 앱의 이미지도 켜진 이미지로 바뀝니다. 'B'를 보내면 아두이노의 전등이 꺼지고 앱의 이미지도 꺼진 이미지로 바뀌도록 설계합니다.

❸ 연결된 블루투스를 통해 앱 인벤터에서 아두이노로 [텍스트]를 보냅니다.

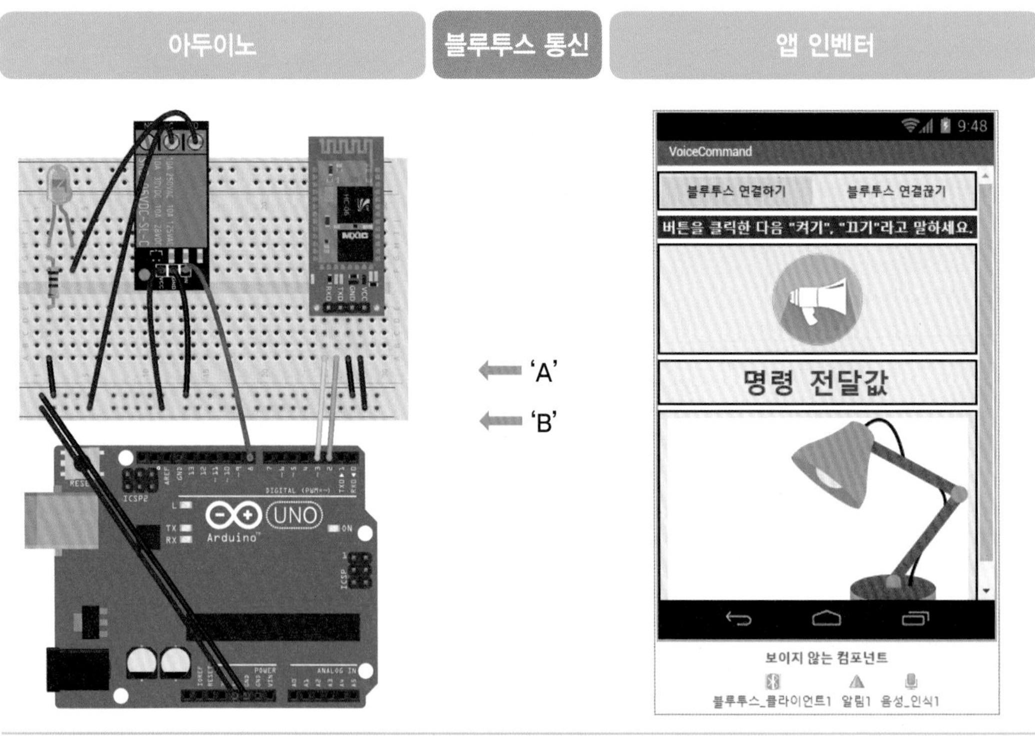

02 아두이노 제작하기

STEP 1 부품 알아보기

1 릴레이(Relay)란?

릴레이(Relay)는 내부에 있는 코일에 전류를 흐르게 하면 자석이 되는 성질을 이용하여 스위치를 동작시킵니다.

다음 그림에서 2, 3번 사이에 전류가 흐르면 1번과 4번이 연결됩니다. 전류가 흐르지 않을 경우에는 1번과 5번이 연결됩니다. 2번, 3번은 릴레이를 제어하기 위해 사용되고, 1번, 4번, 5번은 릴레이 모듈의 터미널에 연결됩니다.

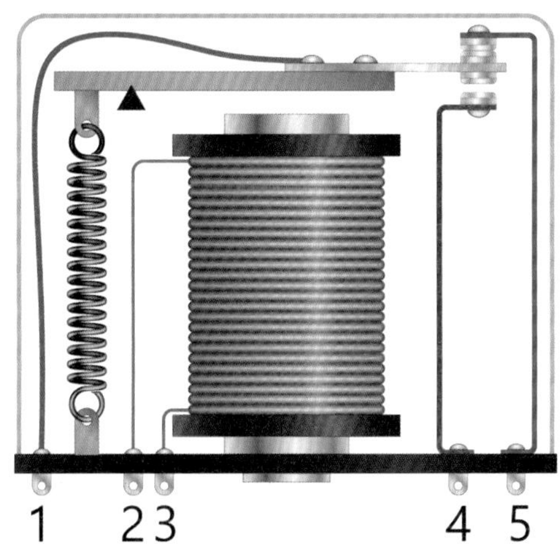

STEP 2 부품 준비하기

부품		개수
	아두이노 우노	1
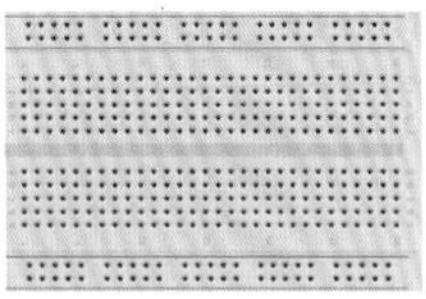	브레드보드	1
	블루투스 모듈(HC-06)	1
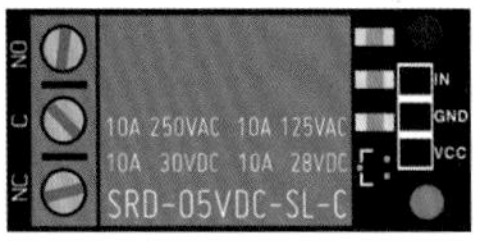	릴레이 모듈	1
	LED	1
	저항(220Ω)	1
	수수(MM) 점퍼와이어	7(10cm) 2(20cm)
	암수(MF) 점퍼와이어	3(10cm)

TIP 릴레이 모듈의 핀 위치 및 표기

릴레이 모듈은 제조사에 따라 VCC, GND, IN 핀의 위치가 다를 수 있습니다. 그리고, NC, COM, NO가 아닌 常閉, 公共端, 常开으로 표기된 부품도 있습니다.

STEP 3 아두이노 연결하기

1단계
릴레이 모듈의 VCC, GND, IN 핀은 10cm 암수(MF) 점퍼와이어를 사용하여 브레드보드와 아두이노로 연결합니다. 릴레이 모듈의 VCC, GND로 표기된 핀은 브레드보드의 +, −에 연결하고, IN로 표기된 핀은 아두이노의 디지털 8번 핀에 연결합니다.

2단계
릴레이 모듈의 COM(公共端)으로 표기된 터미널은 브레드보드의 +와 연결하고 NO(常开)로 표기된 터미널은 LED의 긴 핀과 연결합니다.

3단계
블루투스 모듈(HC-06)은 CHAPTER 02와 동일하게 연결합니다.

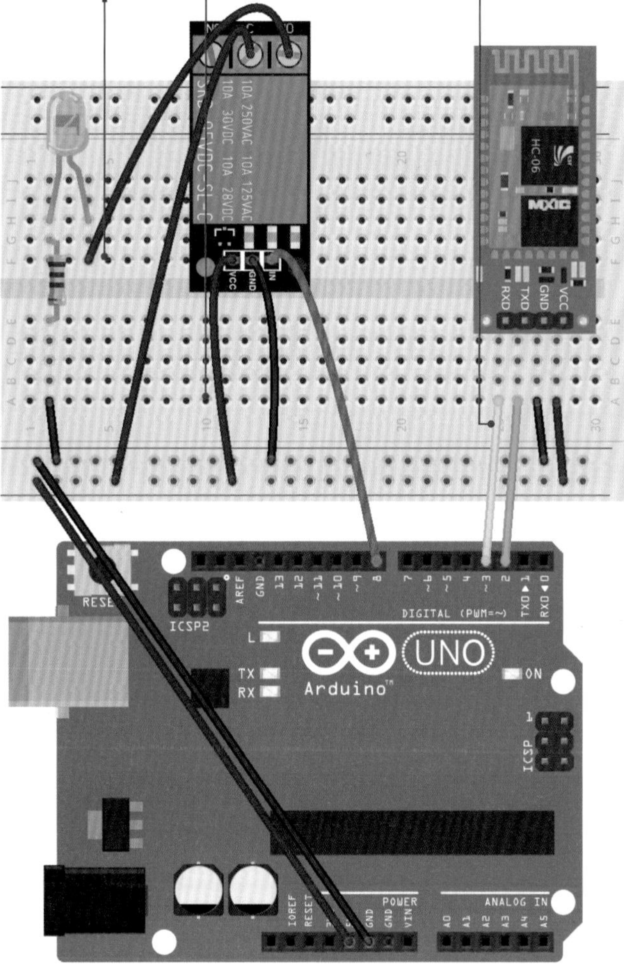

회로를 연결하고 브레드보드의 홀에 다음 이미지와 같이 부품 또는 점퍼와이어가 모두 연결되어야 합니다.

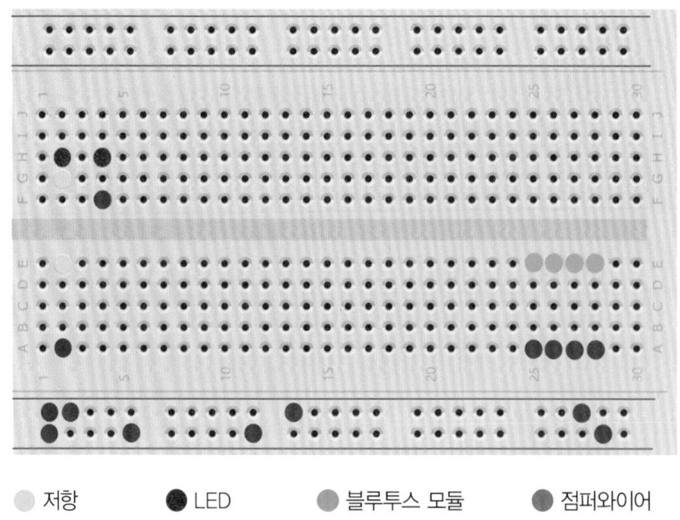

STEP 4 스케치 작성하기

VoiceCommand.ino

```
#include <SoftwareSerial.h>
// 릴레이를 디지털 8번으로 설정한다.
#define RELAY 8

SoftwareSerial mySerial(2,3);

void setup() {
   // 릴레이 모듈이 연결된 디지털 8번을 출력으로 설정한다.
   pinMode(RELAY, OUTPUT);
   // 릴레이 모듈의 터미널에 연결된 LED를 끄기 위해 디지털 8번을 HIGH(5V)로 설정한다.
   digitalWrite(RELAY,HIGH);
   mySerial.begin(9600);
}

void loop() {
if(mySerial.available()){
      char c = mySerial.read();
      /* 앱으로부터 문자 A가 수신되면 디지털 8번을 LOW로 설정하고,
      B가 수신되면 HIGH로 설정한다. */
      if(c=='A')
         digitalWrite(RELAY,LOW);
      else if(c=='B')
         digitalWrite(RELAY,HIGH);
   }
}
```

STEP 5 스케치 알아보기

#define RELAY 8	▪ RELAY를 상숫값 8로 정의합니다.
pinMode(RELAY, OUTPUT);	▪ RELAY를 숫자 8로 정의했기 때문에 디지털 8번을 출력으로 설정합니다.
digitalWrite(RELAY, HIGH);	▪ RELAY를 숫자 8로 정의했기 때문에 디지털 8번을 HIGH(5V)로 설정합니다. ▪ 교재에 사용된 릴레이 모듈은 디지털 8번을 HIGH(5V)로 설정할 경우 LED가 꺼집니다. 릴레이 모듈에 연결된 LED를 켜기 위해서는 LOW(0V)로 설정합니다. ▪ 제조사에 따라 릴레이 모듈을 동작시키기 위한 HIGH(5V), LOW(0V) 설정이 다를 수 있습니다.

STEP 6 스케치 컴파일 및 업로드하기

CHAPTER 02 STEP 6의 순서로 스케치를 아두이노 보드로 업로드합니다.

03 앱 인벤터와 아두이노 통신하기

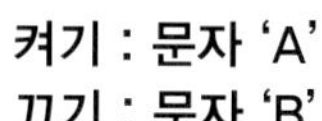

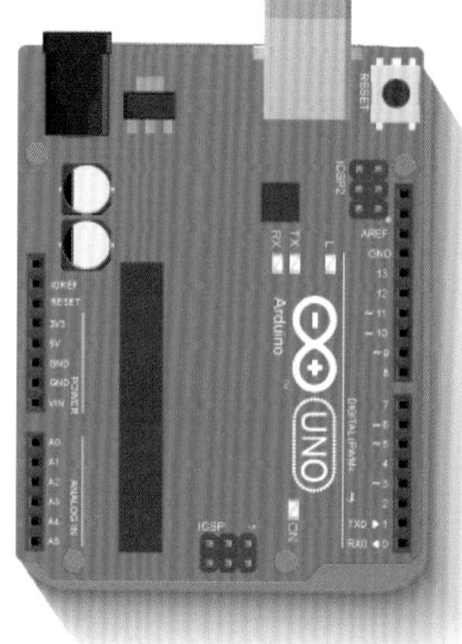

- 앱에서 [켜기] 음성을 인식하면 문자 'A'를 아두이노로 보냅니다.
- 아두이노에서 문자 'A'를 받으면, 릴레이 모듈에 연결된 LED가 켜집니다.
- 앱에서 [끄기] 음성을 인식하면 문자 'B'를 아두이노로 보냅니다.
- 아두이노에서 문자 'B'를 받으면 릴레이 모듈에 연결된 LED가 꺼집니다.
- 아두이노에서 앱으로 보내는 정보는 없습니다.

04 앱 개발하기

STEP 1 디자인 프로젝트 파일 가져오기

① [프로젝트 〉 내 컴퓨터에서 프로젝트(.aia) 가져오기]를 클릭하여 [디자이너] 화면에서 컴포넌트로만 디자인된 'VoiceCommand_Design.aia' 프로젝트를 가져옵니다.

② [프로젝트 〉 프로젝트 다른 이름으로 저장]을 클릭하여 'VoiceCommand.aia'라는 새 이름으로 프로젝트를 저장합니다.

STEP 2 컴포넌트 구성하기

'VoiceCommand.aia' 프로젝트의 컴포넌트 구성은 다음과 같습니다.

종류	팔레트	이름	설명
수평배치	레이아웃	**수평배치1**	[목록_블루투스]와 [버튼_연결끊기]를 수평으로 배치
목록 선택	사용자 인터페이스	**목록_블루투스**	연결 가능한 블루투스 정보 보여 주기
버튼	사용자 인터페이스	**버튼_연결끊기**	연결된 블루투스 연결 끊기
레이블	사용자 인터페이스	**레이블_안내**	버튼 사용에 대한 안내
수평배치	레이아웃	**수평배치2**	[버튼_음성명령] 배치
버튼	사용자 인터페이스	**버튼_음성명령**	사용자로부터 음성을 인식함
수평배치	레이아웃	**수평배치3**	[레이블_명령], [레이블_전달값] 배치
레이블	사용자 인터페이스	**레이블_명령**	인식한 음성 값 보여 주기
레이블	사용자 인터페이스	**레이블_전달값**	전달할 값(A 또는 B) 보여 주기
수평배치	레이아웃	**수평배치4**	[이미지_램프] 배치
이미지	사용자 인터페이스	**이미지_램프**	명령에 따른 이미지 보여 주기
블루투스 클라이언트	연결	**블루투스_클라이언트1**	아두이노와 데이터 주고받음
알림	사용자 인터페이스	**알림1**	경고 창 나타내기
음성 인식	미디어	**음성_인식1**	입력된 말(음성)을 글로 변환함

※ 은 [보이지 않는 컴포넌트]입니다.

STEP 3 블록 코딩하기

1 블루투스 통신을 위한 공통 블록

블루투스와 통신을 하는 앱을 개발하기 위해 공통적으로 사용하는 블록입니다.

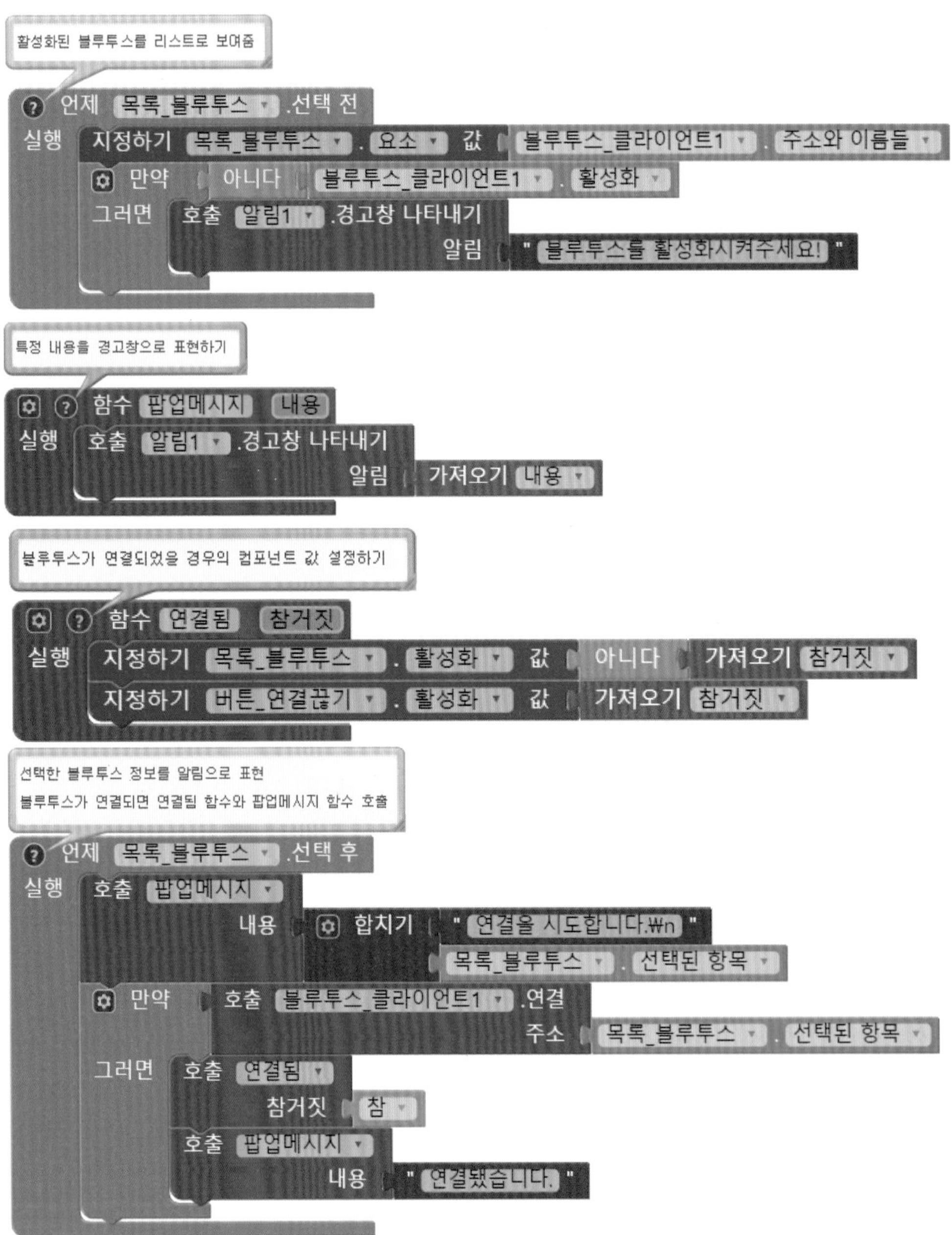

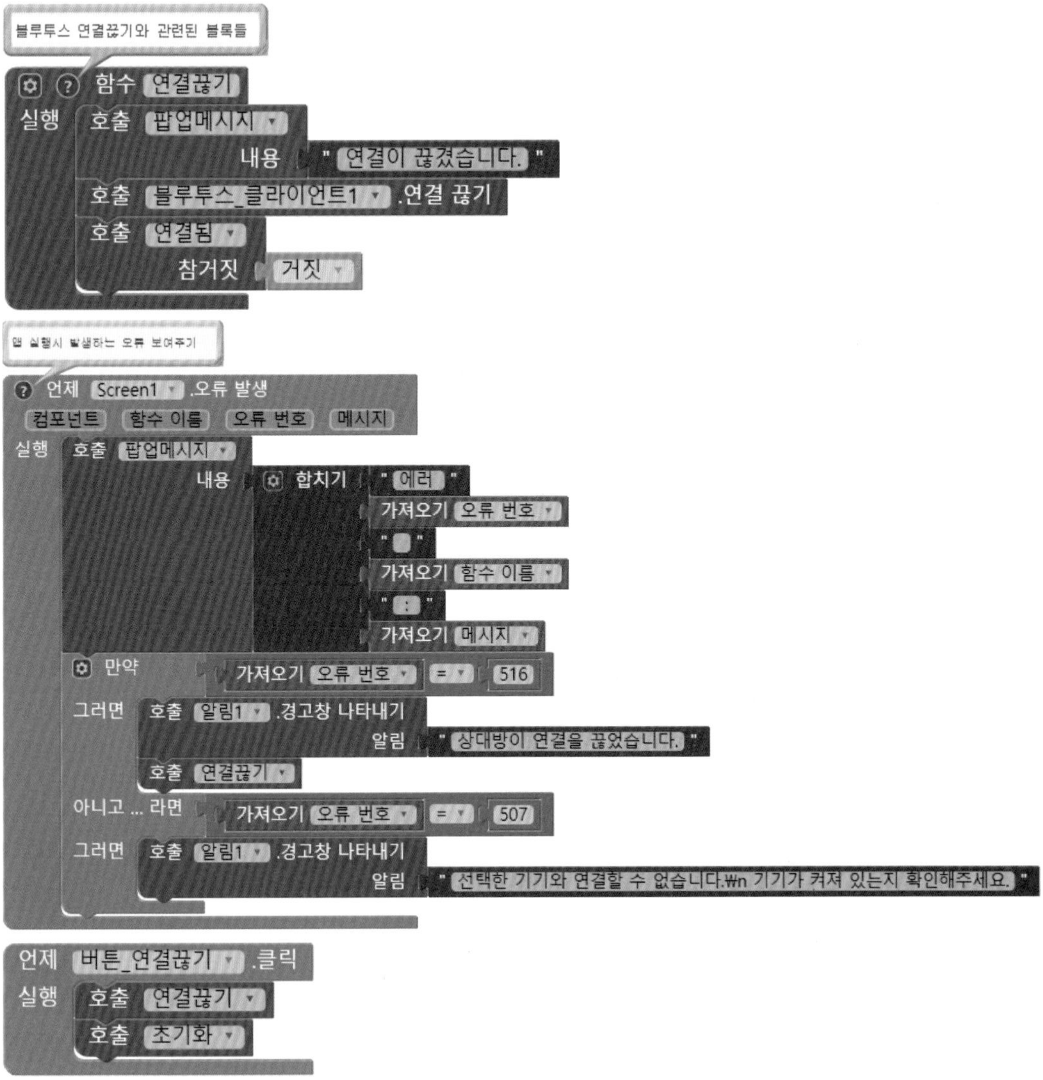

```
블루투스 연결끊기와 관련된 블록들
함수 연결끊기
실행  호출 팝업메시지
           내용 " 연결이 끊겼습니다. "
      호출 블루투스_클라이언트1 .연결 끊기
      호출 연결됨
           참거짓 거짓

앱 실행시 발생하는 오류 보여주기
언제 Screen1 .오류 발생
 컴포넌트  함수 이름  오류 번호  메시지
실행  호출 팝업메시지
           내용  합치기  " 에러 "
                        가져오기 오류 번호
                        " "
                        가져오기 함수 이름
                        " : "
                        가져오기 메시지
      만약  가져오기 오류 번호 = 516
      그러면  호출 알림1 .경고창 나타내기
                    알림 " 상대방이 연결을 끊었습니다. "
              호출 연결끊기
      아니고 ... 라면  가져오기 오류 번호 = 507
      그러면  호출 알림1 .경고창 나타내기
                    알림 " 선택한 기기와 연결할 수 없습니다.\n 기기가 켜져 있는지 확인해주세요. "

언제 버튼_연결끊기 .클릭
실행  호출 연결끊기
      호출 초기화
```

TIP 블루투스 통신을 위한 공통 블록

상세한 설명은 [CHAPTER 02 LED 제어하기]의 내용을 참고하기 바랍니다.

❷ 초기화하기

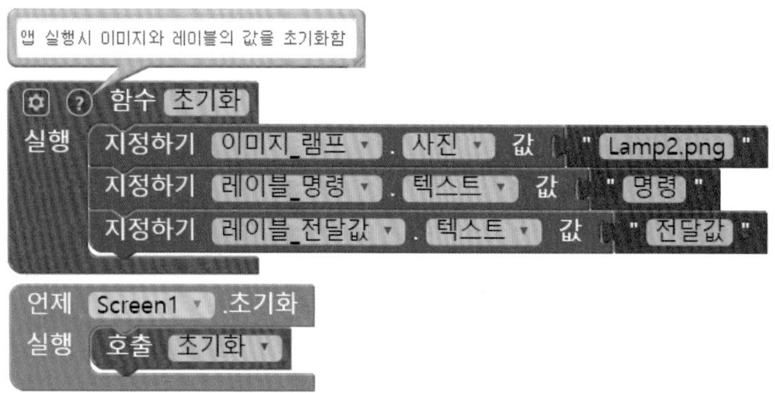

❶ 앱이 처음 실행되었을 때 초기화해야 할 컴포넌트들의 상태 값을 설정하는 [초기화] 함수를 만듭니다.

❷ [이미지_램프]의 [사진] 속성을 'Lamp2.png'로 설정합니다.

❸ [레이블_명령] 컴포넌트의 [텍스트] 속성을 '명령'으로 설정하고, [레이블_전달값] 컴포넌트의 [텍스트] 속성을 '전달값'으로 설정합니다.

❹ [Screen1]의 초기화를 실행했을 때 [초기화] 함수를 호출합니다.

❸ [전송하기] 함수 만들기

❶ 앱 인벤터에서 아두이노로 텍스트를 보내기 위한 [전송하기] 함수입니다.

❷ **[호출 '블루투스_클라이언트1.텍스트 보내기]** 블록에 **[가져오기 '메시지']**를 연결합니다.

4 음성을 텍스트로 가져오기

음성인식 컴포넌트를 통해 음성을 텍스트로 가져오기
언제 버튼_음성명령 .클릭
실행 호출 음성_인식1 .텍스트 가져오기

1 [버튼_음성명령]을 클릭하면

2 [음성인식] 컴포넌트를 통해 음성을 텍스트로 가지고 옵니다.

5 음성 인식 결과에 따라 실행하기

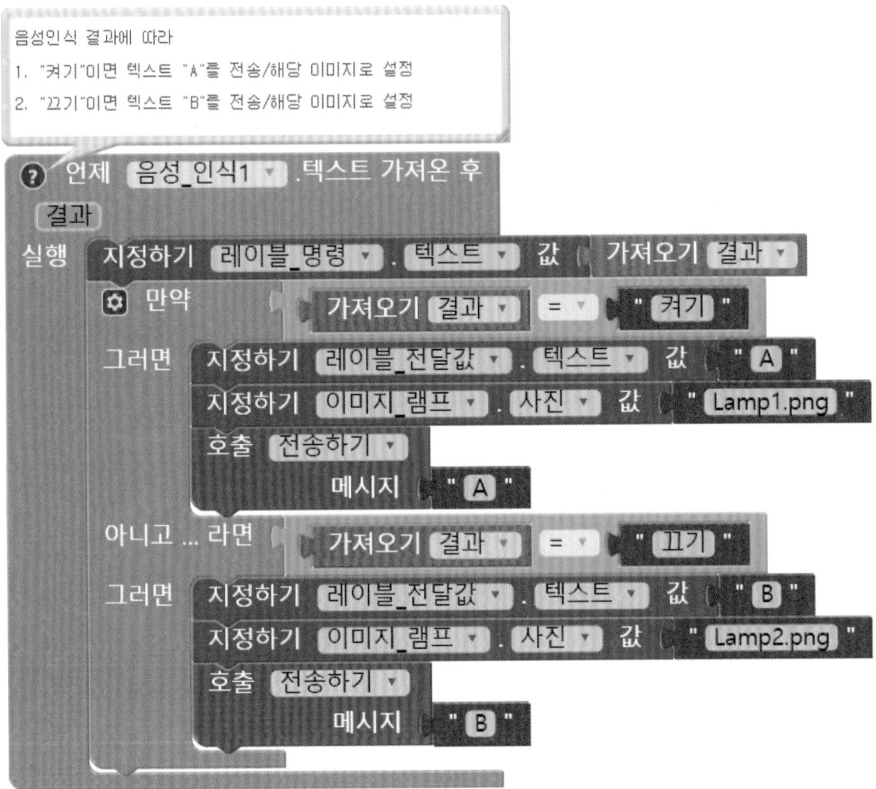

1 음성 인식 결과를 [레이블_명령]의 [텍스트] 속성 값으로 지정합니다.

2 음성 인식 결과의 텍스트가 '켜기'라면 [레이블_전달값]의 [텍스트] 속성을 'A'로 지정하고

[이미지_램프]의 [사진] 속성을 'Lamp1.png'로 지정한 다음 'A'를 매개변수로 [전송하기] 함수를 호출합니다.

③ 음성 인식 결과의 텍스트가 '끄기'라면 [레이블_전달값]의 [텍스트] 속성을 'B'로 지정하고 [이미지_램프]의 [사진] 속성을 'Lamp2.png'로 지정한 다음 'B'를 매개변수로 [전송하기] 함수를 호출합니다.

TIP [만약] 블록에 조건 추가하기

여러 개의 조건으로 비교해야 할 경우 [공통 블록] → [제어]의 [만약 그러면] 블록을 다음과 같이 사용합니다.

[만약 그러면] 블록 왼쪽에 있는 ⚙을 클릭하면 네모 풍선이 나옵니다.

왼쪽의 [아니고 ... 만약] 또는 [아니면] 블록을 마우스로 드래그하여 [만약] 블록 안에 연결합니다.

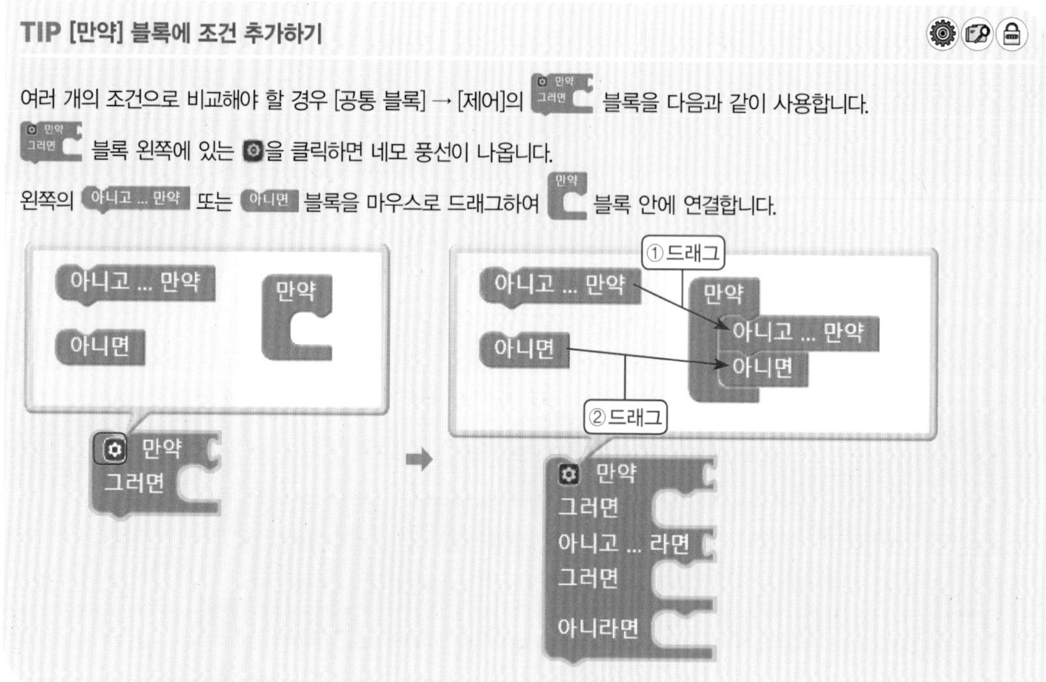

6 전체 코드

```
언제 목록_블루투스 .선택 전
실행 지정하기 목록_블루투스 . 요소 값 블루투스_클라이언트1 . 주소와 이름들
     만약 아니다 블루투스_클라이언트1 . 활성화
     그러면 호출 알림1 .경고창 나타내기
                       알림 " 블루투스를 활성화시켜주세요! "

함수 팝업메시지 내용
실행 호출 알림1 .경고창 나타내기
                 알림 가져오기 내용
```

```
함수 연결됨 참거짓
실행 지정하기 목록_블루투스 . 활성화 값 아니다 가져오기 참거짓
     지정하기 버튼_연결끊기 . 활성화 값 가져오기 참거짓

언제 목록_블루투스 .선택 후
실행 호출 팝업메시지
          내용 합치기 " 연결을 시도합니다.₩n "
                      목록_블루투스 . 선택된 항목
     만약 호출 블루투스_클라이언트1 .연결
                              주소 목록_블루투스 . 선택된 항목
     그러면 호출 연결됨
                참거짓 참
           호출 팝업메시지
                내용 " 연결됐습니다. "

함수 연결끊기
실행 호출 블루투스_클라이언트1 .연결 끊기
     호출 팝업메시지
          내용 " 연결이 끊겼습니다. "
     호출 연결됨
          참거짓 거짓

언제 Screen1 .오류 발생
 컴포넌트 함수 이름 오류 번호 메시지
실행 호출 팝업메시지
          내용 합치기 " 에러 "
                      가져오기 오류 번호
                      " "
                      가져오기 함수 이름
                      " : "
                      가져오기 메시지
     만약 가져오기 오류 번호 = 516
     그러면 호출 알림1 .경고창 나타내기
                          알림 " 상대방이 연결을 끊었습니다. "
            호출 연결끊기
     아니고 ... 라면 가져오기 오류 번호 = 507
     그러면 호출 알림1 .경고창 나타내기
                          알림 " 선택한 기기와 연결할 수 없습니다.₩n 기기가 켜져 있는지 확인해주세요. "
```

```
언제 버튼_연결끊기 .클릭
실행  호출 연결끊기
      호출 초기화

함수 초기화
실행  지정하기 이미지_램프 . 사진 값 " Lamp2.png "
      지정하기 레이블_명령 . 텍스트 값 " 명령 "
      지정하기 레이블_전달값 . 텍스트 값 " 전달값 "

언제 Screen1 .초기화
실행  호출 초기화

함수 전송하기 메시지
실행  호출 블루투스_클라이언트1 .텍스트 보내기
                                  텍스트 가져오기 메시지

언제 버튼_음성명령 .클릭
실행  호출 음성_인식1 .텍스트 가져오기

언제 음성_인식1 .텍스트 가져온 후
 결과
실행  지정하기 레이블_명령 . 텍스트 값 가져오기 결과
      만약 가져오기 결과 = " 켜기 "
      그러면 지정하기 레이블_전달값 . 텍스트 값 " A "
             지정하기 이미지_램프 . 사진 값 " Lamp1.png "
             호출 전송하기
                    메시지 " A "
      아니고 ... 라면 가져오기 결과 = " 끄기 "
      그러면 지정하기 레이블_전달값 . 텍스트 값 " B "
             지정하기 이미지_램프 . 사진 값 " Lamp2.png "
             호출 전송하기
                    메시지 " B "
```

05 IoT 서비스 확인하기

1 회로가 연결된 아두이노를 준비합니다.

2 USB 케이블로 아두이노와 PC를 연결합니다.

3 아두이노에 연결된 블루투스 모듈을 스마트폰과 페어링합니다.

4 완성된 VoiceCommand.aia 앱을 실행합니다.

1. [연결] 메뉴를 클릭한 후 [AI 컴패니언] 클릭하기
2. QR 코드가 나타나면 스마트폰의 MIT AI2 Companion 앱을 실행하여 [scan QR code] 메뉴로 QR 코드 인식하기
3. 스마트폰의 앱과 아두이노의 기능을 실시간으로 확인하기

아두이노	앱 인벤터

아두이노의 디지털 8번에 연결된 릴레이(Relay) 모듈을 9번으로 변경한 후 동작시켜 보세요.

★ 예제에서는 RELAY를 8로 정의하고 있습니다.

CHAPTER

06

우리 집 온도 측정기 만들기

온도계 없이 우리 집 안과 밖의 실제 온도를 측정하여 앱에 표현할 수 있습니다.

01 IoT 서비스 설계하기

❶ 아두이노 보드에 연결된 온습도 센서가 측정한 온도를 2초마다 앱으로 보냅니다.

❷ 연결된 블루투스를 통해 아두이노에서 앱 인벤터로 [숫자]를 보냅니다.

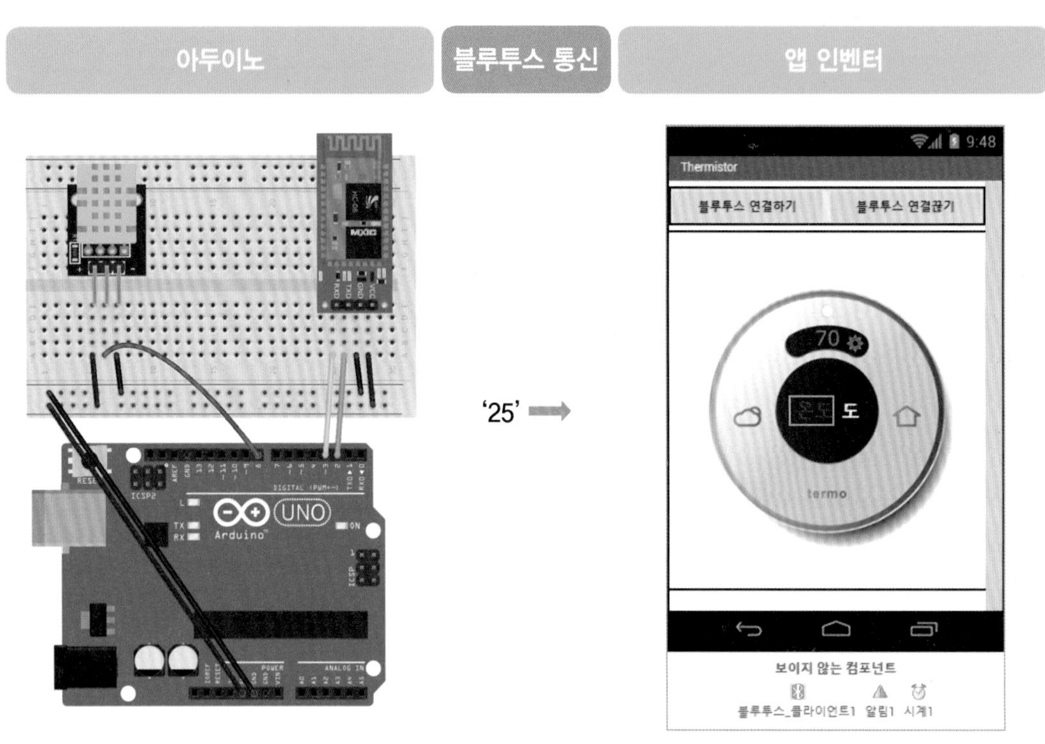

02 아두이노 제작하기

STEP 1 부품 알아보기

1 온습도 센서란?

- 온습도 센서는 온도와 습도를 측정할 수 있는 센서입니다.
- 온습도 센서 DHT11의 1번 핀은 VCC, 2번 핀은 DATA, 4번 핀은 GND입니다. 그리고 3번 핀은 사용하지 않습니다.
- 2번 핀으로 아두이노 보드와 통신을 하며 온도, 습도 데이터를 읽을 수 있습니다.
- 온습도 센서와는 다르게 온습도 센서 모듈(DHT11)의 경우에는 사용되지 않는 핀(3번 핀)을 제외한 3개의 핀이 있습니다.

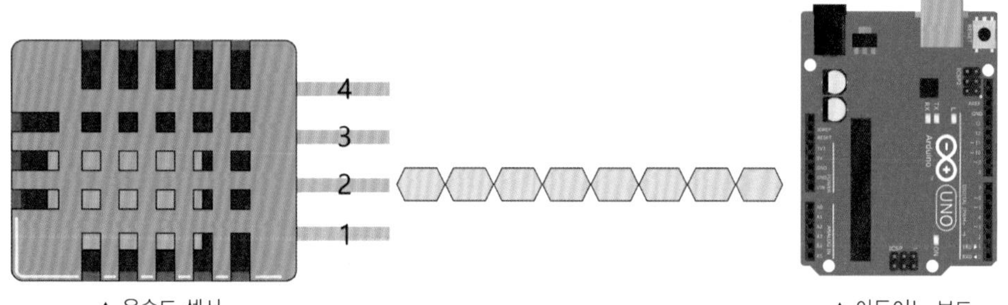

▲ 온습도 센서　　▲ 아두이노 보드

STEP 2 부품 준비하기

부품		개수
	아두이노 우노	1
	브레드보드	1
	블루투스 모듈(HC-06)	1
	온습도 센서 모듈(DHT11)	1
	수수(MM) 점퍼와이어	7(10cm) 2(20cm)

TIP 온습도 센서 

- DHT11 온습도 센서 모듈의 온도 측정 범위는 0~50℃ 입니다.
- 보다 넓은 범위의 온도 측정이 필요한 경우에는 -40~80℃의 범위를 가지고 있는 DHT22 온습도 센서를 사용할 수 있습니다.

STEP 3 아두이노 연결하기

1단계
온습도 센서 모듈(DHT11)의 +, -로 표기된 핀은 브레드보드의 +, -에 연결합니다.
OUT으로 표기된 핀은 아두이노의 디지털 8번 핀에 연결합니다.

2단계
블루투스 모듈(HC-06)은 CHAPTER 02와 동일하게 연결합니다.

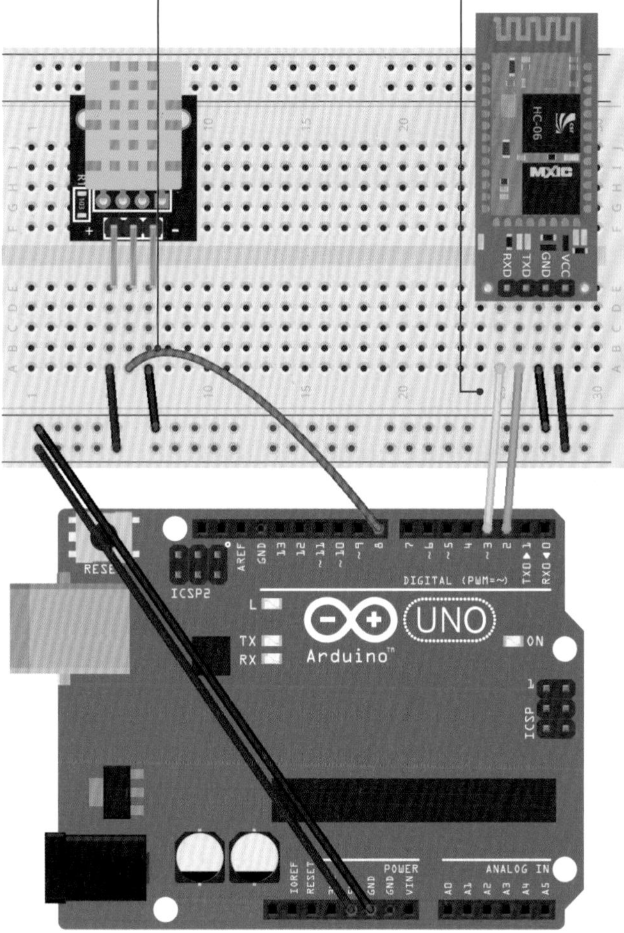

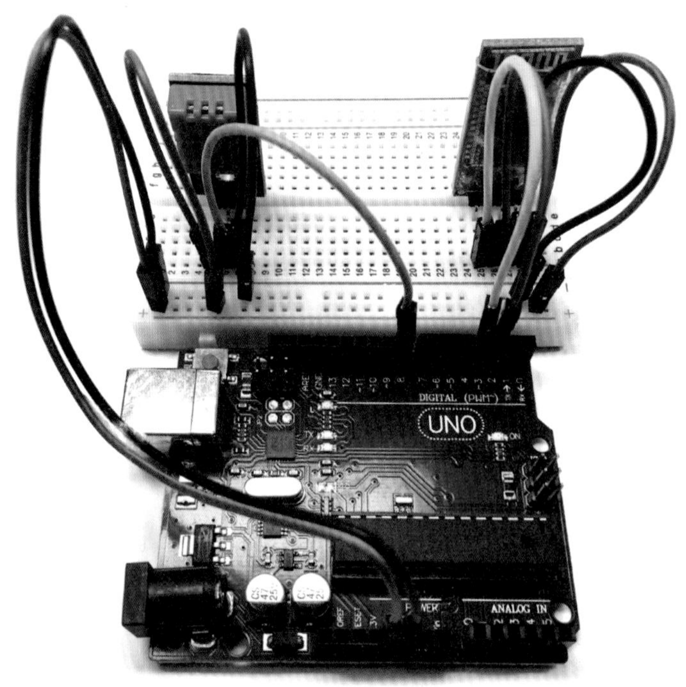

회로를 연결하고 브레드보드의 홀에 다음 이미지와 같이 부품 또는 점퍼와이어가 모두 연결되어야 합니다.

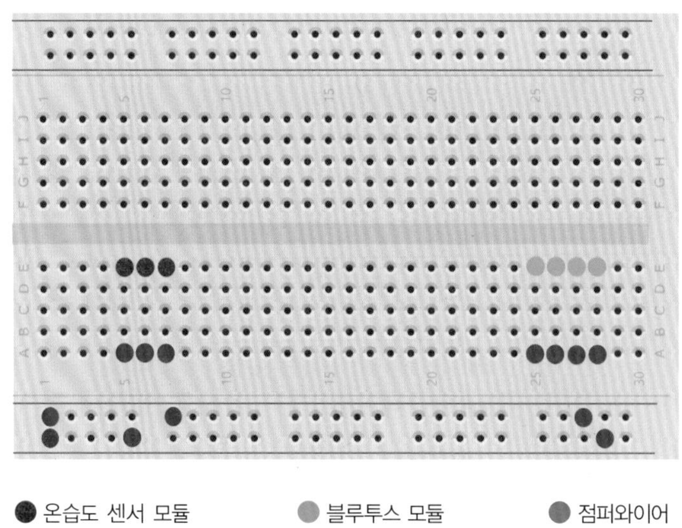

● 온습도 센서 모듈 ● 블루투스 모듈 ● 점퍼와이어

STEP 4 스케치 작성하기

Thermistor.ino

```
// 온습도 센서(DHT11)를 사용하기 위한 라이브러리를 추가한다.
#include <dht.h>
#include <SoftwareSerial.h>
// 온습도 센서와의 통신 핀을 디지털 8번으로 설정한다.
#define DHT11_PIN 8

// 온습도 센서를 위한 dht 객체를 생성한다.
dht DHT;
SoftwareSerial mySerial(2,3);

void setup(){
   mySerial.begin(9600);
}

void loop() {
   // 온습도 센서로부터 데이터를 읽는다.
   int chk = DHT.read11(DHT11_PIN);
   // 온습도 센서로부터 정상적으로 데이터를 받은 경우 온도값을 앱으로 전송한다.
   if(chk==DHTLIB_OK){
        mySerial.write(DHT.temperature);
   }
   // 2초마다 온습도를 읽는다.
   delay(2000);
}
```

STEP 5 스케치 알아보기

#include <dht.h>	■ 온습도 센서 사용을 위한 dht 라이브러리를 사용하기 위해 작성합니다. ■ dht 라이브러리는 예제 파일에 같이 포함된 'DHTlibrary.zip'을 사용합니다. ■ zip 라이브러리를 추가하는 방법은 24쪽 'STEP 5 아두이노 라이브러리(library) 설치하기'를 참고하기 바랍니다.
#define DHT11_PIN 8	■ DHT11_PIN을 상숫값 8로 정의합니다. ■ 온습도 센서와는 디지털 8번으로 통신을 합니다.
DHT.read11(DHT11PIN)	■ 온습도 센서(DHT11)로부터 온도와 습도 값을 읽습니다. ■ 정상적으로 값을 읽은 경우 DHTLIB_OK (0)을 넘겨 주며, 값을 읽는 동안 문제가 있는 경우에는 DHTLIB_ERROR_CHECKSUM(-1) 또는 DHTLIB_ERROR_TIMEOUT (-2)를 넘겨 줍니다. ■ DHTLIB_OK (0)을 넘겨주는 경우에 온도값을 앱으로 전송합니다.
mySerial.write(DHT.temperature);	■ 온습도 센서로부터 읽은 온도값을 앱으로 보냅니다.
delay(2000);	■ 2초 동안 프로그램을 중지시킵니다.

STEP 6 스케치 컴파일 및 업로드하기

CHAPTER 02 STEP 6의 순서로 스케치를 아두이노 보드로 업로드합니다.

03 앱 인벤터와 아두이노 통신하기

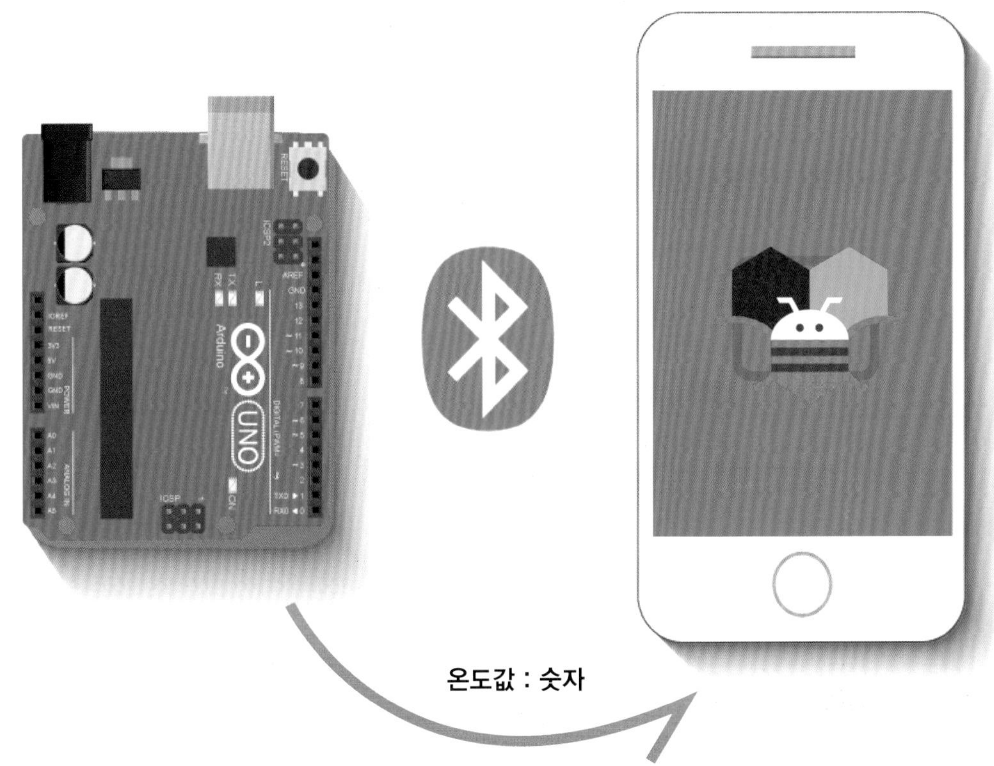

- 아두이노에 연결된 온습도 센서 모듈로부터 2초마다 온습도 값을 읽습니다.
- 읽은 온도값을 앱으로 보냅니다.
- 앱에서 온도에 대한 숫자 값을 받아서 표시합니다.
- 앱에서 아두이노로 보내는 정보는 없습니다.

04 앱 개발하기

STEP 1 디자인 프로젝트 파일 가져오기

❶ [프로젝트 〉 내 컴퓨터에서 프로젝트(.aia) 가져오기]를 클릭하여 [디자이너] 화면에서 컴포넌트로만 디자인된 'Thermistor_Design.aia' 프로젝트를 가져옵니다.

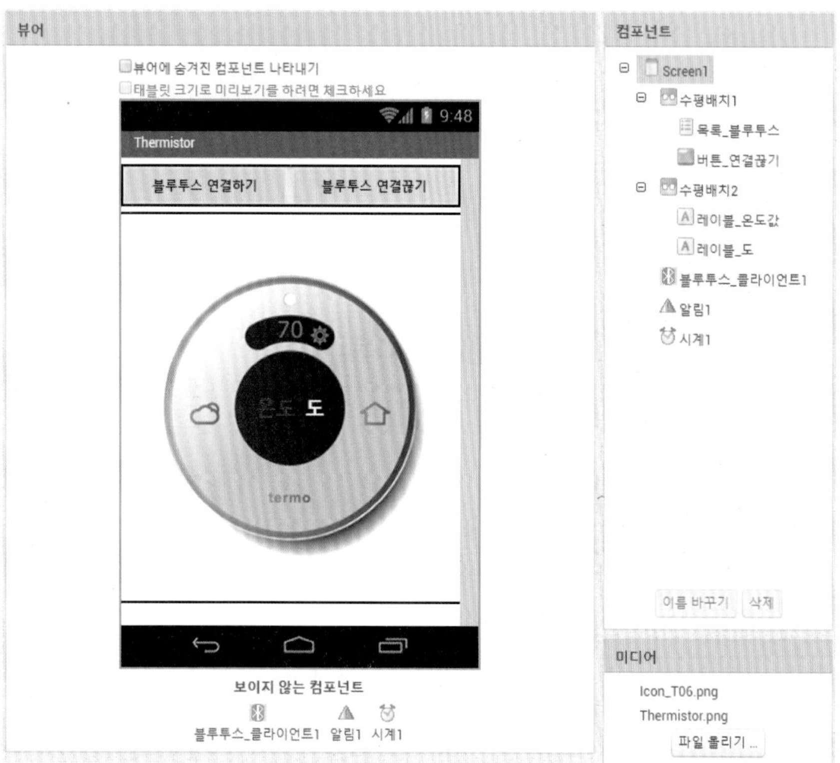

❷ [프로젝트 〉 프로젝트 다른 이름으로 저장]을 클릭하여 'Thermistor.aia'라는 새 이름으로 프로젝트를 저장합니다.

STEP 2 컴포넌트 구성하기

'Thermistor.aia' 프로젝트의 컴포넌트 구성은 다음과 같습니다.

종류	팔레트	이름	설명
수평배치	레이아웃	**수평배치1**	[목록_블루투스]와 [버튼_연결끊기]를 수평으로 배치
목록 선택	사용자 인터페이스	**목록_블루투스**	연결 가능한 블루투스 정보 보여 주기
버튼	사용자 인터페이스	**버튼_연결끊기**	연결된 블루투스 연결 끊기
수평배치	레이아웃	**수평배치2**	[레이블_온도값]과 [레이블_도] 배치
레이블	사용자 인터페이스	**레이블_온도값**	온도값 보여 주기
레이블	사용자 인터페이스	**레이블_도**	텍스트 '도' 보여 주기
블루투스 클라이언트	연결	**블루투스_클라이언트1**	아두이노와 데이터 주고받음
알림	사용자 인터페이스	**알림1**	경고 창 나타내기
시계	센서	**시계1**	아두이노로부터 데이터를 주기적으로 수신하기 위함

※ 은 [보이지 않는 컴포넌트]입니다.

STEP 3 블록 코딩하기

1 블루투스 통신을 위한 공통 블록

블루투스와 통신을 하는 앱을 개발하기 위해 공통적으로 사용하는 블록입니다.

```
활성화된 블루투스를 리스트로 보여줌

언제 목록_블루투스 .선택 전
실행 지정하기 목록_블루투스 . 요소 값 블루투스_클라이언트1 . 주소와 이름들
     만약 아니다 블루투스_클라이언트1 . 활성화
     그러면 호출 알림1 .경고창 나타내기
                       알림 " 블루투스를 활성화시켜주세요! "

특정 내용을 경고창으로 표현하기

함수 팝업메시지 내용
실행 호출 알림1 .경고창 나타내기
                알림 가져오기 내용

블루투스가 연결되었을 경우의 컴포넌트 값 설정하기

함수 연결됨 참거짓
실행 지정하기 목록_블루투스 . 활성화 값 아니다 가져오기 참거짓
     지정하기 버튼_연결끊기 . 활성화 값 가져오기 참거짓
     지정하기 시계1 . 타이머 활성 여부 값 가져오기 참거짓

선택한 블루투스 정보를 알림으로 표현
블루투스가 연결되면 연결됨 함수와 팝업메시지 함수 호출

언제 목록_블루투스 .선택 후
실행 호출 팝업메시지
                내용 합치기 " 연결을 시도합니다.\n "
                            목록_블루투스 . 선택된 항목
     만약 호출 블루투스_클라이언트1 .연결
                                  주소 목록_블루투스 . 선택된 항목
     그러면 호출 연결됨
                   참거짓 참
            호출 팝업메시지
                   내용 " 연결됐습니다. "
```

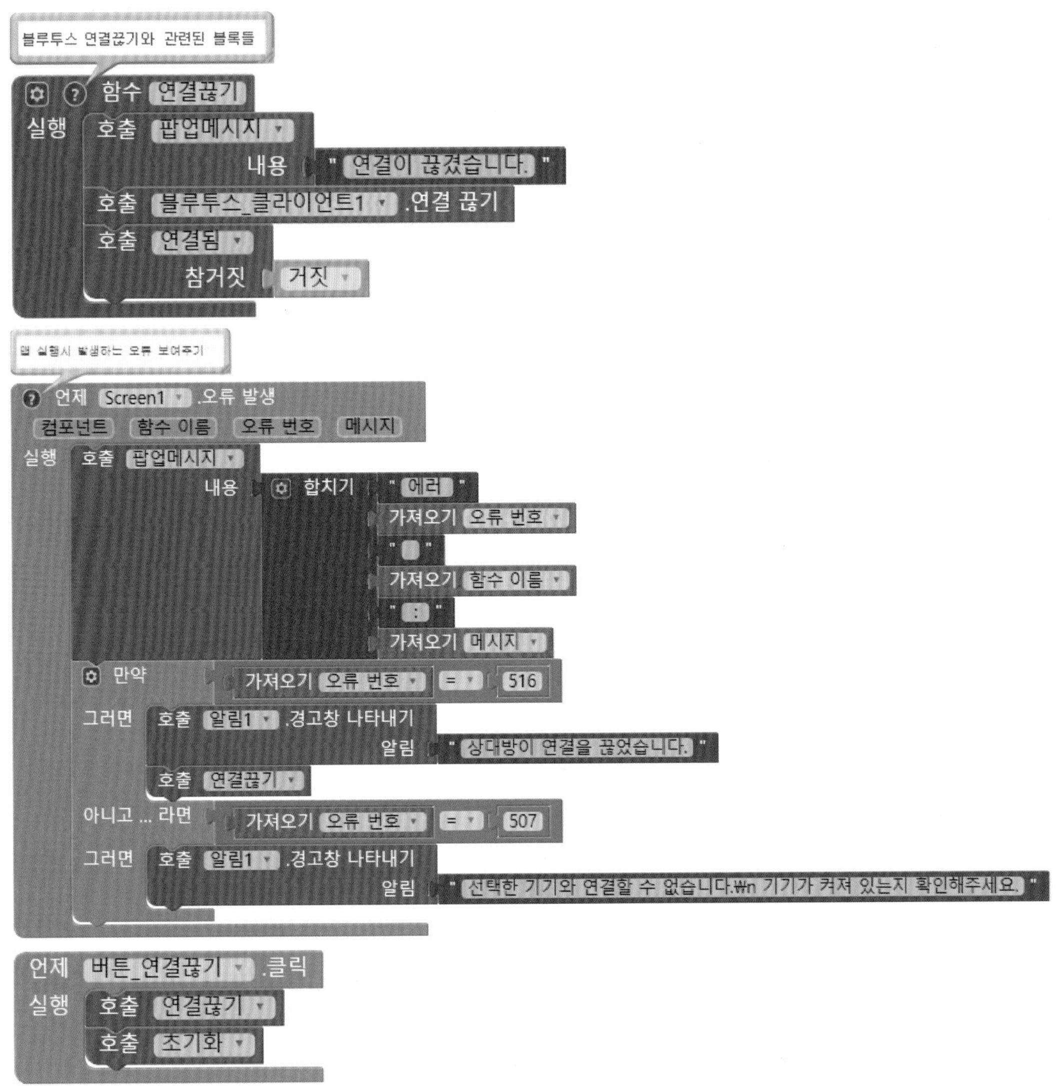

TIP 블루투스 통신을 위한 공통 블록

상세한 설명은 [CHAPTER 02 LED 제어하기]의 내용을 참고하기 바랍니다.

2 변수 만들기

아두이노가 보내는 숫자 데이터를 저장하는 변수

? 전역변수 초기화 변수_받는데이터 값 0

① 아두이노가 보내는 숫자 데이터를 저장하기 위해 [변수_받는데이터]라는 이름의 전역변수를 만듭니다.

② [변수_받는데이터]의 초깃값을 '0'으로 설정합니다.

괄호를 제외하기 위해 데이터를 저장하는 변수

? 전역변수 초기화 변수_추출된데이터 값 " "

③ 아두이노가 보내는 숫자 데이터에서 괄호를 제외하기 위해 [변수_추출된데이터]라는 이름의 전역변수를 만듭니다.

④ [변수_추출된데이터]의 초깃값을 공백으로 설정합니다.

3 초기화하기

앱 실행시 레이블 초기값과 시계 컴포넌트의 활성화 여부를 비활성화 하는 함수

? 함수 초기화
실행 지정하기 레이블_온도값 . 텍스트 값 " 온도 "
지정하기 시계1 . 타이머 활성 여부 값 거짓

? 언제 Screen1 .초기화
실행 호출 초기화

① 앱이 처음 실행되었을 때 초기화해야 할 컴포넌트들의 상태 값을 설정하는 [초기화] 함수를 만듭니다.

② [레이블_온도값]의 [텍스트] 속성을 '온도'로 설정합니다.

TIP [시계] 컴포넌트의 타이머 간격 설정하기

[시계] 컴포넌트의 속성 중 타이머 간격을 2000밀리세컨드(millisecond, 1000분의 1초)로 설정합니다.

③ [시계1] 컴포넌트의 [타이머 활성 여부] 속성을 '거짓'으로 설정합니다.

④ [Screen1]의 초기화를 실행했을 때 [초기화] 함수를 호출합니다.

4 블루투스로부터 받을 수 있는 데이터가 있다면

① 만약 블루투스로부터 받을 데이터가 있다면

② 받을 수 있는 바이트 크기의 숫자 값을 받아서 미리 만들어 둔 [global 변수_받는데이터]에 저장합니다.

5 [괄호삭제] 함수 만들기

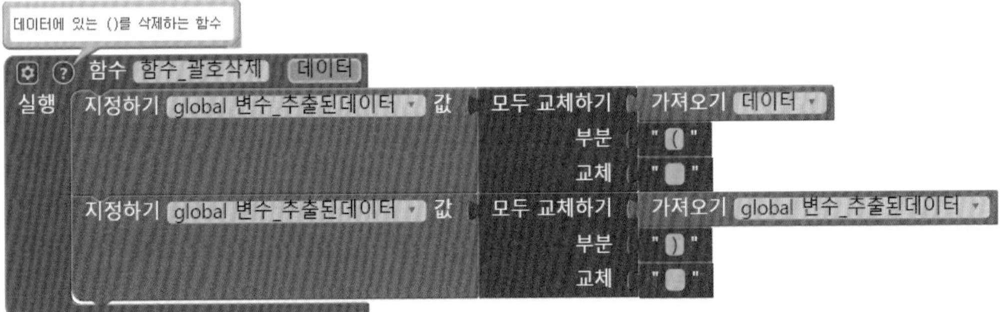

① 데이터에서 '('를 공백으로 교체하여 [global 변수_추출된데이터]에 저장합니다.

② [global 변수_추출된데이터]에서 ')'를 공백으로 교체하여 [global 변수_추출된데이터]에 저장합니다.

6 2초마다 데이터 수신 후 괄호 삭제 후 온도값 보여 주기

1 2초마다 블루투스로부터 받을 데이터가 있는지 확인하여 데이터가 있다면

2 받는데이터를 [함수_괄호삭제]의 매개변수로 전달하여 괄호를 삭제하고

3 그 값을 [레이블_온도값]의 [텍스트] 속성에 지정하여 보여 줍니다.

7 전체 코드

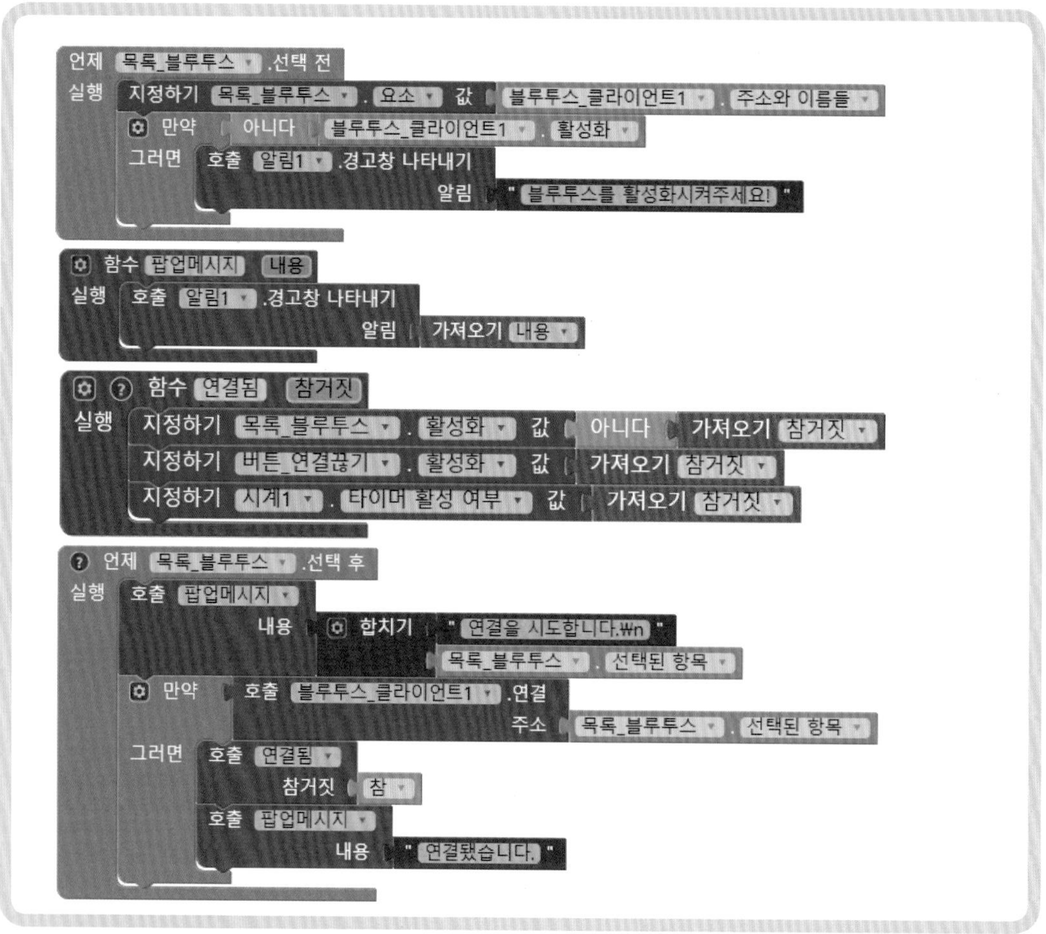

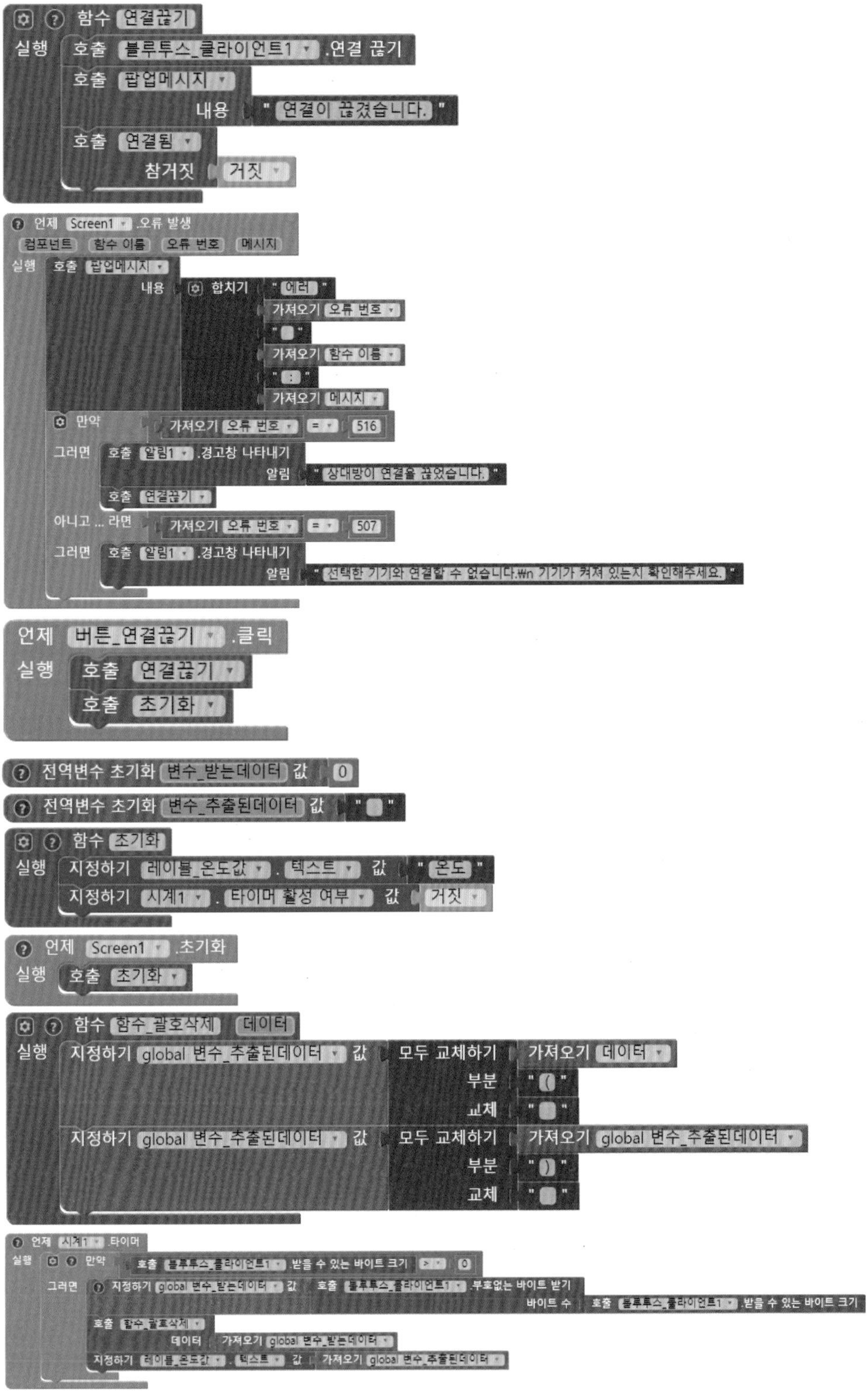

```
함수 연결끊기
실행  호출 블루투스_클라이언트1 .연결 끊기
      호출 팝업메시지
                  내용 " 연결이 끊겼습니다. "
      호출 연결됨
                참거짓 거짓

언제 Screen1 .오류 발생
컴포넌트  함수 이름  오류 번호  메시지
실행  호출 팝업메시지
                내용  합치기 " 에러 "
                             가져오기 오류 번호
                             " "
                             가져오기 함수 이름
                             " : "
                             가져오기 메시지
      만약 가져오기 오류 번호 = 516
      그러면 호출 알림1 .경고창 나타내기
                           알림 " 상대방이 연결을 끊었습니다. "
             호출 연결끊기
      아니고 ... 라면 가져오기 오류 번호 = 507
      그러면 호출 알림1 .경고창 나타내기
                           알림 " 선택한 기기와 연결할 수 없습니다.₩n 기기가 켜져 있는지 확인해주세요. "

언제 버튼_연결끊기 .클릭
실행  호출 연결끊기
      호출 초기화

전역변수 초기화 변수_받는데이터 값 0
전역변수 초기화 변수_추출된데이터 값 " "

함수 초기화
실행  지정하기 레이블_온도값 . 텍스트 값 " 온도 "
      지정하기 시계1 . 타이머 활성 여부 값 거짓

언제 Screen1 .초기화
실행  호출 초기화

함수 함수_괄호삭제 데이터
실행  지정하기 global 변수_추출된데이터 값 모두 교체하기 가져오기 데이터
                                                   부분 " ( "
                                                   교체 " "
      지정하기 global 변수_추출된데이터 값 모두 교체하기 가져오기 global 변수_추출된데이터
                                                   부분 " ) "
                                                   교체 " "

언제 시계1 .타이머
실행  만약 호출 블루투스_클라이언트1 .받을 수 있는 바이트 크기 > 0
      그러면 지정하기 global 변수_받는데이터 값 호출 블루투스_클라이언트1 .부호없는 바이트 받기
                                                     바이트 수 호출 블루투스_클라이언트1 .받을 수 있는 바이트 크기
             호출 함수_괄호삭제
                        데이터 가져오기 global 변수_받는데이터
             지정하기 레이블_온도값 . 텍스트 값 가져오기 global 변수_추출된데이터
```

05 IoT 서비스 확인하기

1 회로가 연결된 아두이노를 준비합니다.

2 USB 케이블로 아두이노와 PC를 연결합니다.

3 아두이노에 연결된 블루투스 모듈을 스마트폰과 페어링합니다.

4 완성된 Thermistor.aia 앱을 실행합니다.

① [연결] 메뉴를 클릭한 후 [AI 컴패니언] 클릭하기

② QR 코드가 나타나면 스마트폰의 MIT AI2 Companion 앱을 실행하여 [scan QR code] 메뉴로 QR 코드 인식하기

③ 스마트폰의 앱과 아두이노의 기능을 실시간으로 확인하기

아두이노	앱 인벤터

앱 인벤터의 [슬라이더] 컴포넌트를 사용하여 실시간으로 변하는 온도값을 표현해 보세요.

★ DHT11 온습도 센서 모듈의 온도 측정 범위는 0~50℃입니다.
[슬라이더] 컴포넌트의 최댓값과 최솟값을 온습도 센서 모듈의 측정 범위와 동일하게 적용하세요.

MEMO

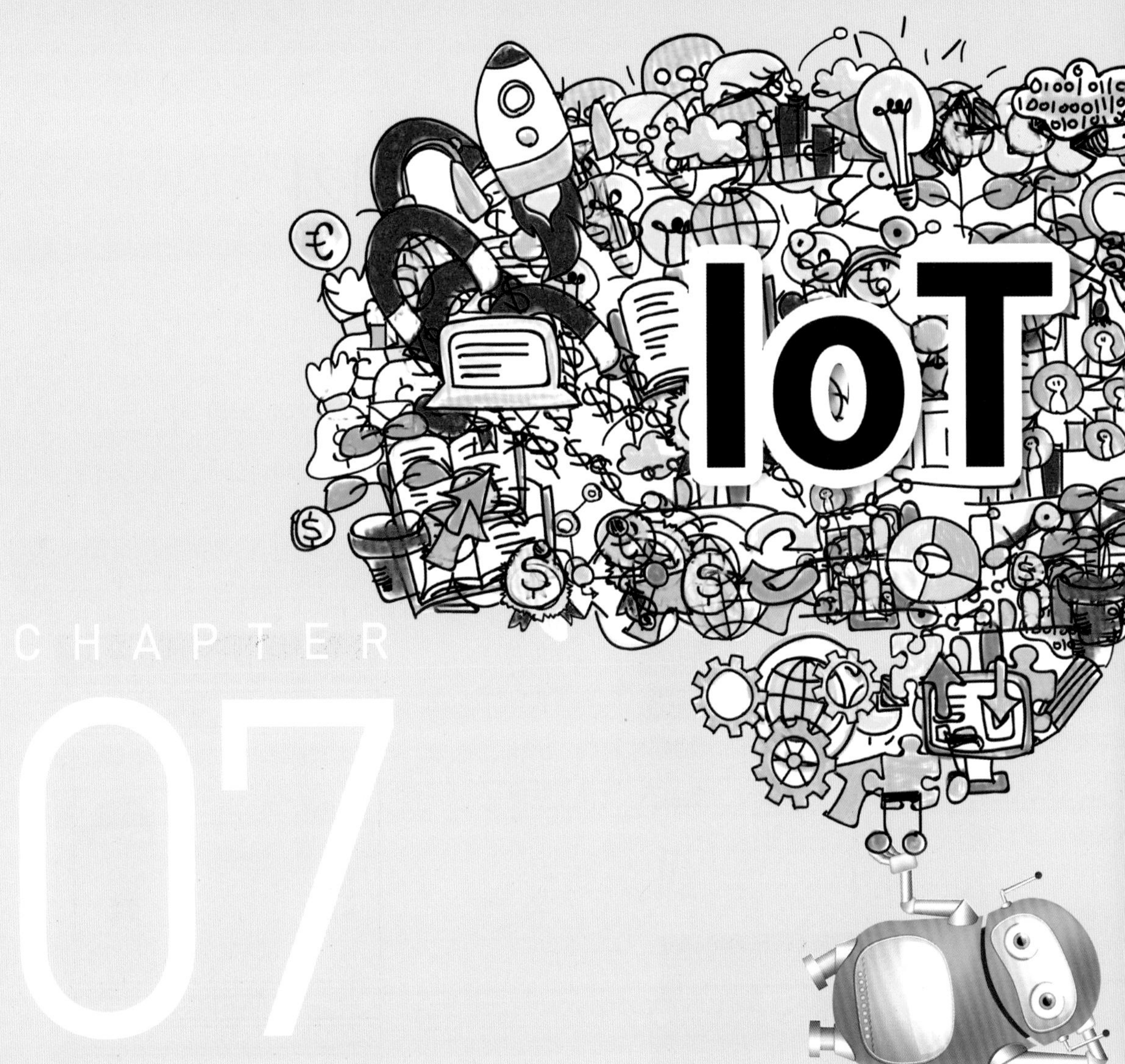

CHAPTER

07

거리 측정기 만들기

자가 없는 경우 초음파 센서로 물체와의 거리를 측정하여 앱에 표시할 수 있습니다.

01 IoT 서비스 설계하기

❶ 아두이노 보드에 연결된 초음파 센서가 측정한 값을 2초마다 앱으로 보냅니다.

❷ 연결된 블루투스를 통해 아두이노에서 앱 인벤터로 [숫자]를 보냅니다.

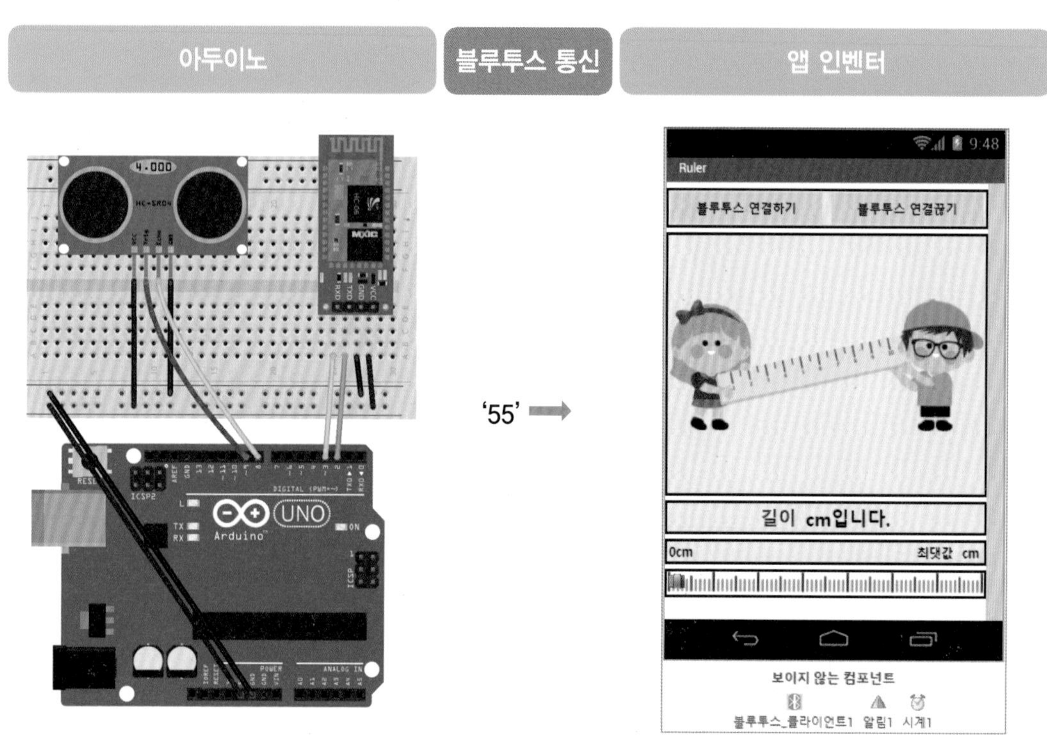

02 아두이노 제작하기

STEP 1 부품 알아보기

1 초음파 센서란?

- 초음파 센서는 사람이 들을 수 있는 가청 주파수(20~20Khz)보다 높은 주파수(20Khz 이상)를 사용합니다.
- 이 초음파를 이용하여 물체까지의 거리를 측정할 수 있습니다.
- 초음파 센서의 Trig 핀을 통하여 초음파를 발생시키고, Echo 핀으로 반사되어 돌아온 초음파를 감지할 수 있습니다. 거리는 초음파가 발생되고 물체에 반사되어 돌아온 시간 차이를 계산하여 알 수 있습니다.

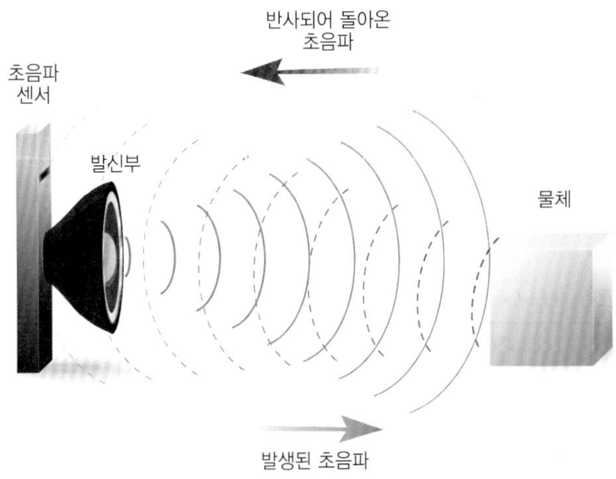

STEP 2 부품 준비하기

부품		개수
	아두이노 우노	1
	브레드보드	1
	블루투스 모듈(HC-06)	1
	초음파 거리 센서(HC-SR04)	1
	수수(MM) 점퍼와이어	4(10cm) 2(20cm)
	암수(MF) 점퍼와이어	4(10cm)

TIP 초음파 거리 센서(HC-SR04)

HC-SR04 초음파 거리 센서는 5V에서 동작하고, 거리 측정 범위는 2cm~400cm입니다.

STEP 3 아두이노 연결하기

1단계

초음파 거리 센서의 핀들은 10cm 암수(MF) 점퍼와이어를 사용하여 브레드보드와 아두이노로 연결합니다. 초음파 거리 센서의 VCC, GND로 표기된 핀은 브레드보드의 +, –에 연결하고, Echo, Trig로 표기된 핀은 아두이노의 디지털 8, 9번 핀에 각각 연결합니다.

2단계

블루투스 모듈(HC-06)은 CHAPTER 02와 동일하게 연결합니다.

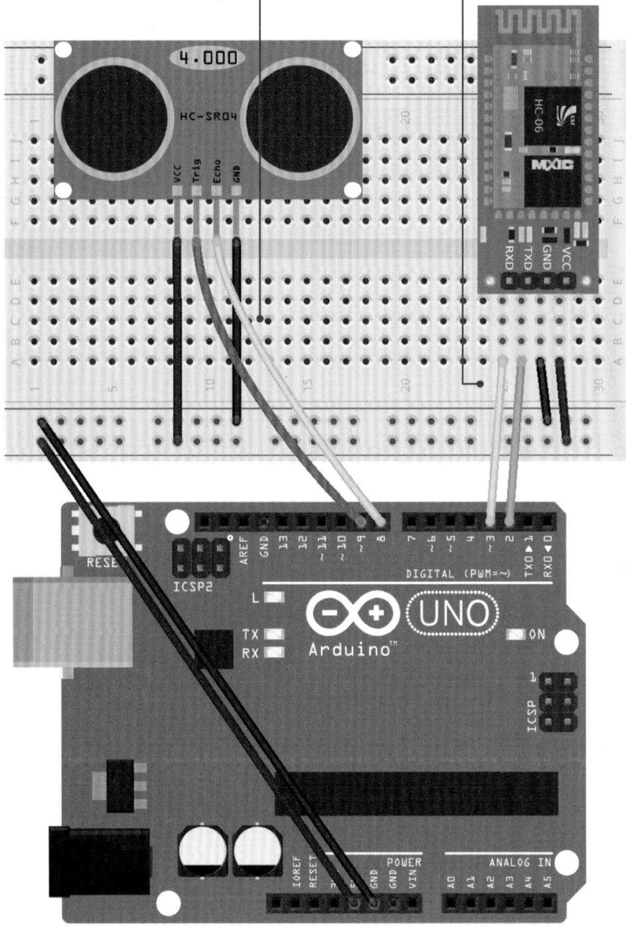

회로를 연결하고 브레드보드의 홀에 다음 이미지와 같이 부품 또는 점퍼와이어가 모두 연결되어야 합니다.

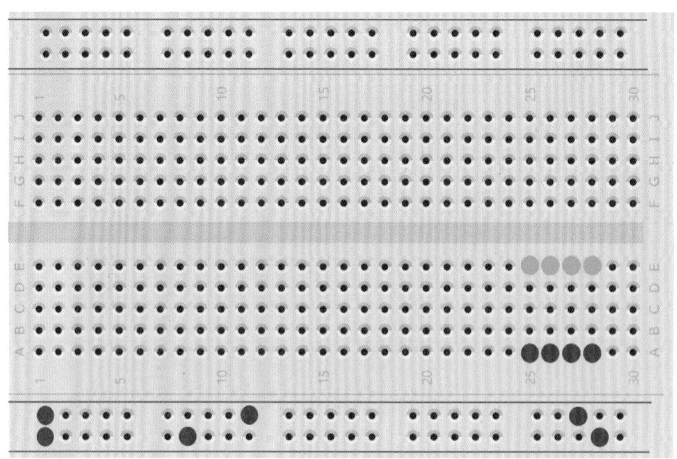

● 블루투스 모듈 ● 점퍼와이어

STEP 4 스케치 작성하기

Ruler.ino

```
#include <SoftwareSerial.h>
// TRIG, ECHO를 디지털 9번, 8번으로 설정한다.
#define TRIG 9
#define ECHO 8
// long형 변수 duration과 distance를 선언하고 0으로 초기화한다.
long duration=0;
long distance=0;

SoftwareSerial mySerial(2,3);

void setup() {
   mySerial.begin(9600);
   /*초음파 센서 모듈의 Trig 핀에 연결된 디지털 9번은 출력으로,
   Echo 핀에 연결된 8번은 입력으로 설정한다.*/
   pinMode(TRIG,OUTPUT);
   pinMode(ECHO,INPUT);
}

void loop() {
   // 초음파를 발생시키기 위해 디지털 9번을 10us동안 HIGH로 설정한다.
   digitalWrite(TRIG,LOW);
   delayMicroseconds(2);
   digitalWrite(TRIG,HIGH);
   delayMicroseconds(10);
   digitalWrite(TRIG,LOW);
   /* 디지털 8번이 HIGH인 구간의 값을 변수 duration에 저장하고,
   거리를 계산하여 변수 distance에 저장한다.*/
   duration = pulseIn(ECHO, HIGH);
   distance = duration/58.0;
   // 앱으로 cm 단위의 거리 값을 전송한다.
   mySerial.write(byte(distance));
   delay(1000);
}
```

STEP 5 스케치 알아보기

#define TRIG 9	■ TRIG를 상숫값 9로 정의합니다.
#define ECHO 8	■ ECHO를 상숫값 8로 정의합니다.
long duration=0;	■ 디지털 8번(ECHO)이 HIGH인 구간의 길이를 저장하기 위해 long형 변수 duration을 선언하고 0으로 초기화합니다.
long distance=0;	■ duration에 저장된 값으로부터 cm 단위의 거리를 계산한 후 저장하기 위한 long형 변수 distance를 선언하고 0으로 초기화합니다.
pinMode(TRIG,OUTPUT);	■ TRIG를 숫자 9로 정의했기 때문에, 디지털 9번을 출력으로 설정합니다.
pinMode(ECHO, INPUT)	■ ECHO를 숫자 8로 정의했기 때문에 디지털 8번을 입력으로 설정합니다.
pulseIn(ECHO, HIGH)	■ pulseIn은 마이크로초 단위의 펄스의 길이를 넘겨 줍니다. ■ ECHO는 상숫값 8로 정의되어 있고, pulseIn의 두 번째 파라미터가 HIGH이기 때문에, 디지털 8번이 HIGH인 구간의 길이를 마이크로초 단위의 값으로 넘겨 줍니다.
byte(distance)	■ long형 변수 distance에 저장된 값을 바이트 데이터형으로 변환합니다.

STEP 6 스케치 컴파일 및 업로드하기

CHAPTER 02 STEP 6의 순서로 스케치를 아두이노 보드로 업로드합니다.

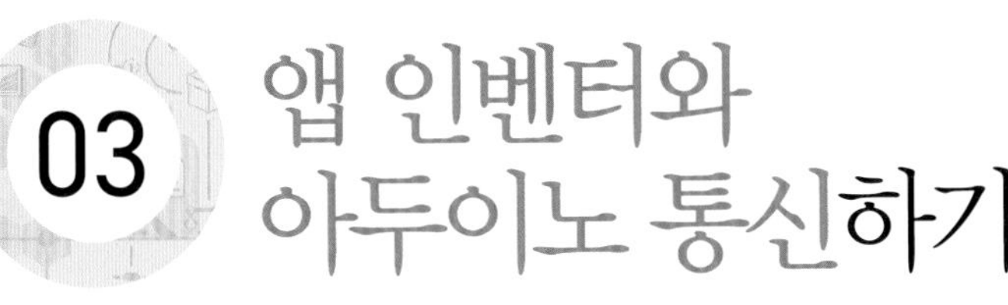

03 앱 인벤터와 아두이노 통신하기

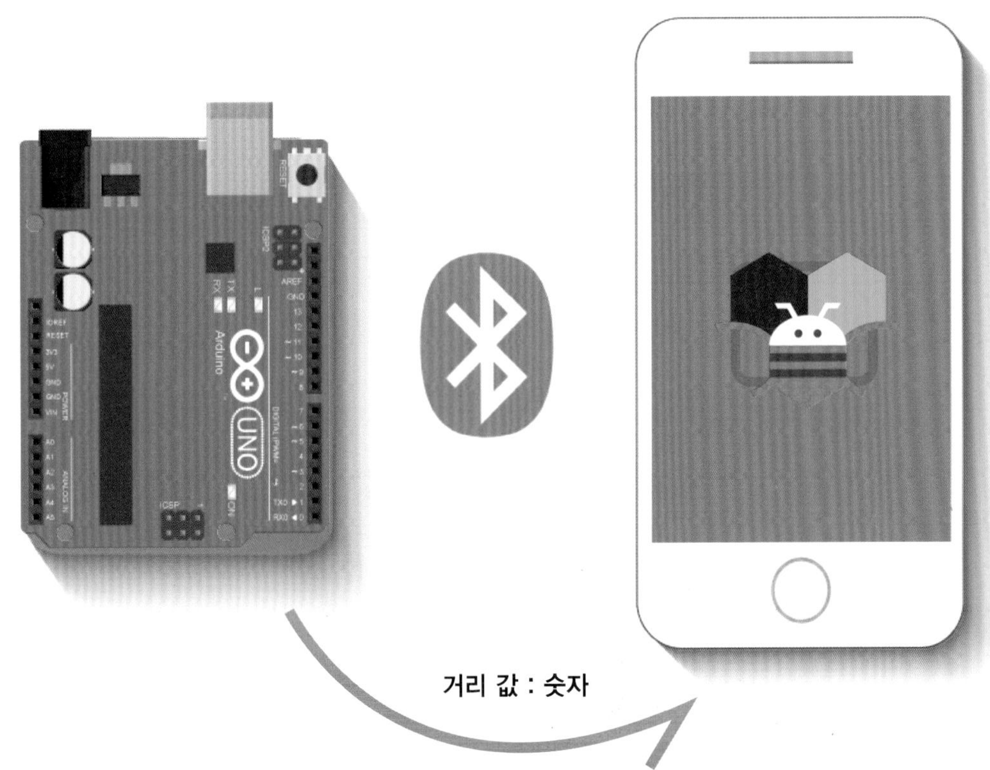

- 아두이노에 연결된 초음파 거리 센서를 사용하여 1초마다 cm 단위의 거리 값을 계산합니다.
- 계산된 거리 값을 앱으로 보냅니다.
- 앱에서 거리에 대한 숫자 값을 받아서 표시합니다.
- 앱에서 아두이노로 보내는 정보는 없습니다.

04 앱 개발하기

STEP 1 디자인 프로젝트 파일 가져오기

① [프로젝트 > 내 컴퓨터에서 프로젝트(.aia) 가져오기]를 클릭하여 [디자이너] 화면에서 컴포넌트로만 디자인된 'Ruler_Design.aia' 프로젝트를 가져옵니다.

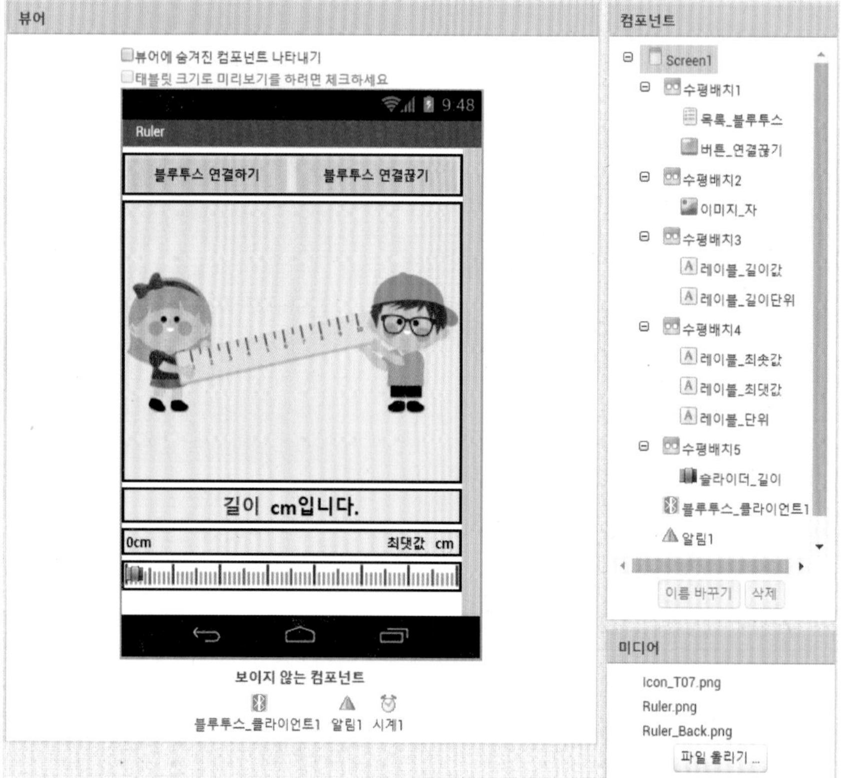

② [프로젝트 > 프로젝트 다른 이름으로 저장]을 클릭하여 'Ruler.aia'라는 새 이름으로 프로젝트를 저장합니다.

STEP 2 컴포넌트 구성하기

'Ruler.aia' 프로젝트의 컴포넌트 구성은 다음과 같습니다.

종류	팔레트	이름	설명
수평배치	레이아웃	**수평배치1**	[목록_블루투스]와 [버튼_연결끊기]를 수평으로 배치
목록 선택	사용자 인터페이스	**목록_블루투스**	연결 가능한 블루투스 정보 보여 주기
버튼	사용자 인터페이스	**버튼_연결끊기**	연결된 블루투스 연결 끊기
수평배치	레이아웃	**수평배치2**	[이미지_자] 배치
이미지	사용자 인터페이스	**이미지_자**	자 이미지 보여 주기
수평배치	레이아웃	**수평배치3**	[레이블_길이값]과 [레이블_길이단위] 배치
레이블	사용자 인터페이스	**레이블_길이값**	물체와의 거리 값 보여 주기
레이블	사용자 인터페이스	**레이블_길이단위**	'cm입니다.' 보여 주기
수평배치	레이아웃	**수평배치4**	[레이블_최솟값], [레이블_최댓값], [레이블_단위] 배치
레이블	사용자 인터페이스	**레이블_최솟값**	'0cm' 보여 주기
레이블	사용자 인터페이스	**레이블_최댓값**	'최댓값' 보여 주기
레이블	사용자 인터페이스	**레이블_단위**	'cm' 보여 주기
수평배치	레이아웃	**수평배치5**	[슬라이더_길이] 배치
슬라이더	사용자 인터페이스	**슬라이더_길이**	물체와의 거리 표현하기
블루투스 클라이언트	연결	**블루투스_클라이언트1**	아두이노와 데이터 주고받음
알림	사용자 인터페이스	**알림1**	경고 창 나타내기
시계	센서	**시계1**	아두이노로부터 데이터를 주기적으로 수신하기 위함

※ 　　 은 [보이지 않는 컴포넌트]입니다.

STEP 3 블록 코딩하기

1 블루투스 통신을 위한 공통 블록

블루투스와 통신을 하는 앱을 개발하기 위해 공통적으로 사용하는 블록입니다.

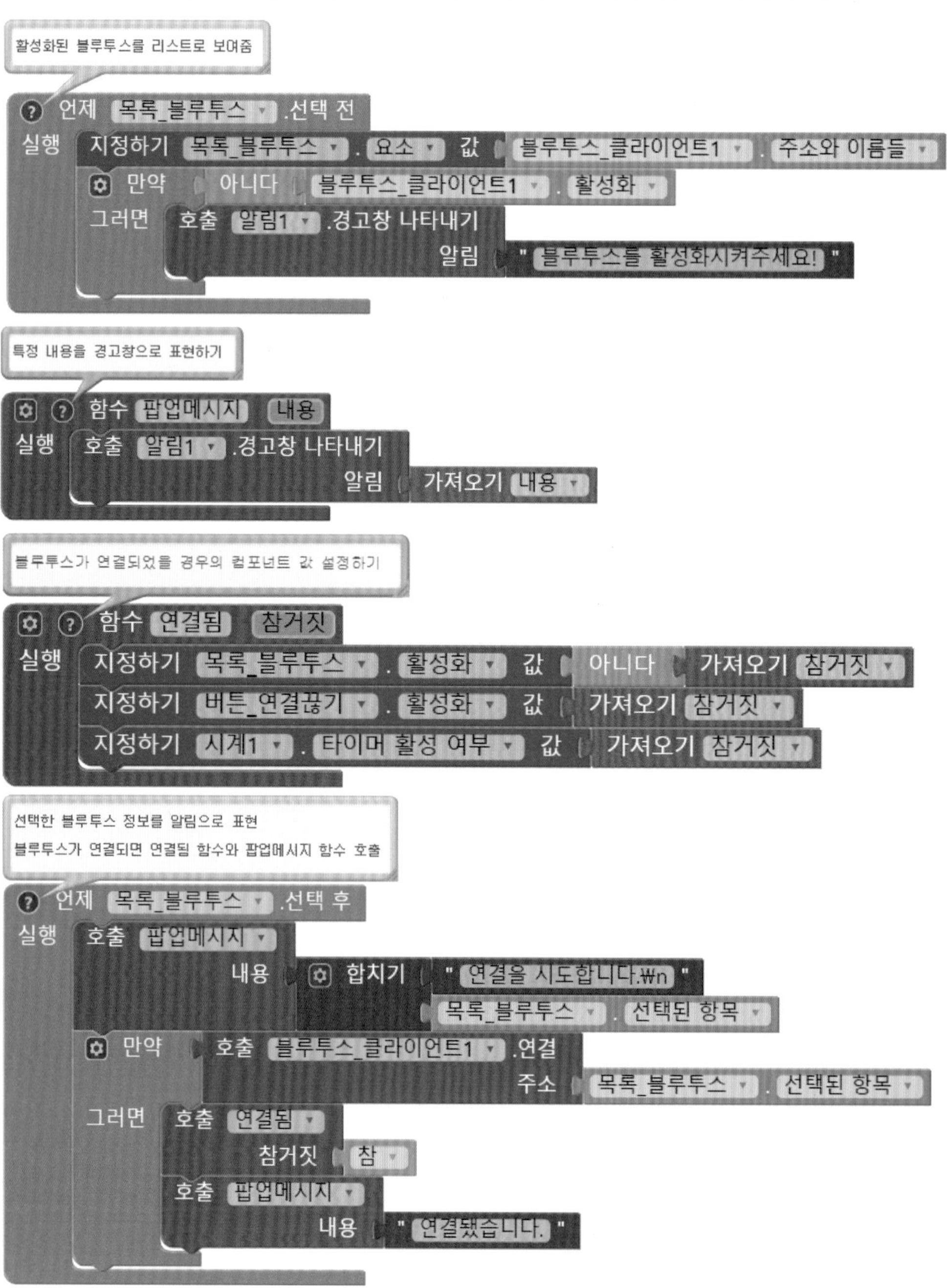

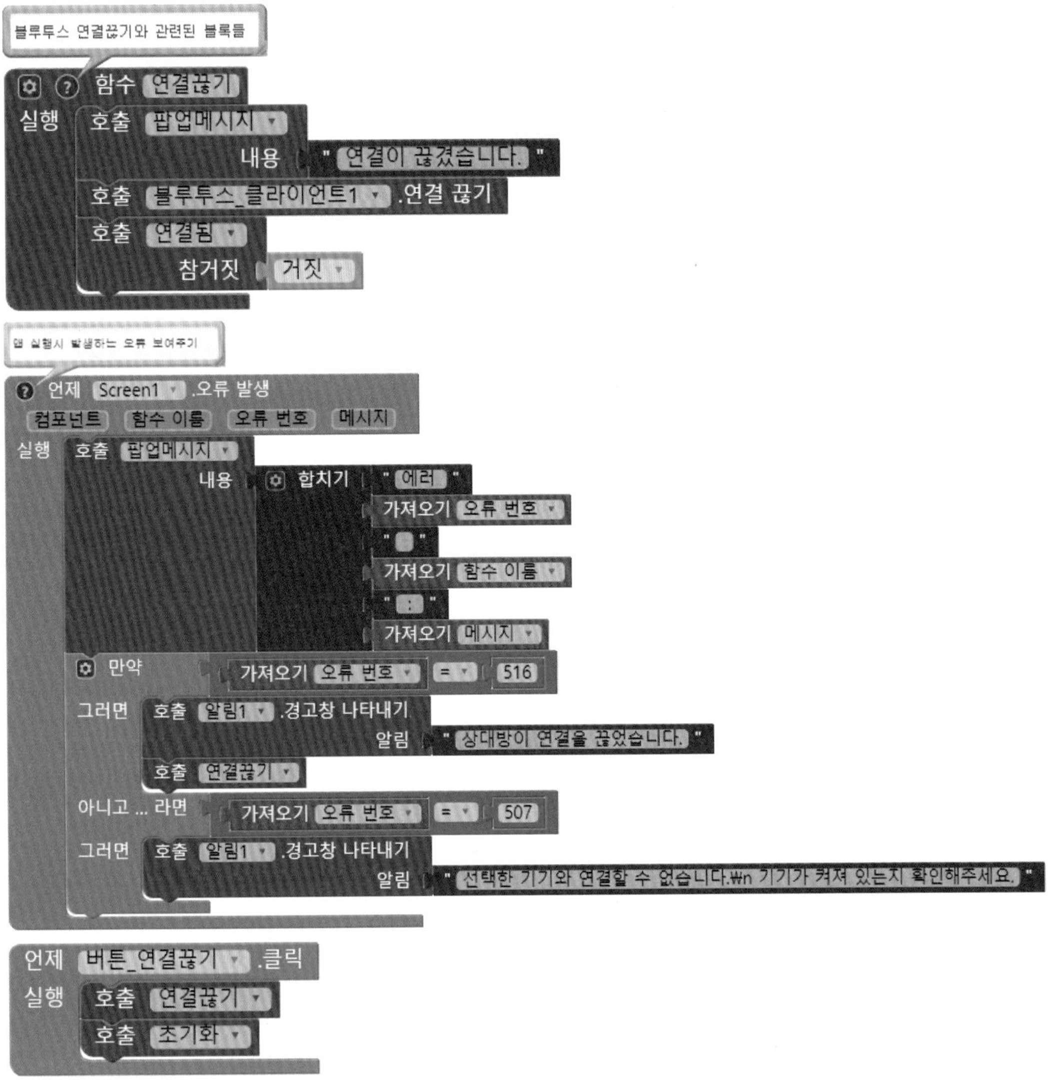

```
블루투스 연결끊기와 관련된 블록들
함수 연결끊기
실행  호출 팝업메시지
          내용 " 연결이 끊겼습니다. "
      호출 블루투스_클라이언트1 .연결 끊기
      호출 연결됨
          참거짓 거짓

앱 실행시 발생하는 오류 보여주기
언제 Screen1 .오류 발생
  컴포넌트 함수 이름 오류 번호 메시지
실행  호출 팝업메시지
          내용 합치기 " 에러 "
                   가져오기 오류 번호
                   " "
                   가져오기 함수 이름
                   " : "
                   가져오기 메시지
      만약 가져오기 오류 번호 = 516
      그러면 호출 알림1 .경고창 나타내기
                 알림 " 상대방이 연결을 끊었습니다. "
             호출 연결끊기
      아니고 ... 라면 가져오기 오류 번호 = 507
      그러면 호출 알림1 .경고창 나타내기
                 알림 " 선택한 기기와 연결할 수 없습니다.₩n 기기가 켜져 있는지 확인해주세요. "

언제 버튼_연결끊기 .클릭
실행  호출 연결끊기
      호출 초기화
```

TIP 블루투스 통신을 위한 공통 블록 

상세한 설명은 [CHAPTER 02 LED 제어하기]의 내용을 참고하기 바랍니다.

2 변수 만들기

1. 아두이노가 보내는 숫자 데이터를 저장하기 위해 [변수_받는데이터]라는 이름의 전역변수를 만듭니다.
2. [변수_받는데이터]의 초깃값을 '0'으로 설정합니다.

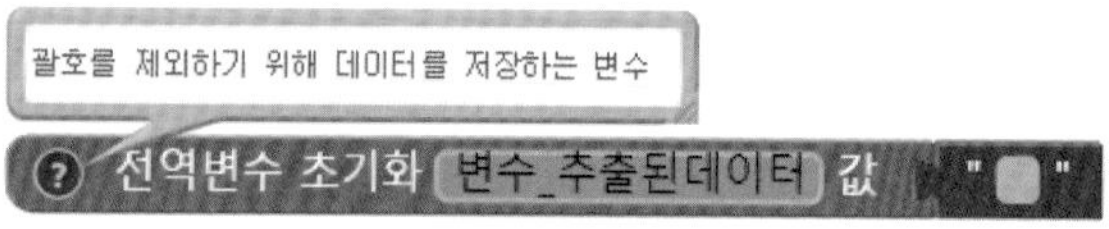

3. 아두이노가 보내는 숫자 데이터에서 괄호를 제외하기 위해 [변수_추출된데이터]라는 이름의 전역변수를 만듭니다.
4. [변수_추출된데이터]의 초깃값을 공백으로 설정합니다.

3 초기화하기

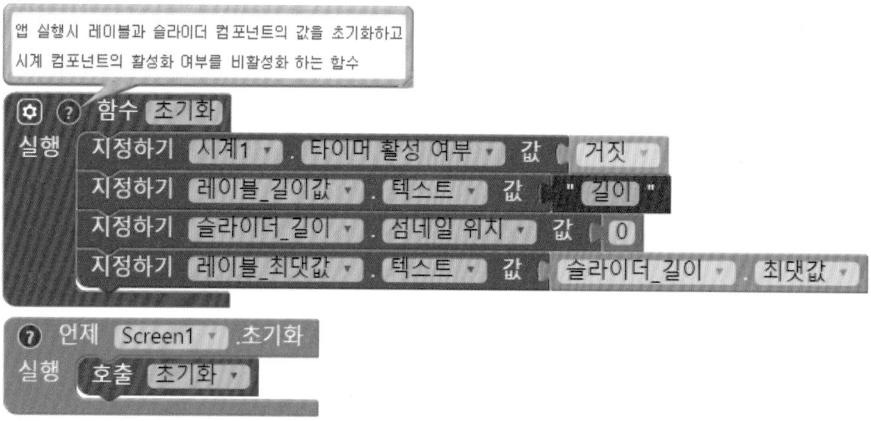

1. 앱이 처음 실행되었을 때 초기화해야 할 컴포넌트들의 상태 값을 설정하는 [초기화] 함수를 만듭니다.
2. [시계1] 컴포넌트의 [타이머 활성 여부] 속성을 '거짓'으로 설정합니다.
3. [레이블_길이값]의 [텍스트] 속성을 '길이'로 설정합니다.

④ [슬라이더_길이]의 [섬네일 위치] 속성을 '0'으로 설정합니다.

⑤ [레이블_최댓값]의 [텍스트] 속성을 [슬라이더_길이.최댓값]으로 설정합니다.

⑥ [Screen1]의 초기화를 실행했을 때 [초기화] 함수를 호출합니다.

4 [괄호삭제] 함수 만들기

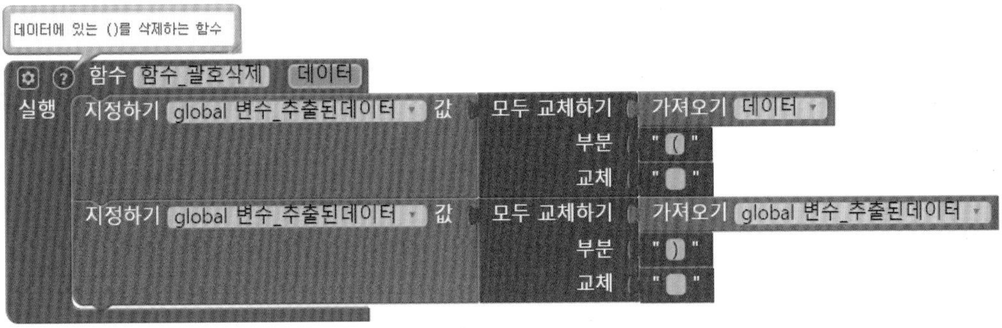

① 데이터에서 '('를 공백으로 교체하여 [global 변수_추출된데이터]에 저장합니다.

② [global 변수_추출된데이터]에서 ')'를 공백으로 교체하여 [global 변수_추출된데이터]에 저장합니다.

5 블루투스로부터 받을 수 있는 데이터가 있다면

① 만약 블루투스로부터 받을 데이터가 있다면

② 받을 수 있는 바이트 크기의 숫자 값을 받아서 미리 만들어 둔 [global 변수_받는데이터]에 저장합니다.

6 1초마다 데이터 수신 후 괄호 삭제 후 온도값 보여 주기

```
1초마다 반복하는 시계 컴포넌트
언제 시계1 .타이머
실행 만약 호출 블루투스_클라이언트1 .받을 수 있는 바이트 크기 > 0
     그러면 지정하기 global 변수_받은데이터 값 호출 블루투스_클라이언트1 .부호없는 바이트 받기
                                              바이트 수 호출 블루투스_클라이언트1 .받을 수 있는 바이트 크기
            호출 함수_괄호삭제
                    데이터 가져오기 global 변수_받은데이터
            지정하기 레이블_길이값 . 텍스트 값 가져오기 global 변수_추출된데이터
            지정하기 슬라이더_길이 . 섬네일 위치 값 가져오기 global 변수_추출된데이터
```

1. 1초마다 블루투스로부터 받을 데이터가 있는지 확인하여 데이터가 있다면
2. 받는데이터를 [함수_괄호삭제]의 매개변수로 전달하여 괄호를 삭제하고
3. 그 값을 [레이블_길이값]의 [텍스트]와 [슬라이더_길이]의 [섬네일 위치] 값에 지정하여 보여 줍니다.

7 전체 코드

```
언제 목록_블루투스 .선택 전
실행 지정하기 목록_블루투스 . 요소 값 블루투스_클라이언트1 . 주소와 이름들
     만약 아니다 블루투스_클라이언트1 . 활성화
     그러면 호출 알림1 .경고창 나타내기
                     알림 " 블루투스를 활성화시켜주세요! "

함수 팝업메시지 내용
실행 호출 알림1 .경고창 나타내기
              알림 가져오기 내용

함수 연결됨 참거짓
실행 지정하기 목록_블루투스 . 활성화 값 아니다 가져오기 참거짓
     지정하기 버튼_연결끊기 . 활성화 값 가져오기 참거짓
     지정하기 시계1 . 타이머 활성 여부 값 가져오기 참거짓
```

```
언제 목록_블루투스 .선택 후
실행 호출 팝업메시지
         내용 합치기 " 연결을 시도합니다.₩n "
                     목록_블루투스 . 선택된 항목
     만약 호출 블루투스_클라이언트1 .연결
                                주소 목록_블루투스 . 선택된 항목
     그러면 호출 연결됨
                참거짓 참
            호출 팝업메시지
                내용 " 연결됐습니다. "

함수 연결끊기
실행 호출 블루투스_클라이언트1 .연결 끊기
     호출 팝업메시지
          내용 " 연결이 끊겼습니다. "
     호출 연결됨
          참거짓 거짓

언제 Screen1 .오류 발생
  컴포넌트 함수 이름 오류 번호 메시지
실행 호출 팝업메시지
         내용 합치기 " 에러 "
                     가져오기 오류 번호
                     " "
                     가져오기 함수 이름
                     " : "
                     가져오기 메시지
     만약 가져오기 오류 번호 = 516
     그러면 호출 알림1 .경고창 나타내기
                    알림 " 상대방이 연결을 끊었습니다. "
            호출 연결끊기
     아니고 ... 라면 가져오기 오류 번호 = 507
     그러면 호출 알림1 .경고창 나타내기
                    알림 " 선택한 기기와 연결할 수 없습니다.₩n 기기가 켜져 있는지 확인해주세요. "

언제 버튼_연결끊기 .클릭
실행 호출 연결끊기
     호출 초기화
```

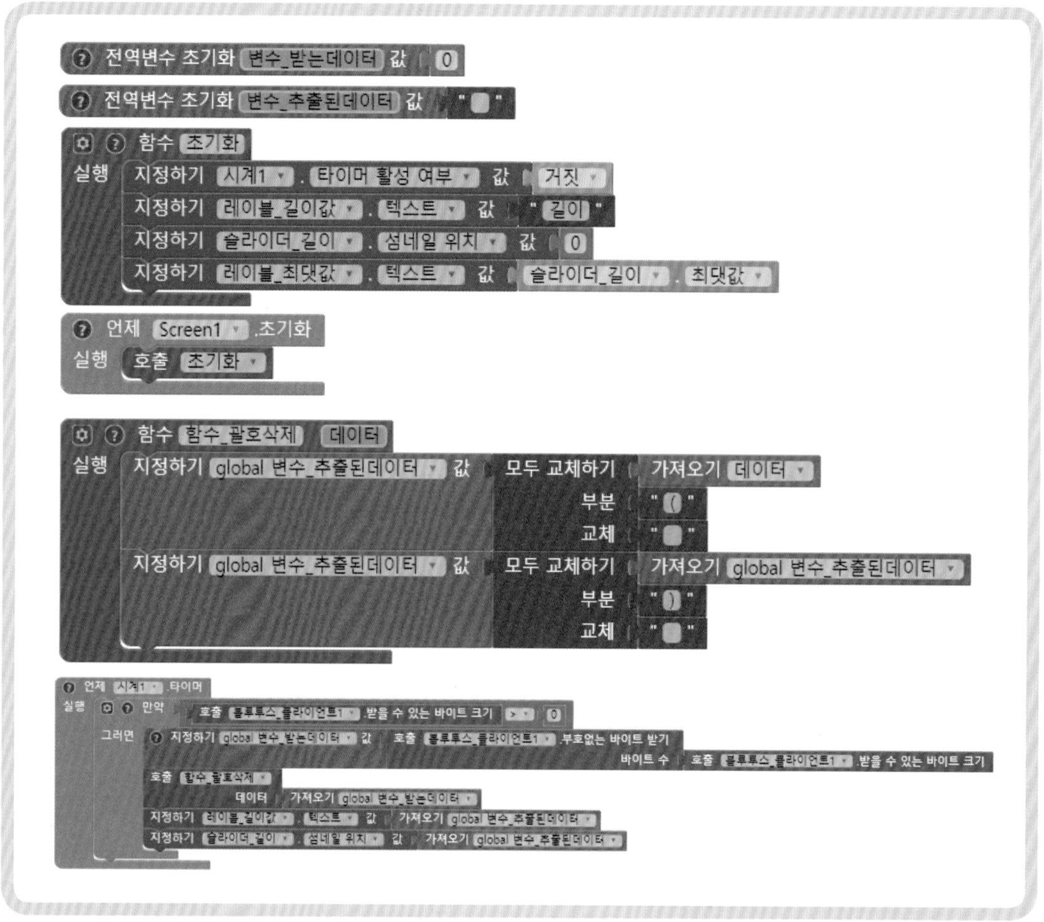

```
전역변수 초기화 변수_받는데이터 값 0
전역변수 초기화 변수_추출된데이터 값 " "
함수 초기화
실행 지정하기 시계1 . 타이머 활성 여부 값 거짓
     지정하기 레이블_길이값 . 텍스트 값 " 길이 "
     지정하기 슬라이더_길이 . 섬네일 위치 값 0
     지정하기 레이블_최댓값 . 텍스트 값 슬라이더_길이 . 최댓값
언제 Screen1 .초기화
실행 호출 초기화
함수 함수_괄호삭제 데이터
실행 지정하기 global 변수_추출된데이터 값 모두 교체하기 가져오기 데이터
                                            부분 " ( "
                                            교체 " "
     지정하기 global 변수_추출된데이터 값 모두 교체하기 가져오기 global 변수_추출된데이터
                                            부분 " ) "
                                            교체 " "
언제 시계1 .타이머
실행 만약 호출 블루투스_클라이언트1 .받을 수 있는 바이트 크기 > 0
     그러면 지정하기 global 변수_받는데이터 값 호출 블루투스_클라이언트1 .부호없는 바이트 받기
                                          바이트 수 호출 블루투스_클라이언트1 .받을 수 있는 바이트 크기
           호출 함수_괄호삭제
                데이터 가져오기 global 변수_받는데이터
           지정하기 레이블_길이값 . 텍스트 값 가져오기 global 변수_추출된데이터
           지정하기 슬라이더_길이 . 섬네일 위치 값 가져오기 global 변수_추출된데이터
```

05 IoT 서비스 확인하기

1 회로가 연결된 아두이노를 준비합니다.

2 USB 케이블로 아두이노와 PC를 연결합니다.

3 아두이노에 연결된 블루투스 모듈을 스마트폰과 페어링합니다.

4 완성된 Ruler.aia 앱을 실행합니다.

1. [연결] 메뉴를 클릭한 후 [AI 컴패니언] 클릭하기
2. QR 코드가 나타나면 스마트폰의 MIT AI2 Companion 앱을 실행하여 [scan QR code] 메뉴로 QR 코드 인식하기
3. 스마트폰의 앱과 아두이노의 기능을 실시간으로 확인하기

아두이노	앱 인벤터

블루투스 모듈과 통신을 디지털 2, 3번 대신 3, 4번을 사용하도록 수정해 보세요.

★ 예제에서 블루투스 모듈과의 통신 핀은 아래와 같이 설정되어 있습니다.
SoftwareSerial mySerial(2, 3);.

CHAPTER

08

집안 침입자 알림이 만들기

집에 침입자가 있을 경우 침입자를 감지하여 앱으로 알려 주는 장치를 개발할 수 있습니다.

01 IoT 서비스 설계하기

1. 아두이노 보드에 연결된 인체 감지 모션 센서에 움직임이 감지되면 앱으로 'A'를 보내어 스마트폰에서 소리가 나게 하고, 그렇지 않으면 'B'를 보내도록 설계합니다.

2. 연결된 블루투스를 통해 아두이노에서 앱 인벤터로 [텍스트]를 보냅니다.

블루투스 통신

앱 인벤터

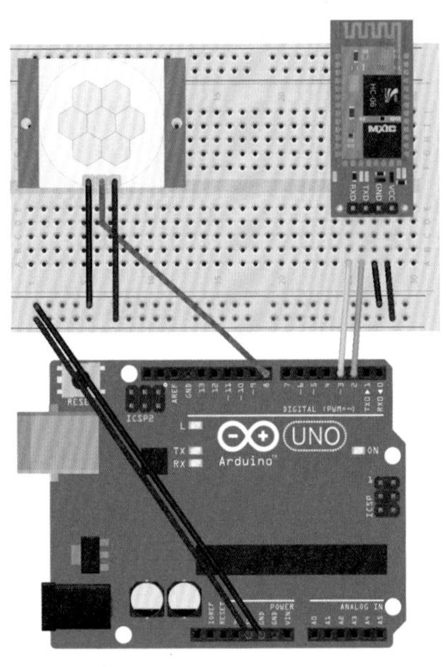

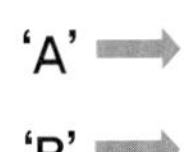

02 아두이노 제작하기

STEP 1 부품 알아보기

1 인체 감지 모션 센서란?

- 인체 감지 모션 센서는 적외선을 발생시키는 사람이나 동물의 움직임을 감지합니다.
- 다음 그림과 같이 적외선을 발생시키는 물체가 감지 영역 안에서 움직일 경우 인체 감지 모션 센서의 OUT 핀이 HIGH로 변경됩니다.
- 이 OUT 핀을 통해 사람이나 동물의 움직임을 감지할 수 있습니다.

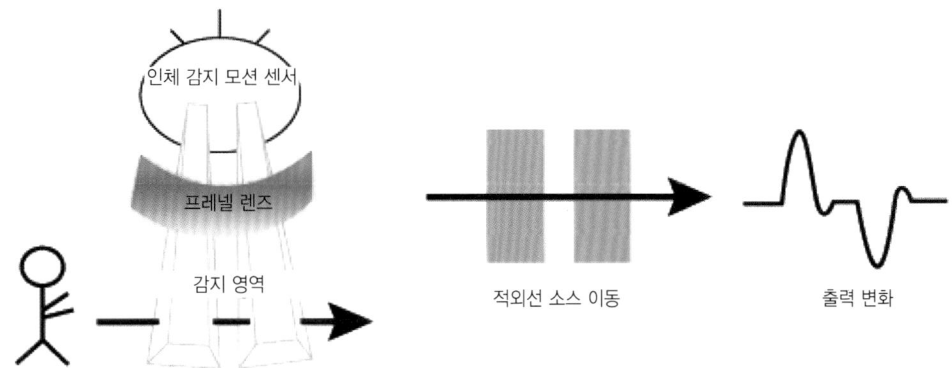

STEP 2 부품 준비하기

부품		개수
	아두이노 우노	1
	브레드보드	1
	블루투스 모듈(HC-06)	1
	인체 감지 모션 센서(HC-SR501)	1
	수수(MM) 점퍼와이어	4(10cm) 2(20cm)
	암수(MF) 점퍼와이어	3(10cm)

TIP 인체 감지 모션 센서

- 인체 감지 모션 센서의 VCC, OUT, GND 핀 위치는 제조사에 따라 다를 수 있습니다.
- HC-SR501 인체 감지 모션 센서는 최대 110° 범위 안에서 최대 7m 안의 움직임을 감지할 수 있습니다.

STEP 3 아두이노 연결하기

1단계

인체 감지 모션 센서는 10cm 암수(MF) 점퍼와이어를 사용하여 브레드보드와 아두이노로 연결합니다. 인체 감지 모션 센서의 VCC, GND로 표기된 핀은 브레드보드의 +, -에 연결하고, OUT으로 표기된 핀은 아두이노의 디지털 8번 핀에 연결합니다.

2단계

블루투스 모듈(HC-06)은 CHAPTER 02와 동일하게 연결합니다.

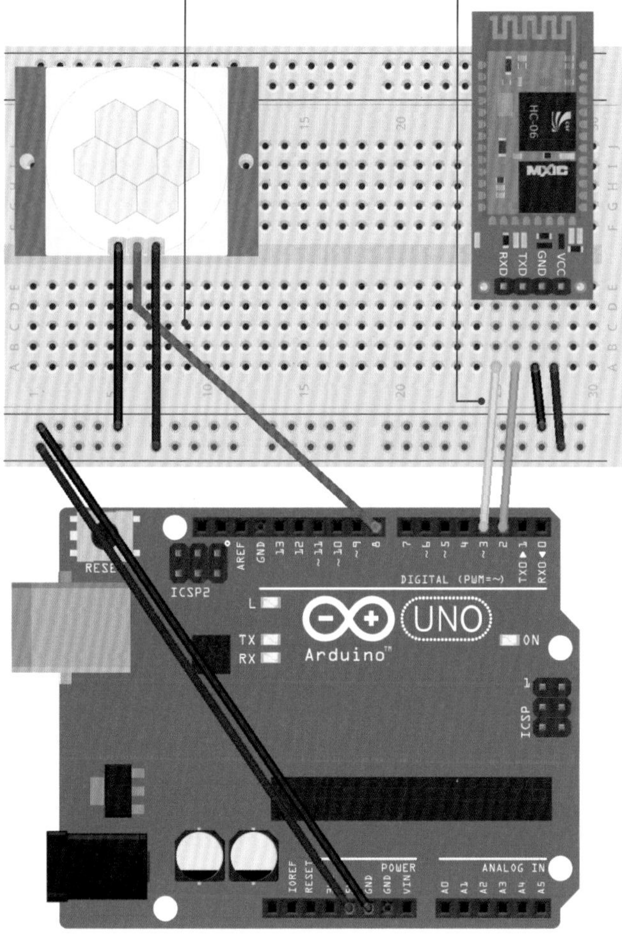

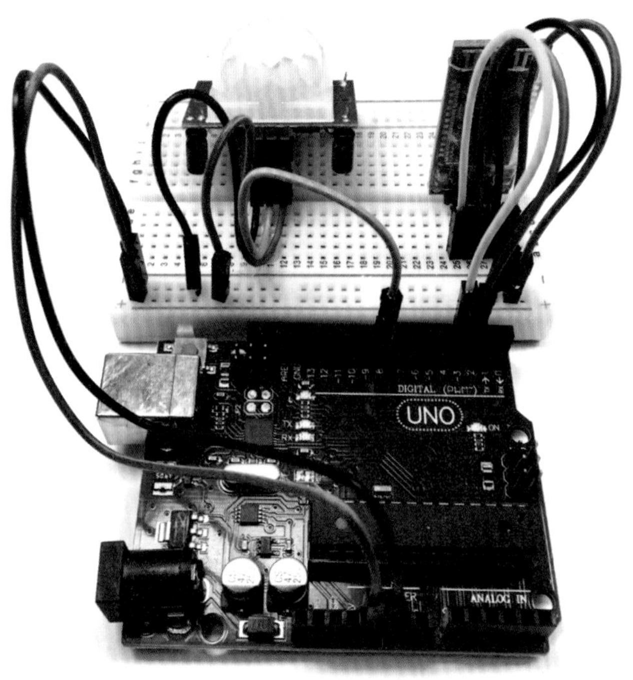

회로를 연결하고 브레드보드의 홀에 다음 이미지와 같이 부품 또는 점퍼와이어가 모두 연결되어야 합니다.

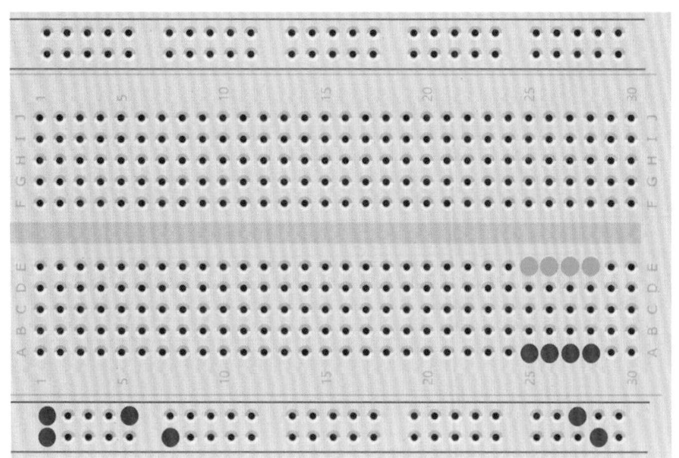

블루투스 모듈 점퍼와이어

STEP 4 스케치 작성하기

Alarm.ino

```
#include <SoftwareSerial.h>
// 인체 감지 모션 센서(PIR)를 디지털 8번으로 설정한다.
#define PIR 8

SoftwareSerial mySerial(2,3);

void setup() {
  // 인체 감지 모션 센서가 연결된 디지털 8번을 입력으로 설정한다.
  pinMode(PIR, INPUT);
  mySerial.begin(9600);
}

void loop() {
  /* 인체 감지 모션 센서가 움직임을 감지하면 문자 'A'를 앱으로 보낸다.
  움직임이 감지되지 않으면 문자 'B'를 앱으로 보낸다. */
  if(digitalRead(PIR)==HIGH)
    mySerial.write('A');
  else
    mySerial.write('B');

  // 1초마다 움직임이 있는지를 확인한다.
  delay(1000);
}
```

STEP 5 스케치 알아보기

#define PIR 8	▪ PIR을 상숫값 8로 정의합니다.
pinMode(PIR, INPUT);	▪ PIR을 숫자 8로 정의했기 때문에, 디지털 8번을 입력으로 설정합니다.
digitalRead(PIR)	▪ PIR을 숫자 8로 정의했기 때문에, 디지털 8번의 값(HIGH 또는 LOW)을 읽어서 넘겨줍니다. ▪ 인체 감지 모션 센서가 움직임을 감지하면 디지털 8번이 HIGH로 읽힙니다.

STEP 6 스케치 컴파일 및 업로드하기

CHAPTER 02 STEP 6의 순서로 스케치를 아두이노 보드로 업로드합니다.

03 앱 인벤터와 아두이노 통신하기

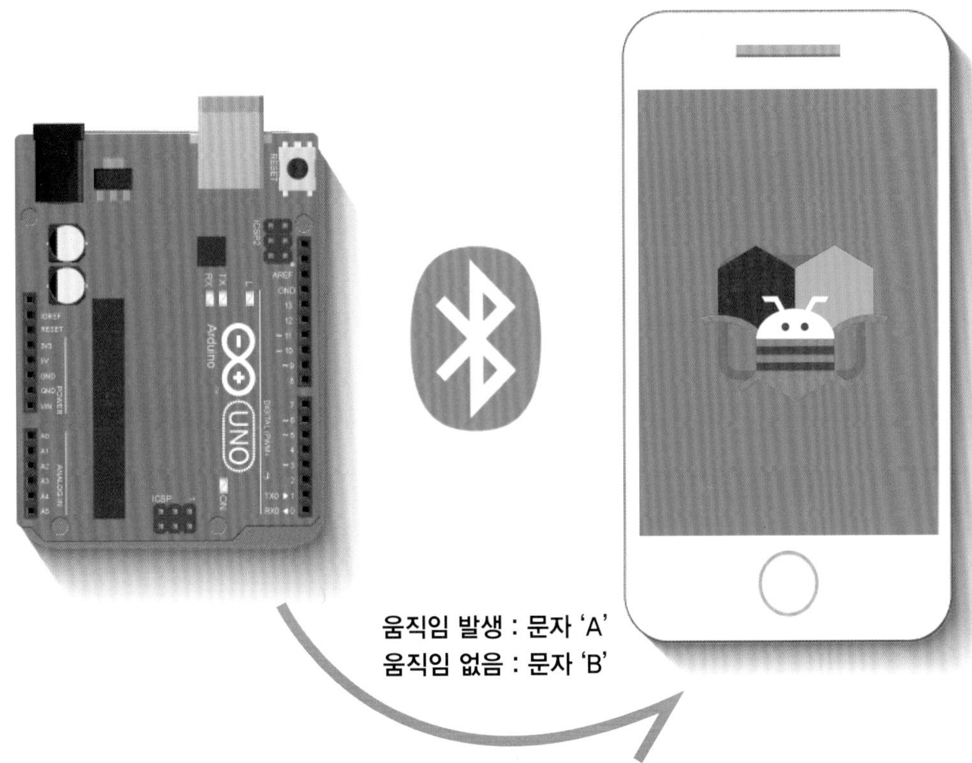

- 아두이노에 연결된 인체 감지 모션 센서를 1초마다 체크합니다.
- 인체의 움직임이 감지되면 아두이노에서 문자 'A'를 앱으로 보냅니다.
- 앱에서 문자 'A'를 받으면, 앱에서 소리를 발생시킵니다.
- 인체의 움직임이 감지되지 않으면 아두이노에서 문자 'B'를 앱으로 보냅니다.
- 앱에서 아두이노로 보내는 정보는 없습니다.

04 앱 개발하기

STEP 1 디자인 프로젝트 파일 가져오기

❶ [프로젝트 〉 내 컴퓨터에서 프로젝트(.aia) 가져오기]를 클릭하여 [디자이너] 화면에서 컴포넌트로만 디자인된 'Alarm_Design.aia' 프로젝트를 가져옵니다.

❷ [프로젝트 〉 프로젝트 다른 이름으로 저장]을 클릭하여 'Alarm.aia'라는 새 이름으로 프로젝트를 저장합니다.

STEP 2 컴포넌트 구성하기

'Alarm.aia' 프로젝트의 컴포넌트 구성은 다음과 같습니다.

종류	팔레트	이름	설명
수평배치	레이아웃	**수평배치1**	[목록_블루투스]와 [버튼_연결끊기]를 수평으로 배치
목록 선택	사용자 인터페이스	**목록_블루투스**	연결 가능한 블루투스 정보 보여 주기
버튼	사용자 인터페이스	**버튼_연결끊기**	연결된 블루투스 연결 끊기
수평배치	레이아웃	**수평배치2**	[이미지_경비_도둑] 배치
이미지	사용자 인터페이스	**이미지_경비_도둑**	경비 또는 도둑 이미지 보여 주기
블루투스 클라이언트	연결	**블루투스_클라이언트1**	아두이노와 데이터 주고받음
알림	사용자 인터페이스	**알림1**	경고 창 나타내기
시계	센서	**시계1**	아두이노로부터 데이터를 주기적으로 수신하기 위함
소리	미디어	**소리1**	'Police_Siren.mp3' 파일이 소스

※ 은 [보이지 않는 컴포넌트]입니다.

STEP 3 블록 코딩하기

1 블루투스 통신을 위한 공통 블록

블루투스와 통신을 하는 앱을 개발하기 위해 공통적으로 사용하는 블록입니다.

```
활성화된 블루투스를 리스트로 보여줌
언제 목록_블루투스 .선택 전
실행 지정하기 목록_블루투스 . 요소 값 블루투스_클라이언트1 . 주소와 이름들
     만약 아니다 블루투스_클라이언트1 . 활성화
     그러면 호출 알림1 .경고창 나타내기
                        알림 " 블루투스를 활성화시켜주세요! "
```

```
특정 내용을 경고창으로 표현하기
함수 팝업메시지 내용
실행 호출 알림1 .경고창 나타내기
                  알림 가져오기 내용
```

```
블루투스가 연결되었을 경우의 컴포넌트 값 설정하기
함수 연결됨 참거짓
실행 지정하기 목록_블루투스 . 활성화 값 아니다 가져오기 참거짓
     지정하기 버튼_연결끊기 . 활성화 값 가져오기 참거짓
     지정하기 시계1 . 타이머 활성 여부 값 가져오기 참거짓
```

```
선택한 블루투스 정보를 알림으로 표현
블루투스가 연결되면 연결됨 함수와 팝업메시지 함수 호출
언제 목록_블루투스 .선택 후
실행 호출 팝업메시지
            내용 합치기 " 연결을 시도합니다.₩n "
                        목록_블루투스 . 선택된 항목
     만약 호출 블루투스_클라이언트1 .연결
                                    주소 목록_블루투스 . 선택된 항목
     그러면 호출 연결됨
                  참거짓 참
            호출 팝업메시지
                  내용 " 연결됐습니다. "
```

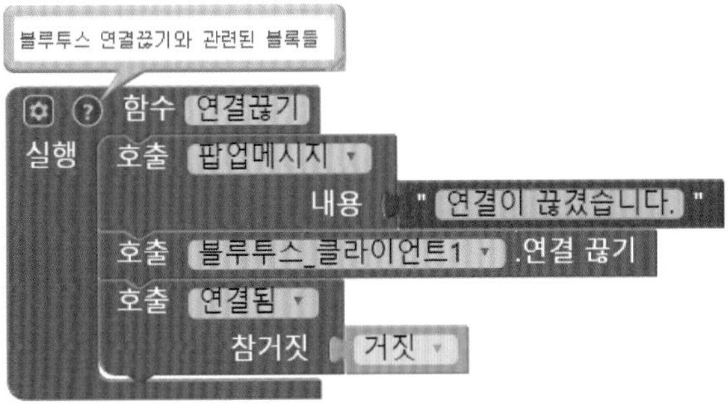

```
블루투스 연결끊기와 관련된 블록들
함수 연결끊기
실행 호출 팝업메시지
         내용 " 연결이 끊겼습니다. "
     호출 블루투스_클라이언트1 .연결 끊기
     호출 연결됨
         참거짓 거짓

앱 실행시 발생하는 오류 보여주기
언제 Screen1 .오류 발생
  컴포넌트 함수 이름 오류 번호 메시지
실행 호출 팝업메시지
         내용 합치기 " 에러 "
                     가져오기 오류 번호
                     " "
                     가져오기 함수 이름
                     " : "
                     가져오기 메시지
     만약 가져오기 오류 번호 = 516
     그러면 호출 알림1 .경고창 나타내기
                알림 " 상대방이 연결을 끊었습니다. "
            호출 연결끊기
     아니고 ... 라면 가져오기 오류 번호 = 507
     그러면 호출 알림1 .경고창 나타내기
                알림 " 선택한 기기와 연결할 수 없습니다.₩n 기기가 켜져 있는지 확인해주세요. "

언제 버튼_연결끊기 .클릭
실행 호출 연결끊기
     호출 초기화
```

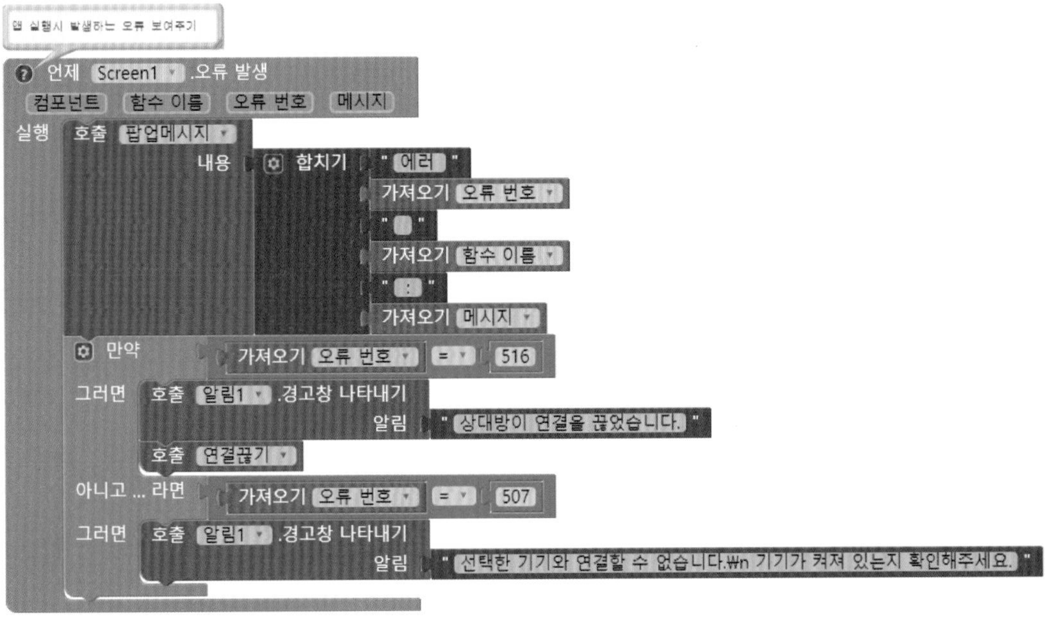

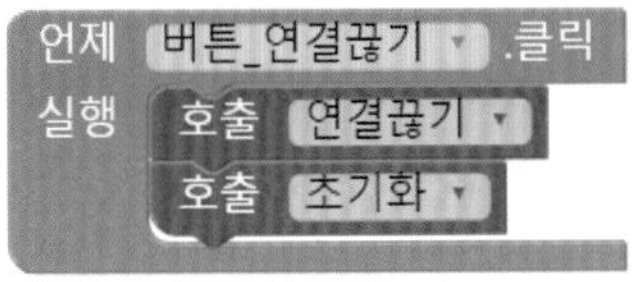

2 변수 만들기

① 아두이노가 보내는 텍스트 데이터를 저장하기 위해 [변수_받는데이터]라는 이름의 전역변수를 만듭니다.

② [변수_받는데이터]의 초깃값을 공백으로 설정합니다.

3 초기화하기

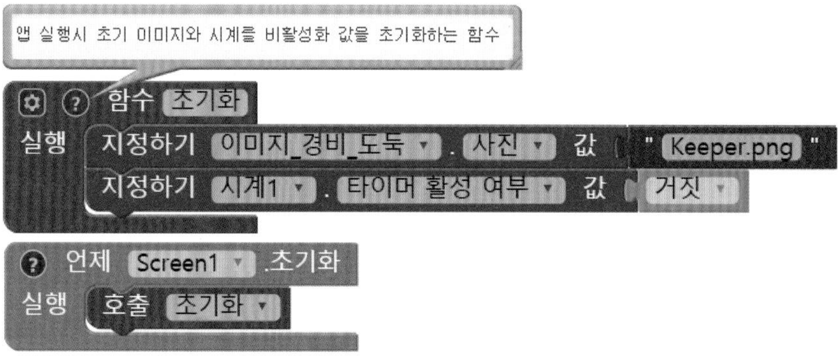

1 앱이 처음 실행되었을 때 초기화해야 할 컴포넌트들의 상태 값을 설정하는 [초기화] 함수를 만듭니다.

2 [이미지_경비_도둑]의 [사진] 속성을 'Keeper.png'로 설정합니다.

3 [시계1] 컴포넌트의 [타이머 활성 여부] 속성을 '거짓'으로 설정합니다.

4 [Screen1]의 초기화를 실행했을 때 [초기화] 함수를 호출합니다.

4 [괄호삭제] 함수 만들기

1 만약 블루투스로부터 받을 데이터가 있다면

2 받을 수 있는 바이트 크기의 텍스트 데이터를 받아서 미리 만들어 둔 [global 변수_받는데이터]에 저장합니다.

5 블루투스로부터 받은 데이터가 'A' 또는 'B'라면

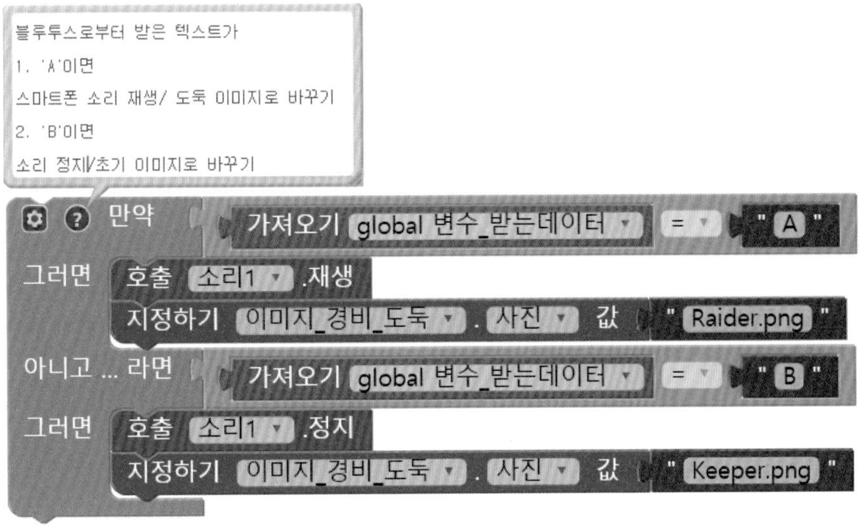

① 블루투스로부터 받은 데이터가 대문자 'A'라면 스마트폰에서 소리를 재생하고 [이미지_경비_도둑]의 [사진] 속성을 'Raider.png'로 설정합니다.

② 블루투스로부터 받은 데이터가 대문자 'B'라면 스마트폰에서 소리를 정지하고 [이미지_경비_도둑]의 [사진] 속성을 'Keeper.png'로 설정합니다.

6 1초마다 데이터 수신과 확인 반복하기

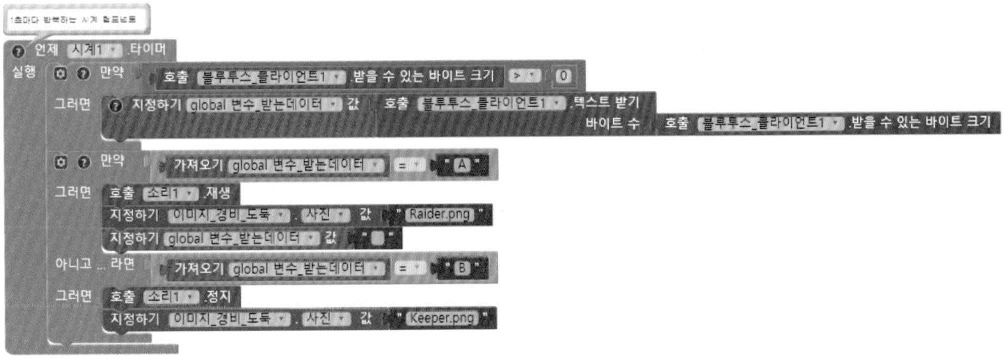

① 1초마다 블루투스로부터 받을 데이터가 있는지

② 블루투스로부터 받은 데이터가 대문자 'A' 또는 'B' 인지를 확인하는 동작을 반복합니다.

7 전체 코드

```
언제 목록_블루투스 .선택 전
실행 지정하기 목록_블루투스 . 요소 값 블루투스_클라이언트1 . 주소와 이름들
     만약 아니다 블루투스_클라이언트1 . 활성화
     그러면 호출 알림1 .경고창 나타내기
                              알림 " 블루투스를 활성화시켜주세요! "

함수 팝업메시지 내용
실행 호출 알림1 .경고창 나타내기
                      알림 가져오기 내용

함수 연결됨 참거짓
실행 지정하기 목록_블루투스 . 활성화 값 아니다 가져오기 참거짓
     지정하기 버튼_연결끊기 . 활성화 값 가져오기 참거짓
     지정하기 시계1 . 타이머 활성 여부 값 가져오기 참거짓

언제 목록_블루투스 .선택 후
실행 호출 팝업메시지
              내용 합치기 " 연결을 시도합니다.₩n "
                          목록_블루투스 . 선택된 항목
     만약 호출 블루투스_클라이언트1 .연결
                                    주소 목록_블루투스 . 선택된 항목
     그러면 호출 연결됨
                   참거짓 참
            호출 팝업메시지
                     내용 " 연결됐습니다. "

함수 연결끊기
실행 호출 블루투스_클라이언트1 .연결 끊기
     호출 팝업메시지
              내용 " 연결이 끊겼습니다. "
     호출 연결됨
            참거짓 거짓
```

```
언제 Screen1 .오류 발생
 컴포넌트  함수 이름  오류 번호  메시지
실행 호출 팝업메시지
        내용  합치기  " 에러 "
                     가져오기 오류 번호
                     " "
                     가져오기 함수 이름
                     " : "
                     가져오기 메시지
     만약  가져오기 오류 번호 = 516
     그러면 호출 알림1 .경고창 나타내기
                      알림 " 상대방이 연결을 끊었습니다. "
            호출 연결끊기
     아니고 ... 라면  가져오기 오류 번호 = 507
     그러면 호출 알림1 .경고창 나타내기
                      알림 " 선택한 기기와 연결할 수 없습니다.₩n 기기가 켜져 있는지 확인해주세요. "

언제 버튼_연결끊기 .클릭
실행 호출 연결끊기
     호출 초기화

전역변수 초기화 변수_받는데이터 값 " "

함수 초기화
실행 지정하기 이미지_경비_도둑 . 사진 값 " Keeper.png "
     지정하기 시계1 . 타이머 활성 여부 값 거짓

언제 Screen1 .초기화
실행 호출 초기화

언제 시계1 .타이머
실행 만약  호출 블루투스_클라이언트1 .받을 수 있는 바이트 크기 > 0
     그러면 지정하기 global 변수_받는데이터 값  호출 블루투스_클라이언트1 .텍스트 받기
                                                    바이트 수  호출 블루투스_클라이언트1 .받을 수 있는 바이트 크기
     만약  가져오기 global 변수_받는데이터 = " A "
     그러면 호출 소리1 .재생
            지정하기 이미지_경비_도둑 . 사진 값 " Raider.png "
            지정하기 global 변수_받는데이터 값 " "
     아니고 ... 라면  가져오기 global 변수_받는데이터 = " B "
     그러면 호출 소리1 .정지
            지정하기 이미지_경비_도둑 . 사진 값 " Keeper.png "
```

05 IoT 서비스 확인하기

1 회로가 연결된 아두이노를 준비합니다.

2 USB 케이블로 아두이노와 PC를 연결합니다.

3 아두이노에 연결된 블루투스 모듈을 스마트폰과 페어링합니다.

4 완성된 Alarm.aia 앱을 실행합니다.

① [연결] 메뉴를 클릭한 후 [AI 컴패니언] 클릭하기

② QR 코드가 나타나면 스마트폰의 MIT AI2 Companion 앱을 실행하여 [scan QR code] 메뉴로 QR 코드 인식하기

③ 스마트폰의 앱과 아두이노의 기능을 실시간으로 확인하기

아두이노	앱 인벤터

앱 인벤터의 [소리] 컴포넌트를 사용하여 소리와 함께 폰이 진동하도록 앱을 수정해 보세요.

★ [소리] 컴포넌트에는 다음과 같은 블록이 있습니다.

MEMO

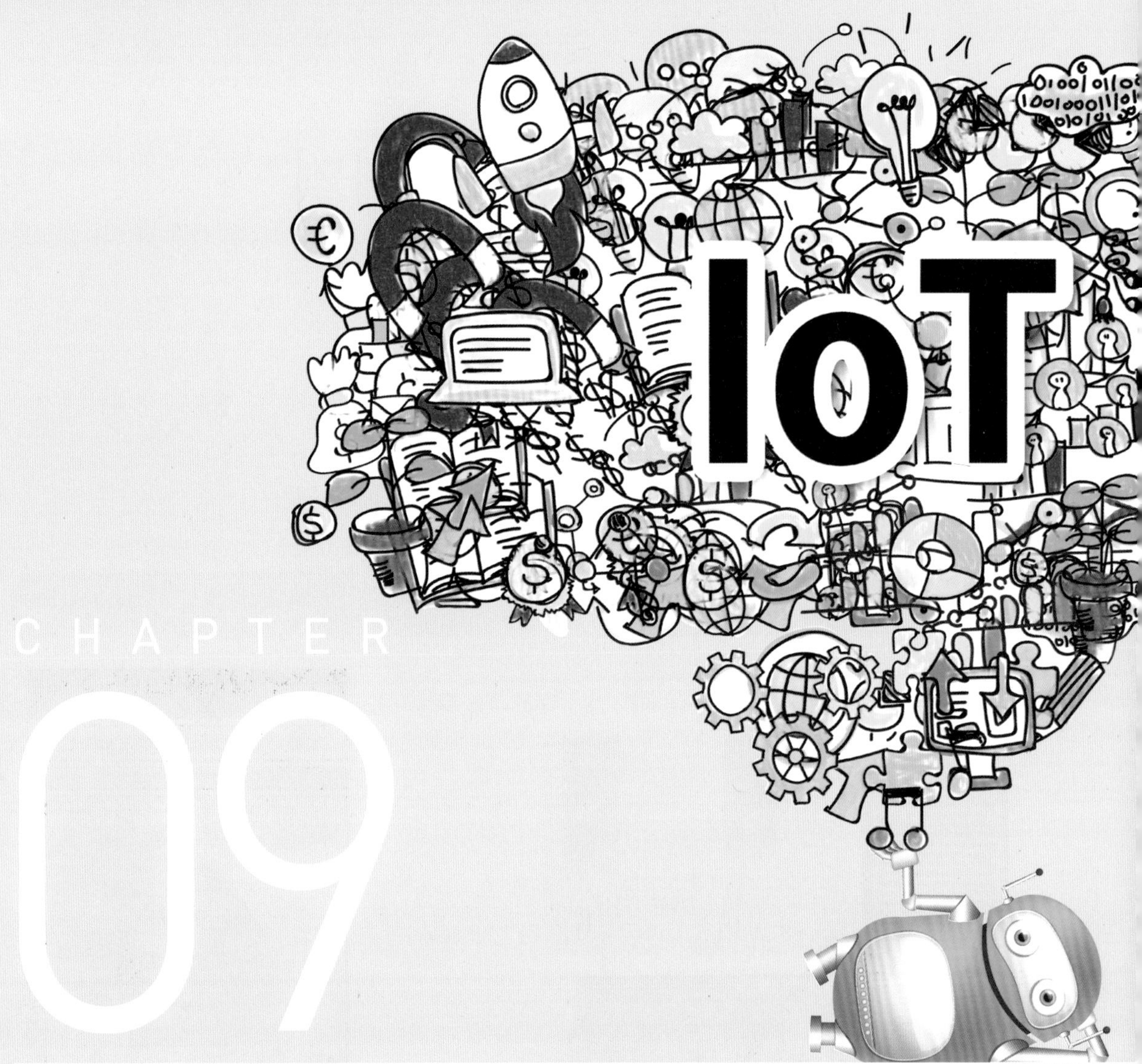

CHAPTER 09

빗물 감지기 만들기

비가 어느 정도 오는지를 측정하여 앱에서 빗방울 수와 움직임으로 비의 양을 표현할 수 있습니다.

01 IoT 서비스 설계하기

❶ 아두이노 보드에 연결된 빗물 감지 센서가 측정한 값(0~4)을 1초마다 앱으로 보내면 측정된 값에 따라 빗방울의 수가 변경되도록 설계합니다.

❷ 연결된 블루투스를 통해 아두이노에서 앱 인벤터로 [숫자]를 보냅니다.

아두이노	블루투스 통신	앱 인벤터

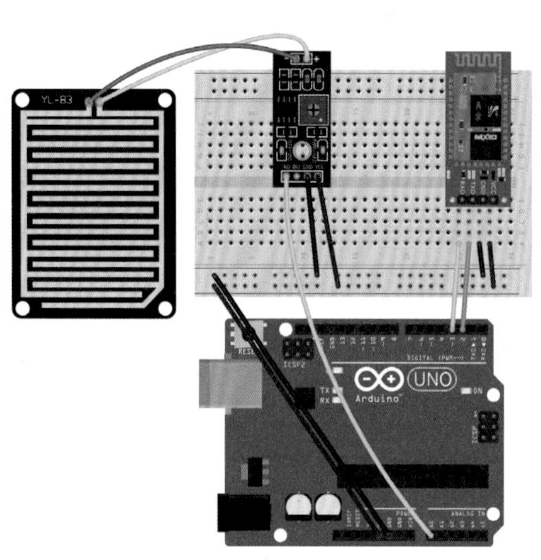

'1' →

02 아두이노 제작하기

STEP 1 부품 알아보기

1 빗물 감지 센서란?

- 빗물 감지 센서는 니켈로 구성된 센서 보드를 통하여 비를 감지할 수 있는 센서입니다.
- 비가 오지 않을 경우 센서 보드는 높은 저항 값을 유지합니다. 그러나 비가 올 경우 센서 보드의 저항 값은 작아집니다. 이 저항 값은 비의 양이 많을수록 작아집니다.
- 빗물 감지 센서는 센서 보드의 저항 값 변화에 따라 달라지는 전압 값을 읽어 비를 감지할 수 있고, 비의 강도도 감지할 수 있습니다.

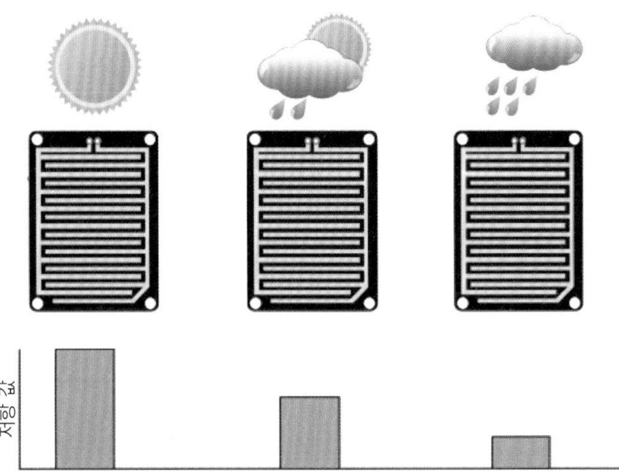

STEP 2 부품 준비하기

부품		개수
	아두이노 우노	1
	브레드보드	1
	블루투스 모듈(HC-06)	1
	빗물 감지 센서 모듈	1
	수수(MM) 점퍼와이어	4(10cm) 2(20cm)
	암수(MF) 점퍼와이어	2(10cm) 1(20cm)

Fritzing 부품 출처 - 빗물 감지 센서 모듈 : http://omnigatherum.ca/wp/?p=338

TIP 빗물 감지 센서 모듈

빗물 감지 센서 모듈의 VCC, GND, AO, DO 핀의 위치는 제조사에 따라 다를 수 있습니다.
AO, DO가 제공되는 빗물 감지 센서 모듈의 경우 DO로 비가 내리는지 뿐만 아니라, AO로 비의 강도도 알 수 있습니다.

STEP 3 아두이노 연결하기

1단계
빗물 감지 센서 모듈의 센서 보드와 제어 보드를 동봉된 암암(FF) 점퍼 와이어로 연결합니다.

2단계
빗물 감지 센서 모듈의 VCC, GND로 표기된 핀은 브레드보드의 +, -와 연결합니다.
AO로 표기된 핀은 아두이노의 아날로그 0번(A0) 핀에 연결합니다.

3단계
블루투스 모듈(HC-06)은 CHAPTER 02와 동일하게 연결합니다.

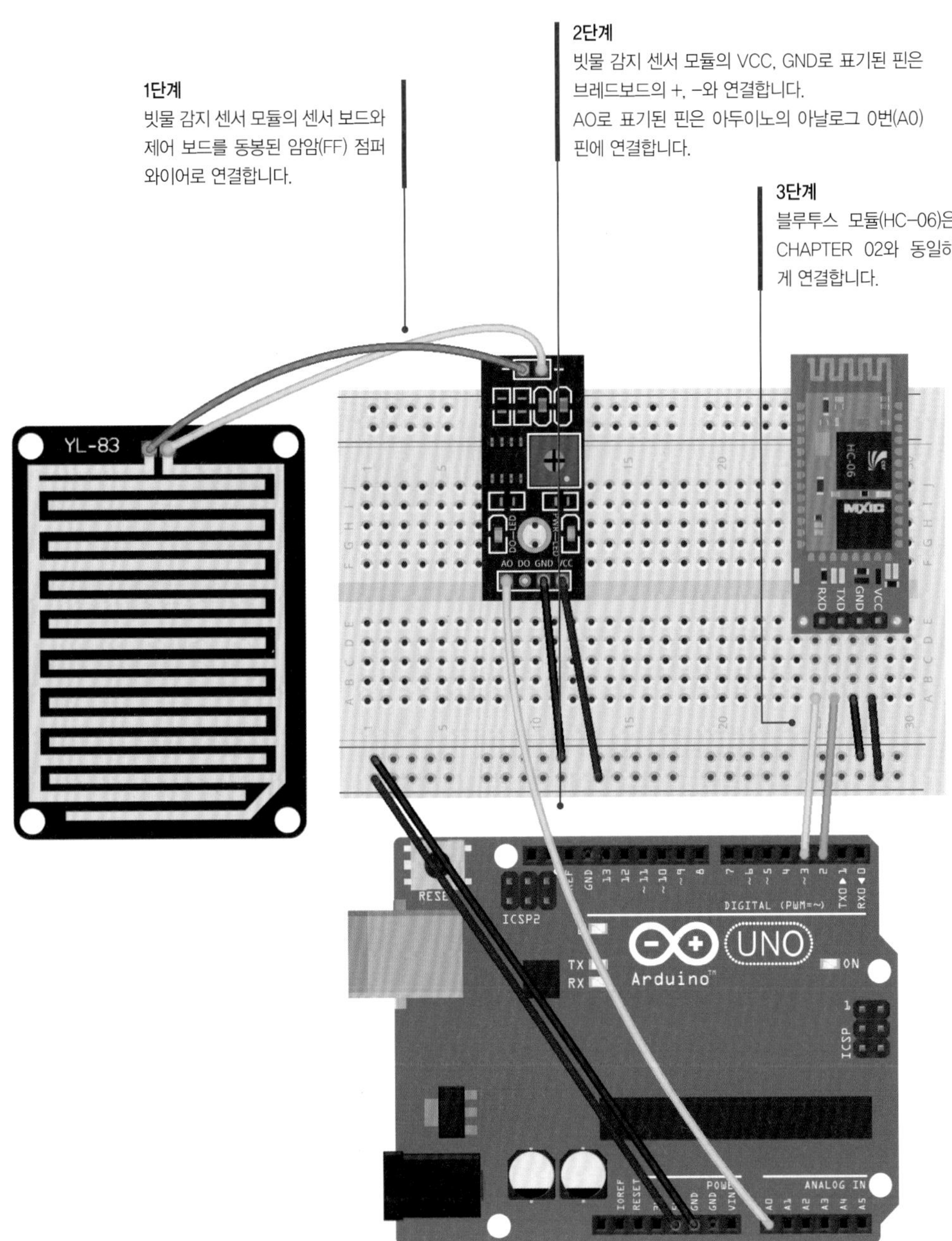

회로를 연결하고 브레드보드의 홀에 다음 이미지와 같이 부품 또는 점퍼와이어가 모두 연결되어야 합니다.

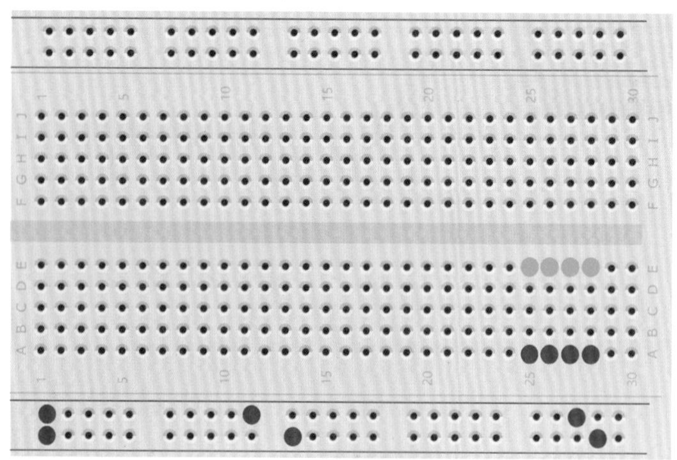

● 블루투스 모듈 ● 점퍼와이어

STEP 4 스케치 작성하기

RainSensor.ino

```
#include <SoftwareSerial.h>
// 빗물 감지 센서를 아날로그 0번으로 설정한다.
#define RAIN_SENSOR 0
// int형 변수 value를 선언하고 0으로 초기화한다.
int value=0;

SoftwareSerial mySerial(2,3);

void setup() {
  mySerial.begin(9600);
}

void loop() {
  // 빗물 감지 센서가 연결된 아날로그 0번에서 값을 읽고 변수 value에 저장한다.
  value = analogRead(RAIN_SENSOR);
  // 0~1023 범위 안의 값을 갖는 value를 0~4 범위 안의 값으로 매핑하고 value에 저장한다.
  value = map(value,1023,0,0,4);
  // 0~4 범위 안의 값으로 매핑된 value의 값을 앱으로 전송한다.
  mySerial.write(byte(value));
  delay(1000);
}
```

STEP 5 스케치 알아보기

#define RAIN_SENSOR 0	▪ RAIN_SENSOR를 상숫값 0으로 정의합니다.
int value=0;	▪ analogRead, map에서 넘겨 주는 값을 저장하기 위한 int형 변수 value를 선언하고 0으로 초기화합니다.
analogRead(RAIN_SENSOR)	▪ analogRead는 아날로그 핀으로부터 값을 읽기 위해 사용합니다. ▪ RAIN_SENSOR를 상숫값 0으로 정의했기 때문에 아날로그 0번으로부터 값을 읽습니다. ▪ 읽은 값은 0~1023 범위 안의 값입니다.
map(value,1023,0,0,4)	▪ map은 한 범위에서 다른 범위로 숫자를 다시 매핑합니다. ▪ 1023~0 범위 안의 value의 값을 0~4 범위 안의 값으로 매핑을 합니다.

STEP 6 스케치 컴파일 및 업로드하기

CHAPTER 02 STEP 6의 순서로 스케치를 아두이노 보드로 업로드합니다.

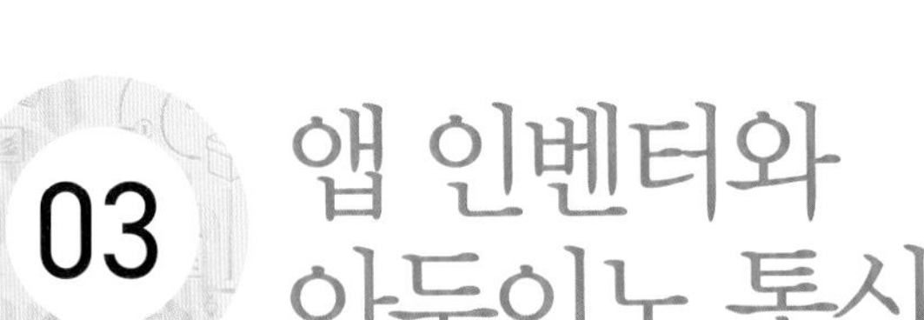

03 앱 인벤터와 아두이노 통신하기

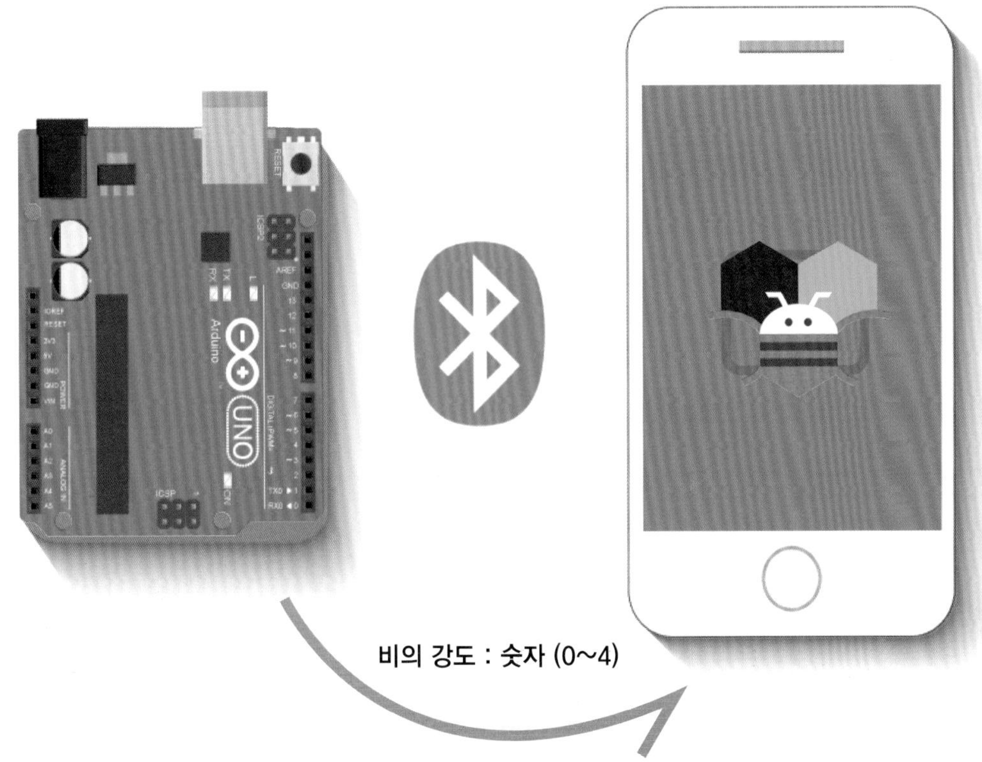

- 아두이노에 연결된 빗물 감지 센서의 값을 1초마다 읽습니다.
- 비의 강도를 0~4까지의 값으로 매핑 후 앱으로 보냅니다.
- 앱에서 비의 강도에 대한 숫자 값을 받아서 빗방울의 개수를 변화시킵니다.
- 앱에서 아두이노로 보내는 정보는 없습니다.

04 앱 개발하기

STEP 1 디자인 프로젝트 파일 가져오기

① [프로젝트 〉 내 컴퓨터에서 프로젝트(.aia) 가져오기]를 클릭하여 [디자이너] 화면에서 컴포넌트로만 디자인된 'RainSensor_Design.aia' 프로젝트를 가져옵니다.

② [프로젝트 〉 프로젝트 다른 이름으로 저장]을 클릭하여 'RainSensor.aia'라는 새 이름으로 프로젝트를 저장합니다.

STEP 2 컴포넌트 구성하기

'RainSensor.aia' 프로젝트의 컴포넌트 구성은 다음과 같습니다.

종류	팔레트	이름	설명
수평배치	레이아웃	**수평배치1**	[목록_블루투스]와 [버튼_연결끊기]를 수평으로 배치
목록 선택	사용자 인터페이스	**목록_블루투스**	연결 가능한 블루투스 정보 보여 주기
버튼	사용자 인터페이스	**버튼_연결끊기**	연결된 블루투스 연결 끊기
수평배치	레이아웃	**수평배치2**	[레이블_빗물의양], [레이블_빗물감지_값] 배치
레이블	사용자 인터페이스	**레이블_빗물의양**	'빗물의 양 :' 값 보여 주기
레이블	사용자 인터페이스	**레이블_빗물감지_값**	빗물 감지 값(0~4) 보여 주기
캔버스	그리기 & 애니메이션	**캔버스1**	[이미지S_빗방울1]~ [이미지S_빗방울8] 배치
이미지 스프라이트	그리기 & 애니메이션	**이미지S_ 빗방울1~8**	빗방울 이미지 보여 주기
블루투스 클라이언트	연결	**블루투스_클라이언트1**	아두이노와 데이터 주고받음
알림	사용자 인터페이스	**알림1**	경고 창 나타내기
시계	센서	**시계1**	아두이노로부터 데이터를 주기적으로 수신하기 위함
시계	센서	**시계_빗방울1~8**	빗방울의 움직임 주기를 결정함

※ 은 [보이지 않는 컴포넌트]입니다.

STEP 3 블록 코딩하기

1 블루투스 통신을 위한 공통 블록

블루투스와 통신을 하는 앱을 개발하기 위해 공통적으로 사용하는 블록입니다.

TIP 블루투스 통신을 위한 공통 블록

상세한 설명은 [CHAPTER 02 LED 제어하기]의 내용을 참고하기 바랍니다.

2 변수 만들기

아두이노가 보내는 텍스트 데이터를 받는 변수
전역변수 초기화 변수_받는데이터 값 0

1. 아두이노가 보내는 숫자 데이터를 저장하기 위해 [변수_받는데이터]라는 이름의 전역변수를 만듭니다.
2. [변수_받는데이터]의 초깃값을 '0'으로 설정합니다.

괄호를 제외하기 데이터를 저장하는 변수
전역변수 초기화 변수_추출된데이터 값 " "

3. 아두이노가 보내는 숫자 데이터에서 괄호를 제외하기 위해 [변수_추출된데이터]라는 이름의 전역변수를 만듭니다.
4. [변수_추출된데이터]의 초깃값을 공백으로 설정합니다.

빗방울의 타이머 간격을 정하는 변수
전역변수 초기화 변수_빗방울타이머간격 값 0

5. 빗방울의 타이머 간격을 정하기 위해 [변수_빗방울타이머간격]이라는 이름의 전역변수를 만듭니다.

⑥ [변수_빗방울타이머간격]의 초깃값을 '0'으로 설정합니다.

③ [함수_빗방울타이머간격] 함수 만들기

빗방울의 타이머 간격을 2초~8초 사이에서 임의로 설정하는 함수

함수 함수_빗방울타이머간격

실행 지정하기 global 변수_빗방울타이머간격 값 임의의 정수 시작 2000 끝 8000

① 빗방울타이머간격을 2초~8초 사이의 값으로 임의로 설정하기 위해

② [global 변수_빗방울타이머간격]이라는 변수에 [공통 블록]>[수학]의 [임의의 정수 시작 '2000' 끝 '8000']을 연결합니다.

④ [괄호삭제] 함수 만들기

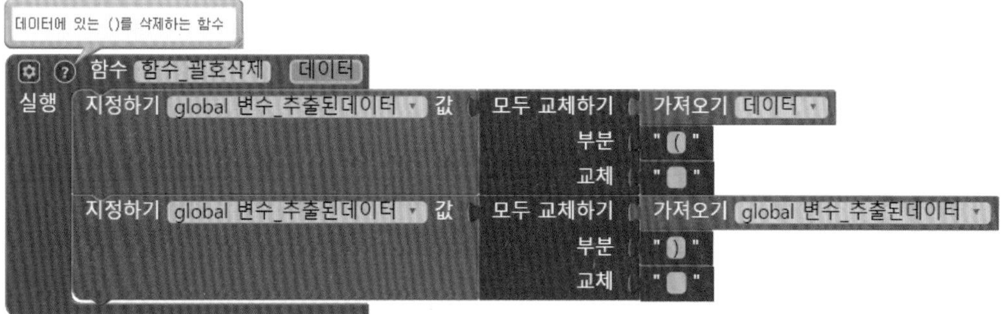

① 데이터에서 '('를 공백으로 교체하여 [global 변수_추출된데이터]에 저장합니다.

② [global 변수_추출된데이터]에서 ')'를 공백으로 교체하여 [global 변수_추출된데이터]에 저장합니다.

5 초기화하기

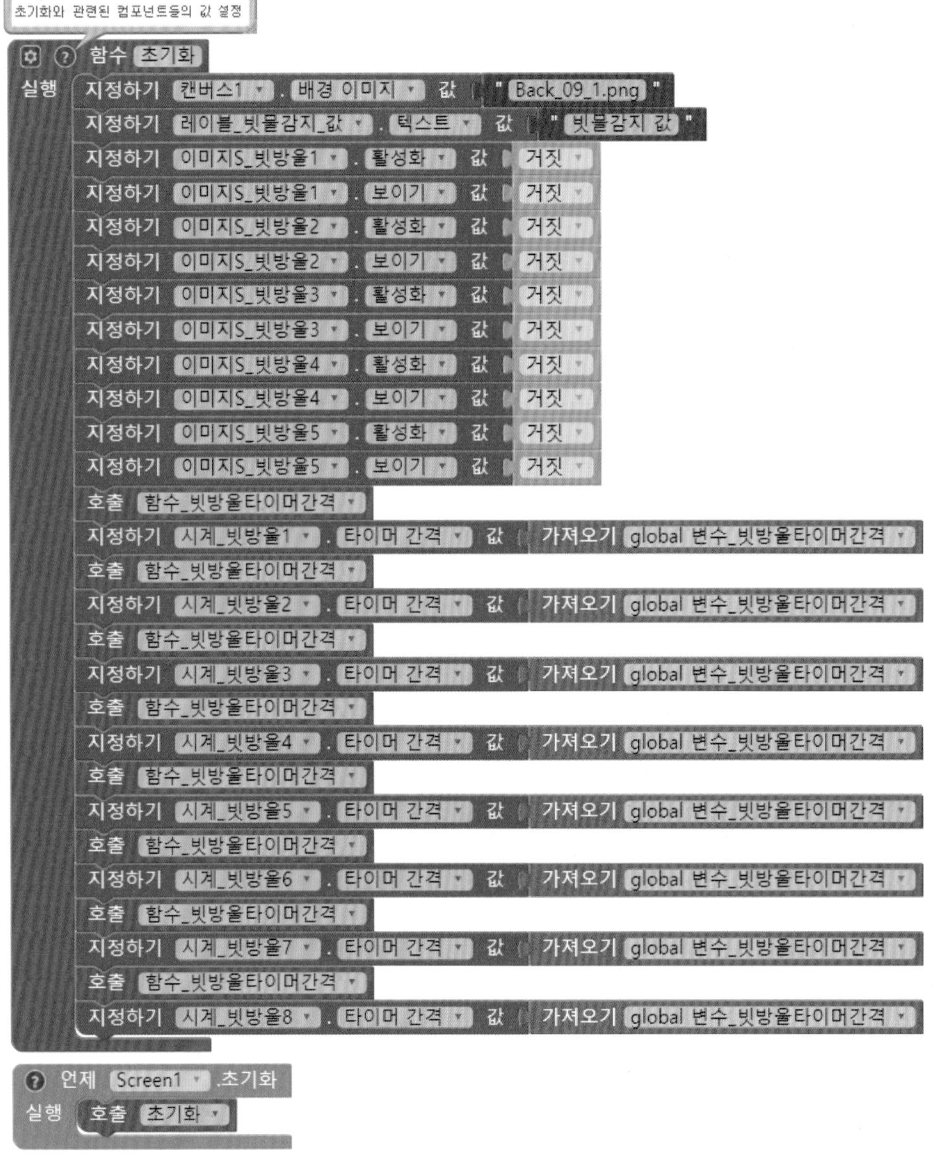

1. 앱이 처음 실행되었을 때 초기화할 컴포넌트들의 상태를 설정하는 [초기화] 함수를 만들고 캔버스의 배경 이미지와 레이블의 초깃값을 설정합니다.

2. [이미지S_빗방울1]~[이미지S_빗방울8]의 [활성화], [보이기] 속성을 '거짓'으로 설정합니다.

3. 각 빗방울의 움직임 주기를 설정하기 위해 [시계_빗방울1]~[시계_빗방울8]의 [타이머 간격]을 설정합니다.

4. [Screen1]의 초기화를 실행했을 때 [초기화] 함수를 호출합니다.

6 블루투스로부터 받을 수 있는 데이터가 있다면

만약 호출 블루투스_클라이언트1 .받을 수 있는 바이트 크기 > 0
그러면 지정하기 global 변수_받는데이터 값 호출 블루투스_클라이언트1 .부호없는 바이트 받기
바이트 수 호출 블루투스_클라이언트1 .받을 수 있는 바이트 크기
호출 함수_괄호삭제
데이터 가져오기 global 변수_받는데이터

1. 만약 블루투스로부터 받을 데이터가 있다면
2. 받을 수 있는 바이트 크기의 숫자 값을 받아서 미리 만들어 둔 [global 변수_받는데이터]에 저장한 후 데이터에서 괄호를 삭제합니다.

7 [함수_0단계] 만들기

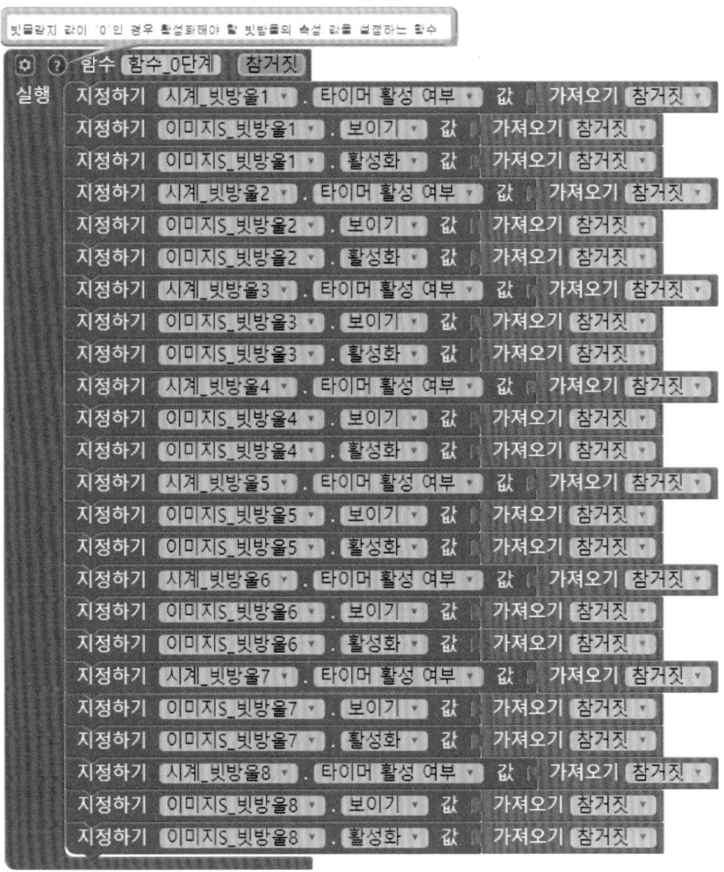

1. 빗물 감지 값이 '0'인 경우 활성화해야 할 빗방울의 속성을 설정합니다.
2. 빗물 감지 값이 '0'인 경우는 비가 오지 않는 상황을 표현합니다.

8 [함수_1단계]~[함수_4단계] 만들기

[함수_1단계]

```
빗물감지 값이 '1'인 경우 활성화해야 할 빗방울의 속성 값을 설정하는 함수
함수 함수_1단계 참거짓
실행 지정하기 시계_빗방울1 . 타이머 활성 여부 값 아니다 가져오기 참거짓
     지정하기 이미지S_빗방울1 . 보이기 값 아니다 가져오기 참거짓
     지정하기 이미지S_빗방울1 . 활성화 값 아니다 가져오기 참거짓
     지정하기 시계_빗방울2 . 타이머 활성 여부 값 아니다 가져오기 참거짓
     지정하기 이미지S_빗방울2 . 보이기 값 아니다 가져오기 참거짓
     지정하기 이미지S_빗방울2 . 활성화 값 아니다 가져오기 참거짓
     지정하기 시계_빗방울3 . 타이머 활성 여부 값 가져오기 참거짓
     지정하기 이미지S_빗방울3 . 보이기 값 가져오기 참거짓
     지정하기 이미지S_빗방울3 . 활성화 값 가져오기 참거짓
     지정하기 시계_빗방울4 . 타이머 활성 여부 값 가져오기 참거짓
     지정하기 이미지S_빗방울4 . 보이기 값 가져오기 참거짓
     지정하기 이미지S_빗방울4 . 활성화 값 가져오기 참거짓
     지정하기 시계_빗방울5 . 타이머 활성 여부 값 가져오기 참거짓
     지정하기 이미지S_빗방울5 . 보이기 값 가져오기 참거짓
     지정하기 이미지S_빗방울5 . 활성화 값 가져오기 참거짓
     지정하기 시계_빗방울6 . 타이머 활성 여부 값 가져오기 참거짓
     지정하기 이미지S_빗방울6 . 보이기 값 가져오기 참거짓
     지정하기 이미지S_빗방울6 . 활성화 값 가져오기 참거짓
     지정하기 시계_빗방울7 . 타이머 활성 여부 값 가져오기 참거짓
     지정하기 이미지S_빗방울7 . 보이기 값 가져오기 참거짓
     지정하기 이미지S_빗방울7 . 활성화 값 가져오기 참거짓
     지정하기 시계_빗방울8 . 타이머 활성 여부 값 가져오기 참거짓
     지정하기 이미지S_빗방울8 . 보이기 값 가져오기 참거짓
     지정하기 이미지S_빗방울8 . 활성화 값 가져오기 참거짓
```

[함수_2단계]

```
빗물감지 값이 '2'인 경우 활성화해야 할 빗방울의 속성 값을 설정하는 함수
함수 함수_2단계 참거짓
실행 지정하기 시계_빗방울1 . 타이머 활성 여부 값 아니다 가져오기 참거짓
     지정하기 이미지S_빗방울1 . 보이기 값 아니다 가져오기 참거짓
     지정하기 이미지S_빗방울1 . 활성화 값 아니다 가져오기 참거짓
     지정하기 시계_빗방울2 . 타이머 활성 여부 값 아니다 가져오기 참거짓
     지정하기 이미지S_빗방울2 . 보이기 값 아니다 가져오기 참거짓
     지정하기 이미지S_빗방울2 . 활성화 값 아니다 가져오기 참거짓
     지정하기 시계_빗방울3 . 타이머 활성 여부 값 아니다 가져오기 참거짓
     지정하기 이미지S_빗방울3 . 보이기 값 아니다 가져오기 참거짓
     지정하기 이미지S_빗방울3 . 활성화 값 아니다 가져오기 참거짓
     지정하기 시계_빗방울4 . 타이머 활성 여부 값 아니다 가져오기 참거짓
     지정하기 이미지S_빗방울4 . 보이기 값 아니다 가져오기 참거짓
     지정하기 이미지S_빗방울4 . 활성화 값 아니다 가져오기 참거짓
     지정하기 시계_빗방울5 . 타이머 활성 여부 값 가져오기 참거짓
     지정하기 이미지S_빗방울5 . 보이기 값 가져오기 참거짓
     지정하기 이미지S_빗방울5 . 활성화 값 가져오기 참거짓
     지정하기 시계_빗방울6 . 타이머 활성 여부 값 가져오기 참거짓
     지정하기 이미지S_빗방울6 . 보이기 값 가져오기 참거짓
     지정하기 이미지S_빗방울6 . 활성화 값 가져오기 참거짓
     지정하기 시계_빗방울7 . 타이머 활성 여부 값 가져오기 참거짓
     지정하기 이미지S_빗방울7 . 보이기 값 가져오기 참거짓
     지정하기 이미지S_빗방울7 . 활성화 값 가져오기 참거짓
     지정하기 시계_빗방울8 . 타이머 활성 여부 값 가져오기 참거짓
     지정하기 이미지S_빗방울8 . 보이기 값 가져오기 참거짓
     지정하기 이미지S_빗방울8 . 활성화 값 가져오기 참거짓
```

[함수_3단계]

```
빗물감지 값이 '3'인 경우 활성화해야 할 빗방울의 속성 값을 설정하는 함수
함수 함수_3단계 참거짓
실행 지정하기 시계_빗방울1 . 타이머 활성 여부 값 가져오기 참거짓
     지정하기 이미지S_빗방울1 . 보이기 값 가져오기 참거짓
     지정하기 이미지S_빗방울1 . 활성화 값 가져오기 참거짓
     지정하기 시계_빗방울2 . 타이머 활성 여부 값 가져오기 참거짓
     지정하기 이미지S_빗방울2 . 보이기 값 가져오기 참거짓
     지정하기 이미지S_빗방울2 . 활성화 값 가져오기 참거짓
     지정하기 시계_빗방울3 . 타이머 활성 여부 값 가져오기 참거짓
     지정하기 이미지S_빗방울3 . 보이기 값 가져오기 참거짓
     지정하기 이미지S_빗방울3 . 활성화 값 가져오기 참거짓
     지정하기 시계_빗방울4 . 타이머 활성 여부 값 가져오기 참거짓
     지정하기 이미지S_빗방울4 . 보이기 값 가져오기 참거짓
     지정하기 이미지S_빗방울4 . 활성화 값 가져오기 참거짓
     지정하기 시계_빗방울5 . 타이머 활성 여부 값 가져오기 참거짓
     지정하기 이미지S_빗방울5 . 보이기 값 가져오기 참거짓
     지정하기 이미지S_빗방울5 . 활성화 값 가져오기 참거짓
     지정하기 시계_빗방울6 . 타이머 활성 여부 값 가져오기 참거짓
     지정하기 이미지S_빗방울6 . 보이기 값 가져오기 참거짓
     지정하기 이미지S_빗방울6 . 활성화 값 가져오기 참거짓
     지정하기 시계_빗방울7 . 타이머 활성 여부 값 아니다 가져오기 참거짓
     지정하기 이미지S_빗방울7 . 보이기 값 아니다 가져오기 참거짓
     지정하기 이미지S_빗방울7 . 활성화 값 아니다 가져오기 참거짓
     지정하기 시계_빗방울8 . 타이머 활성 여부 값 아니다 가져오기 참거짓
     지정하기 이미지S_빗방울8 . 보이기 값 아니다 가져오기 참거짓
     지정하기 이미지S_빗방울8 . 활성화 값 아니다 가져오기 참거짓
```

[함수_4단계]

```
빗물감지 값이 '4'인 경우 활성화해야 할 빗방울의 속성 값을 설정하는 함수
함수 함수_4단계 참거짓
실행 지정하기 시계_빗방울1 . 타이머 활성 여부 값 가져오기 참거짓
     지정하기 이미지S_빗방울1 . 보이기 값 가져오기 참거짓
     지정하기 이미지S_빗방울1 . 활성화 값 가져오기 참거짓
     지정하기 시계_빗방울2 . 타이머 활성 여부 값 가져오기 참거짓
     지정하기 이미지S_빗방울2 . 보이기 값 가져오기 참거짓
     지정하기 이미지S_빗방울2 . 활성화 값 가져오기 참거짓
     지정하기 시계_빗방울3 . 타이머 활성 여부 값 가져오기 참거짓
     지정하기 이미지S_빗방울3 . 보이기 값 가져오기 참거짓
     지정하기 이미지S_빗방울3 . 활성화 값 가져오기 참거짓
     지정하기 시계_빗방울4 . 타이머 활성 여부 값 가져오기 참거짓
     지정하기 이미지S_빗방울4 . 보이기 값 가져오기 참거짓
     지정하기 이미지S_빗방울4 . 활성화 값 가져오기 참거짓
     지정하기 시계_빗방울5 . 타이머 활성 여부 값 가져오기 참거짓
     지정하기 이미지S_빗방울5 . 보이기 값 가져오기 참거짓
     지정하기 이미지S_빗방울5 . 활성화 값 가져오기 참거짓
     지정하기 시계_빗방울6 . 타이머 활성 여부 값 가져오기 참거짓
     지정하기 이미지S_빗방울6 . 보이기 값 가져오기 참거짓
     지정하기 이미지S_빗방울6 . 활성화 값 가져오기 참거짓
     지정하기 시계_빗방울7 . 타이머 활성 여부 값 가져오기 참거짓
     지정하기 이미지S_빗방울7 . 보이기 값 가져오기 참거짓
     지정하기 이미지S_빗방울7 . 활성화 값 가져오기 참거짓
     지정하기 시계_빗방울8 . 타이머 활성 여부 값 가져오기 참거짓
     지정하기 이미지S_빗방울8 . 보이기 값 가져오기 참거짓
     지정하기 이미지S_빗방울8 . 활성화 값 가져오기 참거짓
```

9 1초마다 데이터 수신 후 빗물 감지 값에 따른 기능 설정하기

```
1초마다 반복하는 시계 컴포넌트
언제 시계1 .타이머
실행 만약 호출 블루투스_클라이언트1 .받을 수 있는 바이트 크기 > 0
     그러면 지정하기 global 변수_받는데이터 값 호출 블루투스_클라이언트1 .부호없는 바이트 받기
                                                    바이트 수 호출 블루투스_클라이언트1 .받을 수 있는 바이트 크기
           호출 함수_필요삭제
                데이터 가져오기 global 변수_받는데이터
     만약 가져오기 global 변수_추출된데이터 = 0
     그러면 지정하기 캔버스1 . 배경 이미지 값 "Back_09_1.png"
           호출 함수_0단계
                참거짓 거짓
           지정하기 레이블_빗물감지_값 . 텍스트 값 가져오기 global 변수_추출된데이터
     아니고 ... 라면 가져오기 global 변수_추출된데이터 = 1
     그러면 지정하기 캔버스1 . 배경 이미지 값 "Back_09.png"
           호출 함수_1단계
                참거짓 거짓
           지정하기 레이블_빗물감지_값 . 텍스트 값 가져오기 global 변수_추출된데이터
     아니고 ... 라면 가져오기 global 변수_추출된데이터 = 2
     그러면 지정하기 캔버스1 . 배경 이미지 값 "Back_09.png"
           호출 함수_2단계
                참거짓 거짓
           지정하기 레이블_빗물감지_값 . 텍스트 값 가져오기 global 변수_추출된데이터
     아니고 ... 라면 가져오기 global 변수_추출된데이터 = 3
     그러면 지정하기 캔버스1 . 배경 이미지 값 "Back_09.png"
           호출 함수_3단계
                참거짓 참
           지정하기 레이블_빗물감지_값 . 텍스트 값 가져오기 global 변수_추출된데이터
     아니고 ... 라면 가져오기 global 변수_추출된데이터 = 4
     그러면 지정하기 캔버스1 . 배경 이미지 값 "Back_09.png"
           호출 함수_4단계
                참거짓 참
           지정하기 레이블_빗물감지_값 . 텍스트 값 가져오기 global 변수_추출된데이터
빗물감지 값에 따라 각 빗방울의 활성화 값과 배경값을 설정함
```

❶ 1초마다 블루투스로부터 받을 데이터가 있는지 확인하여 데이터가 있다면

❷ [global 변수_추출된데이터]의 값에 따라 빗방울의 활성화 값과 배경값을 설정합니다.

10 [빗방울_모서리닿으면] 함수 만들기

```
각 빗방울이 모서리에 닿으면 위치를 변경하고 활성화를 멈추는 함수
함수 빗방울_모서리닿으면 빗방울
실행 호출 ImageSprite.좌표로 이동하기
                    컴포넌트 가져오기 빗방울
                    x 임의의 정수 시작 10 끝 캔버스1 . 너비 - 10
                    y 0
     지정하기 이미지 스프라이트. 활성화
                    컴포넌트 가져오기 빗방울
                    값 거짓
```

① [이미지S_빗방울1]~[이미지S_빗방울8]이 모서리에 닿으면

② [이미지S_빗방울1]~[이미지S_빗방울8] 컴포넌트의 위치를 화면 위쪽으로 임의로 이동하고 활성화를 멈춥니다.

11 [이미지S_빗방울1]~[이미지S_빗방울8]이 모서리에 닿으면

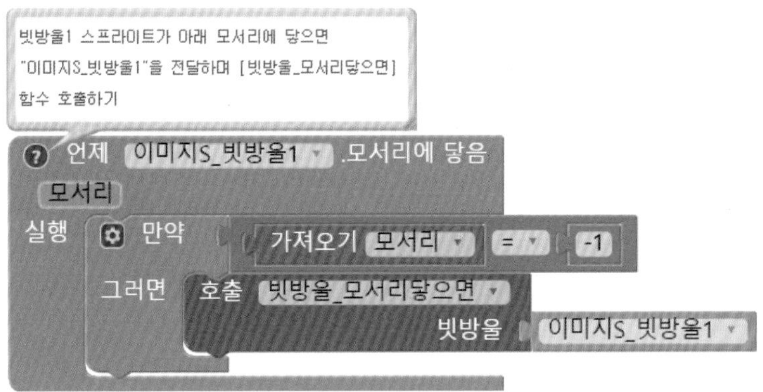

① [이미지S_빗방울1]이 모서리에 닿으면

② 닿은 모서리가 아래쪽이라면 [빗방울_모서리닿으면] 함수를 호출합니다.

③ [이미지S_빗방울2]~[이미지S_빗방울8]도 동일하게 코딩합니다.

12 [시계_빗방울1]~[시계_빗방울8]의 타이머 간격 설정하기

빗방울1 스프라이트의 타이머 간격 설정하기
언제 시계_빗방울1 .타이머
실행 호출 함수_빗방울타이머간격
지정하기 시계_빗방울1 . 타이머 간격 값 가져오기 global 변수_빗방울타이머간격

① [시계_빗방울1]의 타이머 간격 설정을 위해

② [함수_빗방울타이머간격] 함수를 호출합니다.

③ [시계_빗방울1]의 타이머 간격에 [global 변수_빗방울타이머간격]을 지정합니다.

④ [시계_빗방울2]~[시계_빗방울8]도 동일하게 코딩합니다.

13 전체 코드

```
언제 목록_블루투스 .선택 전
실행 지정하기 목록_블루투스 . 요소 값 블루투스_클라이언트1 . 주소와 이름들
     만약 아니다 블루투스_클라이언트1 . 활성화
     그러면 호출 알림1 .경고창 나타내기
                  알림 " 블루투스를 활성화시켜주세요! "

함수 팝업메시지 내용
실행 호출 알림1 .경고창 나타내기
             알림 가져오기 내용

함수 연결됨 참거짓
실행 지정하기 목록_블루투스 . 활성화 값 아니다 가져오기 참거짓
     지정하기 버튼_연결끊기 . 활성화 값 가져오기 참거짓

언제 목록_블루투스 .선택 후
실행 호출 팝업메시지
             내용 합치기 " 연결을 시도합니다.₩n "
                         목록_블루투스 . 선택된 항목
     만약 호출 블루투스_클라이언트1 .연결
                            주소 목록_블루투스 . 선택된 항목
     그러면 호출 연결됨
                  참거짓 참
            호출 팝업메시지
                  내용 " 연결됐습니다. "

함수 연결끊기
실행 호출 블루투스_클라이언트1 .연결 끊기
     호출 팝업메시지
             내용 " 연결이 끊겼습니다. "
     호출 연결됨
             참거짓 거짓
```

```
언제 Screen1 .오류 발생
  컴포넌트 함수 이름 오류 번호 메시지
실행 호출 팝업메시지
        내용 합치기 " 에러 "
                  가져오기 오류 번호
                  " "
                  가져오기 함수 이름
                  " : "
                  가져오기 메시지
     만약 가져오기 오류 번호 = 516
     그러면 호출 알림1 .경고창 나타내기
                  알림 " 상대방이 연결을 끊었습니다. "
            호출 연결끊기
     아니고 ... 라면 가져오기 오류 번호 = 507
     그러면 호출 알림1 .경고창 나타내기
                  알림 " 선택한 기기와 연결할 수 없습니다.₩n 기기가 켜져 있는지 확인해주세요. "

언제 버튼_연결끊기 .클릭
실행 호출 연결끊기
     호출 초기화

전역변수 초기화 변수_추출된데이터 값 " "
전역변수 초기화 변수_받는데이터 값 0
전역변수 초기화 변수_빗방울타이머간격 값 0

함수 함수_빗방울타이머간격
실행 지정하기 global 변수_빗방울타이머간격 값 임의의 정수 시작 2000 끝 8000

함수 함수_괄호삭제 데이터
실행 지정하기 global 변수_추출된데이터 값 모두 교체하기 가져오기 데이터
                                       부분 " ( "
                                       교체 " "
     지정하기 global 변수_추출된데이터 값 모두 교체하기 가져오기 global 변수_추출된데이터
                                       부분 " ) "
                                       교체 " "

언제 Screen1 .초기화
실행 호출 초기화
```

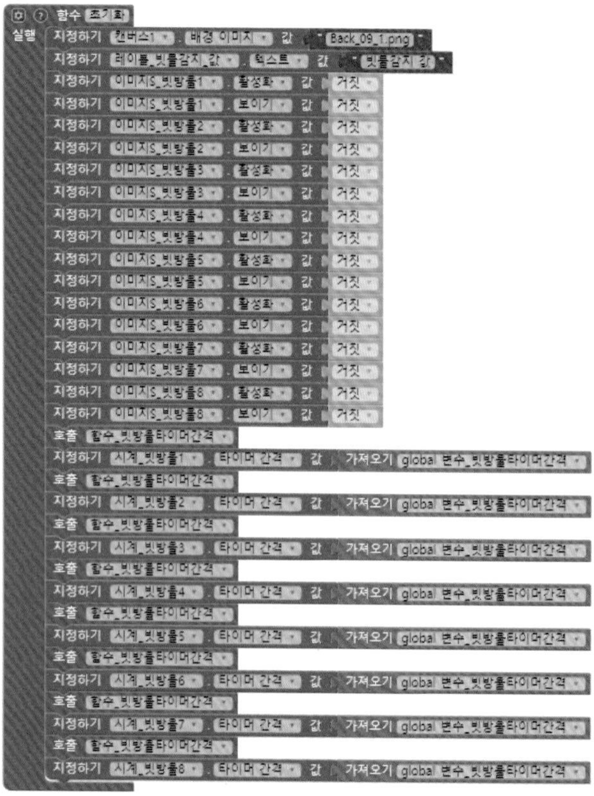

```
함수 초기화
실행 지정하기 캔버스1 . 배경 이미지 값 "Back_09_1.png"
     지정하기 레이블_빗물감지_값 . 텍스트 값 "빗물감지 값"
     지정하기 이미지S_빗방울1 . 활성화 값 거짓
     지정하기 이미지S_빗방울1 . 보이기 값 거짓
     지정하기 이미지S_빗방울2 . 활성화 값 거짓
     지정하기 이미지S_빗방울2 . 보이기 값 거짓
     지정하기 이미지S_빗방울3 . 활성화 값 거짓
     지정하기 이미지S_빗방울3 . 보이기 값 거짓
     지정하기 이미지S_빗방울4 . 활성화 값 거짓
     지정하기 이미지S_빗방울4 . 보이기 값 거짓
     지정하기 이미지S_빗방울5 . 활성화 값 거짓
     지정하기 이미지S_빗방울5 . 보이기 값 거짓
     지정하기 이미지S_빗방울6 . 활성화 값 거짓
     지정하기 이미지S_빗방울6 . 보이기 값 거짓
     지정하기 이미지S_빗방울7 . 활성화 값 거짓
     지정하기 이미지S_빗방울7 . 보이기 값 거짓
     지정하기 이미지S_빗방울8 . 활성화 값 거짓
     지정하기 이미지S_빗방울8 . 보이기 값 거짓
     호출 함수_빗방울타이머간격
     지정하기 시계_빗방울1 . 타이머 간격 값 가져오기 global 변수_빗방울타이머간격
     호출 함수_빗방울타이머간격
     지정하기 시계_빗방울2 . 타이머 간격 값 가져오기 global 변수_빗방울타이머간격
     호출 함수_빗방울타이머간격
     지정하기 시계_빗방울3 . 타이머 간격 값 가져오기 global 변수_빗방울타이머간격
     호출 함수_빗방울타이머간격
     지정하기 시계_빗방울4 . 타이머 간격 값 가져오기 global 변수_빗방울타이머간격
     호출 함수_빗방울타이머간격
     지정하기 시계_빗방울5 . 타이머 간격 값 가져오기 global 변수_빗방울타이머간격
     호출 함수_빗방울타이머간격
     지정하기 시계_빗방울6 . 타이머 간격 값 가져오기 global 변수_빗방울타이머간격
     호출 함수_빗방울타이머간격
     지정하기 시계_빗방울7 . 타이머 간격 값 가져오기 global 변수_빗방울타이머간격
     호출 함수_빗방울타이머간격
     지정하기 시계_빗방울8 . 타이머 간격 값 가져오기 global 변수_빗방울타이머간격

함수 함수_0단계 참거짓
실행 지정하기 시계_빗방울1 . 타이머 활성 여부 값 가져오기 참거짓
     지정하기 이미지S_빗방울1 . 보이기 값 가져오기 참거짓
     지정하기 이미지S_빗방울1 . 활성화 값 가져오기 참거짓
     지정하기 시계_빗방울2 . 타이머 활성 여부 값 가져오기 참거짓
     지정하기 이미지S_빗방울2 . 보이기 값 가져오기 참거짓
     지정하기 이미지S_빗방울2 . 활성화 값 가져오기 참거짓
     지정하기 시계_빗방울3 . 타이머 활성 여부 값 가져오기 참거짓
     지정하기 이미지S_빗방울3 . 보이기 값 가져오기 참거짓
     지정하기 이미지S_빗방울3 . 활성화 값 가져오기 참거짓
     지정하기 시계_빗방울4 . 타이머 활성 여부 값 가져오기 참거짓
     지정하기 이미지S_빗방울4 . 보이기 값 가져오기 참거짓
     지정하기 이미지S_빗방울4 . 활성화 값 가져오기 참거짓
     지정하기 시계_빗방울5 . 타이머 활성 여부 값 가져오기 참거짓
     지정하기 이미지S_빗방울5 . 보이기 값 가져오기 참거짓
     지정하기 이미지S_빗방울5 . 활성화 값 가져오기 참거짓
     지정하기 시계_빗방울6 . 타이머 활성 여부 값 가져오기 참거짓
     지정하기 이미지S_빗방울6 . 보이기 값 가져오기 참거짓
     지정하기 이미지S_빗방울6 . 활성화 값 가져오기 참거짓
     지정하기 시계_빗방울7 . 타이머 활성 여부 값 가져오기 참거짓
     지정하기 이미지S_빗방울7 . 보이기 값 가져오기 참거짓
     지정하기 이미지S_빗방울7 . 활성화 값 가져오기 참거짓
     지정하기 시계_빗방울8 . 타이머 활성 여부 값 가져오기 참거짓
     지정하기 이미지S_빗방울8 . 보이기 값 가져오기 참거짓
     지정하기 이미지S_빗방울8 . 활성화 값 가져오기 참거짓
```

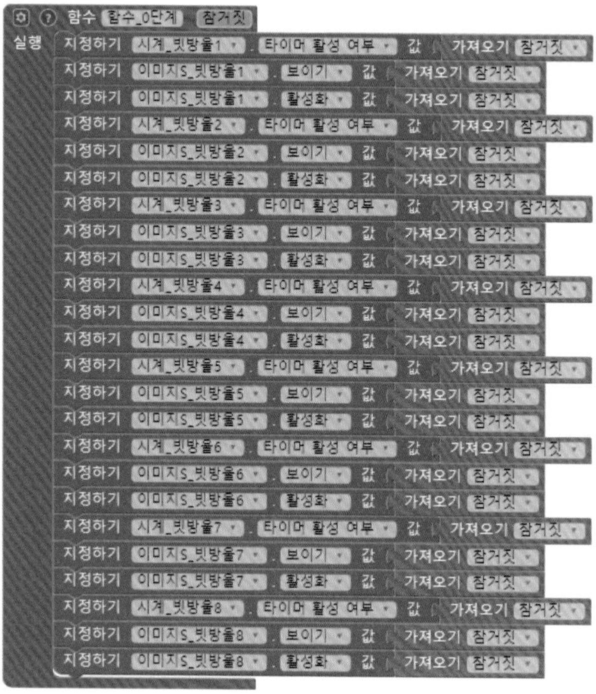

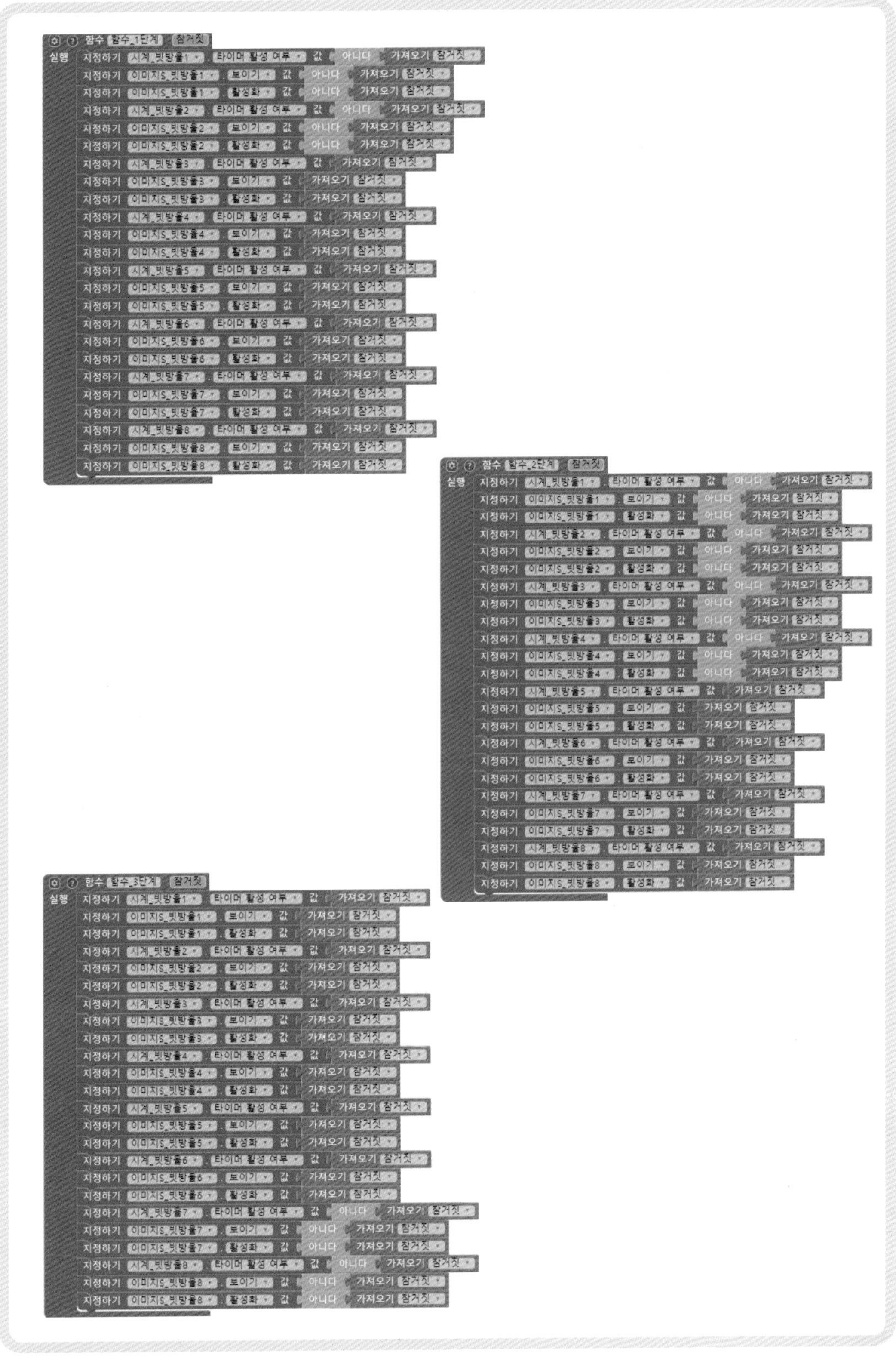

```
함수 함수_1단계 참거짓
실행 지정하기 시계_빗방울1 . 타이머 활성 여부 값 아니다 가져오기 참거짓
     지정하기 이미지S_빗방울1 . 보이기 값 아니다 가져오기 참거짓
     지정하기 이미지S_빗방울1 . 활성화 값 아니다 가져오기 참거짓
     지정하기 시계_빗방울2 . 타이머 활성 여부 값 아니다 가져오기 참거짓
     지정하기 이미지S_빗방울2 . 보이기 값 아니다 가져오기 참거짓
     지정하기 이미지S_빗방울2 . 활성화 값 아니다 가져오기 참거짓
     지정하기 시계_빗방울3 . 타이머 활성 여부 값 가져오기 참거짓
     지정하기 이미지S_빗방울3 . 보이기 값 가져오기 참거짓
     지정하기 이미지S_빗방울3 . 활성화 값 가져오기 참거짓
     지정하기 시계_빗방울4 . 타이머 활성 여부 값 가져오기 참거짓
     지정하기 이미지S_빗방울4 . 보이기 값 가져오기 참거짓
     지정하기 이미지S_빗방울4 . 활성화 값 가져오기 참거짓
     지정하기 시계_빗방울5 . 타이머 활성 여부 값 가져오기 참거짓
     지정하기 이미지S_빗방울5 . 보이기 값 가져오기 참거짓
     지정하기 이미지S_빗방울5 . 활성화 값 가져오기 참거짓
     지정하기 시계_빗방울6 . 타이머 활성 여부 값 가져오기 참거짓
     지정하기 이미지S_빗방울6 . 보이기 값 가져오기 참거짓
     지정하기 이미지S_빗방울6 . 활성화 값 가져오기 참거짓
     지정하기 시계_빗방울7 . 타이머 활성 여부 값 가져오기 참거짓
     지정하기 이미지S_빗방울7 . 보이기 값 가져오기 참거짓
     지정하기 이미지S_빗방울7 . 활성화 값 가져오기 참거짓
     지정하기 시계_빗방울8 . 타이머 활성 여부 값 가져오기 참거짓
     지정하기 이미지S_빗방울8 . 보이기 값 가져오기 참거짓
     지정하기 이미지S_빗방울8 . 활성화 값 가져오기 참거짓
```

```
함수 함수_2단계 참거짓
실행 지정하기 시계_빗방울1 . 타이머 활성 여부 값 아니다 가져오기 참거짓
     지정하기 이미지S_빗방울1 . 보이기 값 아니다 가져오기 참거짓
     지정하기 이미지S_빗방울1 . 활성화 값 아니다 가져오기 참거짓
     지정하기 시계_빗방울2 . 타이머 활성 여부 값 아니다 가져오기 참거짓
     지정하기 이미지S_빗방울2 . 보이기 값 아니다 가져오기 참거짓
     지정하기 이미지S_빗방울2 . 활성화 값 아니다 가져오기 참거짓
     지정하기 시계_빗방울3 . 타이머 활성 여부 값 아니다 가져오기 참거짓
     지정하기 이미지S_빗방울3 . 보이기 값 아니다 가져오기 참거짓
     지정하기 이미지S_빗방울3 . 활성화 값 아니다 가져오기 참거짓
     지정하기 시계_빗방울4 . 타이머 활성 여부 값 아니다 가져오기 참거짓
     지정하기 이미지S_빗방울4 . 보이기 값 아니다 가져오기 참거짓
     지정하기 이미지S_빗방울4 . 활성화 값 아니다 가져오기 참거짓
     지정하기 시계_빗방울5 . 타이머 활성 여부 값 가져오기 참거짓
     지정하기 이미지S_빗방울5 . 보이기 값 가져오기 참거짓
     지정하기 이미지S_빗방울5 . 활성화 값 가져오기 참거짓
     지정하기 시계_빗방울6 . 타이머 활성 여부 값 가져오기 참거짓
     지정하기 이미지S_빗방울6 . 보이기 값 가져오기 참거짓
     지정하기 이미지S_빗방울6 . 활성화 값 가져오기 참거짓
     지정하기 시계_빗방울7 . 타이머 활성 여부 값 가져오기 참거짓
     지정하기 이미지S_빗방울7 . 보이기 값 가져오기 참거짓
     지정하기 이미지S_빗방울7 . 활성화 값 가져오기 참거짓
     지정하기 시계_빗방울8 . 타이머 활성 여부 값 가져오기 참거짓
     지정하기 이미지S_빗방울8 . 보이기 값 가져오기 참거짓
     지정하기 이미지S_빗방울8 . 활성화 값 가져오기 참거짓
```

```
함수 함수_3단계 참거짓
실행 지정하기 시계_빗방울1 . 타이머 활성 여부 값 가져오기 참거짓
     지정하기 이미지S_빗방울1 . 보이기 값 가져오기 참거짓
     지정하기 이미지S_빗방울1 . 활성화 값 가져오기 참거짓
     지정하기 시계_빗방울2 . 타이머 활성 여부 값 가져오기 참거짓
     지정하기 이미지S_빗방울2 . 보이기 값 가져오기 참거짓
     지정하기 이미지S_빗방울2 . 활성화 값 가져오기 참거짓
     지정하기 시계_빗방울3 . 타이머 활성 여부 값 가져오기 참거짓
     지정하기 이미지S_빗방울3 . 보이기 값 가져오기 참거짓
     지정하기 이미지S_빗방울3 . 활성화 값 가져오기 참거짓
     지정하기 시계_빗방울4 . 타이머 활성 여부 값 가져오기 참거짓
     지정하기 이미지S_빗방울4 . 보이기 값 가져오기 참거짓
     지정하기 이미지S_빗방울4 . 활성화 값 가져오기 참거짓
     지정하기 시계_빗방울5 . 타이머 활성 여부 값 가져오기 참거짓
     지정하기 이미지S_빗방울5 . 보이기 값 가져오기 참거짓
     지정하기 이미지S_빗방울5 . 활성화 값 가져오기 참거짓
     지정하기 시계_빗방울6 . 타이머 활성 여부 값 가져오기 참거짓
     지정하기 이미지S_빗방울6 . 보이기 값 가져오기 참거짓
     지정하기 이미지S_빗방울6 . 활성화 값 가져오기 참거짓
     지정하기 시계_빗방울7 . 타이머 활성 여부 값 아니다 가져오기 참거짓
     지정하기 이미지S_빗방울7 . 보이기 값 아니다 가져오기 참거짓
     지정하기 이미지S_빗방울7 . 활성화 값 아니다 가져오기 참거짓
     지정하기 시계_빗방울8 . 타이머 활성 여부 값 아니다 가져오기 참거짓
     지정하기 이미지S_빗방울8 . 보이기 값 아니다 가져오기 참거짓
     지정하기 이미지S_빗방울8 . 활성화 값 아니다 가져오기 참거짓
```

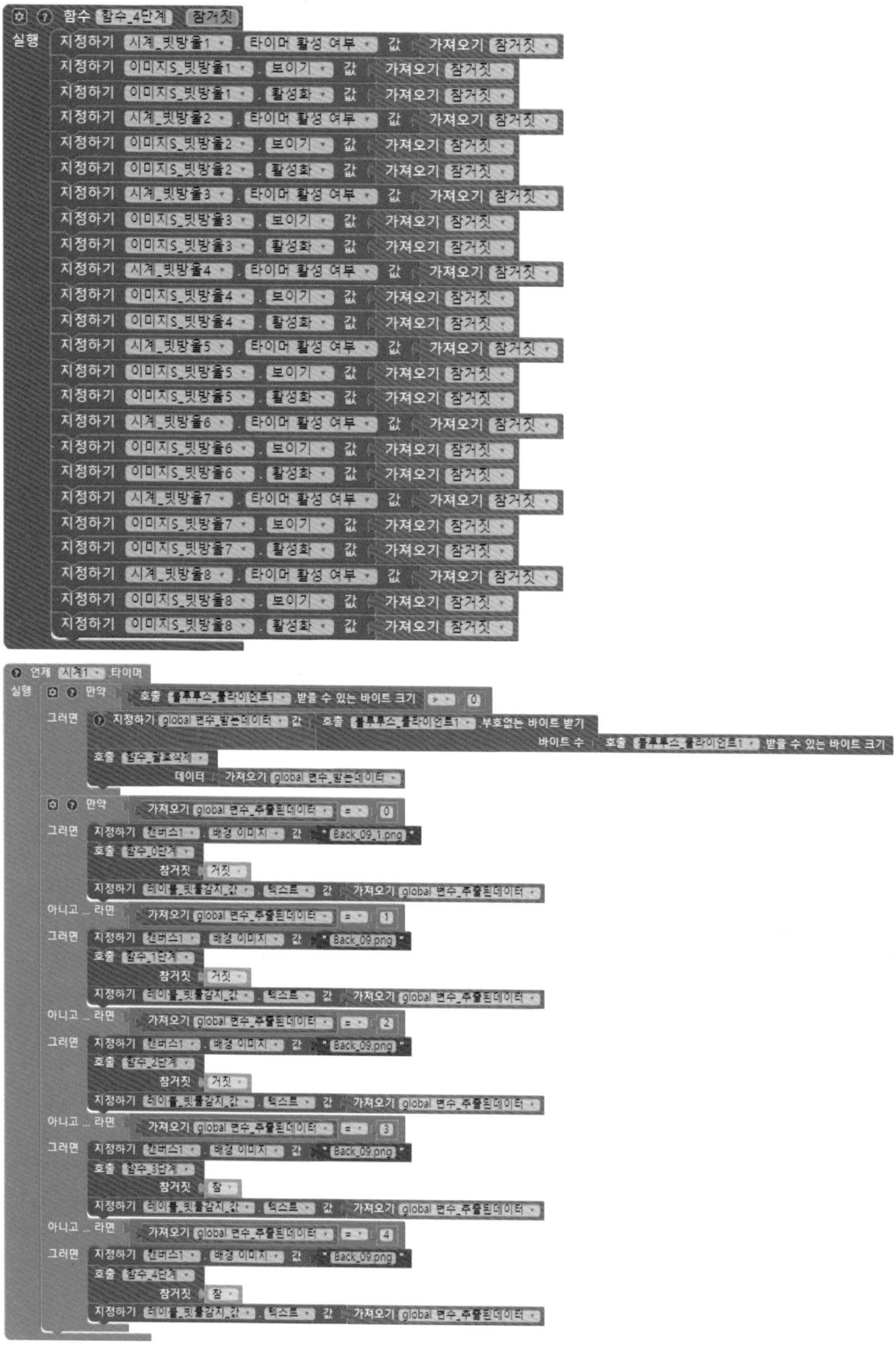

```
함수 함수_4단계 참거짓
실행 지정하기 시계_빗방울1 . 타이머 활성 여부 값 가져오기 참거짓
     지정하기 이미지S_빗방울1 . 보이기 값 가져오기 참거짓
     지정하기 이미지S_빗방울1 . 활성화 값 가져오기 참거짓
     지정하기 시계_빗방울2 . 타이머 활성 여부 값 가져오기 참거짓
     지정하기 이미지S_빗방울2 . 보이기 값 가져오기 참거짓
     지정하기 이미지S_빗방울2 . 활성화 값 가져오기 참거짓
     지정하기 시계_빗방울3 . 타이머 활성 여부 값 가져오기 참거짓
     지정하기 이미지S_빗방울3 . 보이기 값 가져오기 참거짓
     지정하기 이미지S_빗방울3 . 활성화 값 가져오기 참거짓
     지정하기 시계_빗방울4 . 타이머 활성 여부 값 가져오기 참거짓
     지정하기 이미지S_빗방울4 . 보이기 값 가져오기 참거짓
     지정하기 이미지S_빗방울4 . 활성화 값 가져오기 참거짓
     지정하기 시계_빗방울5 . 타이머 활성 여부 값 가져오기 참거짓
     지정하기 이미지S_빗방울5 . 보이기 값 가져오기 참거짓
     지정하기 이미지S_빗방울5 . 활성화 값 가져오기 참거짓
     지정하기 시계_빗방울6 . 타이머 활성 여부 값 가져오기 참거짓
     지정하기 이미지S_빗방울6 . 보이기 값 가져오기 참거짓
     지정하기 이미지S_빗방울6 . 활성화 값 가져오기 참거짓
     지정하기 시계_빗방울7 . 타이머 활성 여부 값 가져오기 참거짓
     지정하기 이미지S_빗방울7 . 보이기 값 가져오기 참거짓
     지정하기 이미지S_빗방울7 . 활성화 값 가져오기 참거짓
     지정하기 시계_빗방울8 . 타이머 활성 여부 값 가져오기 참거짓
     지정하기 이미지S_빗방울8 . 보이기 값 가져오기 참거짓
     지정하기 이미지S_빗방울8 . 활성화 값 가져오기 참거짓

언제 시계1 .타이머
실행 만약 호출 블루투스_클라이언트1 .받을 수 있는 바이트 크기 > 0
     그러면 지정하기 global 변수_받은데이터 값 호출 블루투스_클라이언트1 .부호없는 바이트 받기
                                              바이트 수 호출 블루투스_클라이언트1 .받을 수 있는 바이트 크기
            호출 함수_괄호삭제
                  데이터 가져오기 global 변수_받은데이터
     만약 가져오기 global 변수_추출된데이터 = 0
     그러면 지정하기 캔버스1 . 배경 이미지 값 " Back_09_1.png "
            호출 함수_0단계
                  참거짓 거짓
            지정하기 레이블_빗물감지_값 . 텍스트 값 가져오기 global 변수_추출된데이터
     아니고 ... 라면 가져오기 global 변수_추출된데이터 = 1
     그러면 지정하기 캔버스1 . 배경 이미지 값 " Back_09.png "
            호출 함수_1단계
                  참거짓 거짓
            지정하기 레이블_빗물감지_값 . 텍스트 값 가져오기 global 변수_추출된데이터
     아니고 ... 라면 가져오기 global 변수_추출된데이터 = 2
     그러면 지정하기 캔버스1 . 배경 이미지 값 " Back_09.png "
            호출 함수_2단계
                  참거짓 거짓
            지정하기 레이블_빗물감지_값 . 텍스트 값 가져오기 global 변수_추출된데이터
     아니고 ... 라면 가져오기 global 변수_추출된데이터 = 3
     그러면 지정하기 캔버스1 . 배경 이미지 값 " Back_09.png "
            호출 함수_3단계
                  참거짓 참
            지정하기 레이블_빗물감지_값 . 텍스트 값 가져오기 global 변수_추출된데이터
     아니고 ... 라면 가져오기 global 변수_추출된데이터 = 4
     그러면 지정하기 캔버스1 . 배경 이미지 값 " Back_09.png "
            호출 함수_4단계
                  참거짓 참
            지정하기 레이블_빗물감지_값 . 텍스트 값 가져오기 global 변수_추출된데이터
```

```
함수 빗방울_모서리닿으면 빗방울
실행 호출 ImageSprite.좌표로 이동하기
        컴포넌트 가져오기 빗방울
        x 임의의 정수 시작 10 끝 캔버스1 . 너비 - 10
        y 0
     지정하기 이미지 스프라이트. 활성화
        컴포넌트 가져오기 빗방울
        값 거짓

언제 이미지S_빗방울1 .모서리에 닿음
 모서리
실행 만약 가져오기 모서리 = -1
     그러면 호출 빗방울_모서리닿으면
              빗방울 이미지S_빗방울1

언제 이미지S_빗방울2 .모서리에 닿음
 모서리
실행 만약 가져오기 모서리 = -1
     그러면 호출 빗방울_모서리닿으면
              빗방울 이미지S_빗방울2

언제 이미지S_빗방울3 .모서리에 닿음
 모서리
실행 만약 가져오기 모서리 = -1
     그러면 호출 빗방울_모서리닿으면
              빗방울 이미지S_빗방울3

언제 이미지S_빗방울4 .모서리에 닿음
 모서리
실행 만약 가져오기 모서리 = -1
     그러면 호출 빗방울_모서리닿으면
              빗방울 이미지S_빗방울4

언제 이미지S_빗방울5 .모서리에 닿음
 모서리
실행 만약 가져오기 모서리 = -1
     그러면 호출 빗방울_모서리닿으면
              빗방울 이미지S_빗방울5

언제 이미지S_빗방울6 .모서리에 닿음
 모서리
실행 만약 가져오기 모서리 = -1
     그러면 호출 빗방울_모서리닿으면
              빗방울 이미지S_빗방울6
```

```
언제 이미지S_빗방울7 .모서리에 닿음
  모서리
실행  만약  가져오기 모서리 = -1
      그러면 호출 빗방울_모서리닿으면
                      빗방울 이미지S_빗방울7

언제 이미지S_빗방울8 .모서리에 닿음
  모서리
실행  만약  가져오기 모서리 = -1
      그러면 호출 빗방울_모서리닿으면
                      빗방울 이미지S_빗방울8

언제 시계_빗방울1 .타이머
실행  호출 함수_빗방울타이머간격
      지정하기 시계_빗방울1 . 타이머 간격 값 가져오기 global 변수_빗방울타이머간격

언제 시계_빗방울2 .타이머
실행  호출 함수_빗방울타이머간격
      지정하기 시계_빗방울2 . 타이머 간격 값 가져오기 global 변수_빗방울타이머간격

언제 시계_빗방울3 .타이머
실행  호출 함수_빗방울타이머간격
      지정하기 시계_빗방울3 . 타이머 간격 값 가져오기 global 변수_빗방울타이머간격

언제 시계_빗방울4 .타이머
실행  호출 함수_빗방울타이머간격
      지정하기 시계_빗방울4 . 타이머 간격 값 가져오기 global 변수_빗방울타이머간격

언제 시계_빗방울5 .타이머
실행  호출 함수_빗방울타이머간격
      지정하기 시계_빗방울5 . 타이머 간격 값 가져오기 global 변수_빗방울타이머간격

언제 시계_빗방울6 .타이머
실행  호출 함수_빗방울타이머간격
      지정하기 시계_빗방울6 . 타이머 간격 값 가져오기 global 변수_빗방울타이머간격

언제 시계_빗방울7 .타이머
실행  호출 함수_빗방울타이머간격
      지정하기 시계_빗방울7 . 타이머 간격 값 가져오기 global 변수_빗방울타이머간격

언제 시계_빗방울8 .타이머
실행  호출 함수_빗방울타이머간격
      지정하기 시계_빗방울8 . 타이머 간격 값 가져오기 global 변수_빗방울타이머간격
```

05 IoT 서비스 확인하기

1 회로가 연결된 아두이노를 준비합니다.

2 USB 케이블로 아두이노와 PC를 연결합니다.

3 아두이노에 연결된 블루투스 모듈을 스마트폰과 페어링합니다.

4 완성된 RainSensor.aia 앱을 실행합니다.

① [연결] 메뉴를 클릭한 후 [AI 컴패니언] 클릭하기

② QR 코드가 나타나면 스마트폰의 MIT AI2 Companion 앱을 실행하여 [scan QR code] 메뉴로 QR 코드 인식하기

③ 스마트폰의 앱과 아두이노의 기능을 실시간으로 확인하기

아두이노	앱 인벤터

예제의 5단계(0~4)로 되어 있는 비의 강도를 4단계로 변경해 보세요.

★ map 함수는 한 범위에서 다른 범위로 숫자를 매핑합니다.

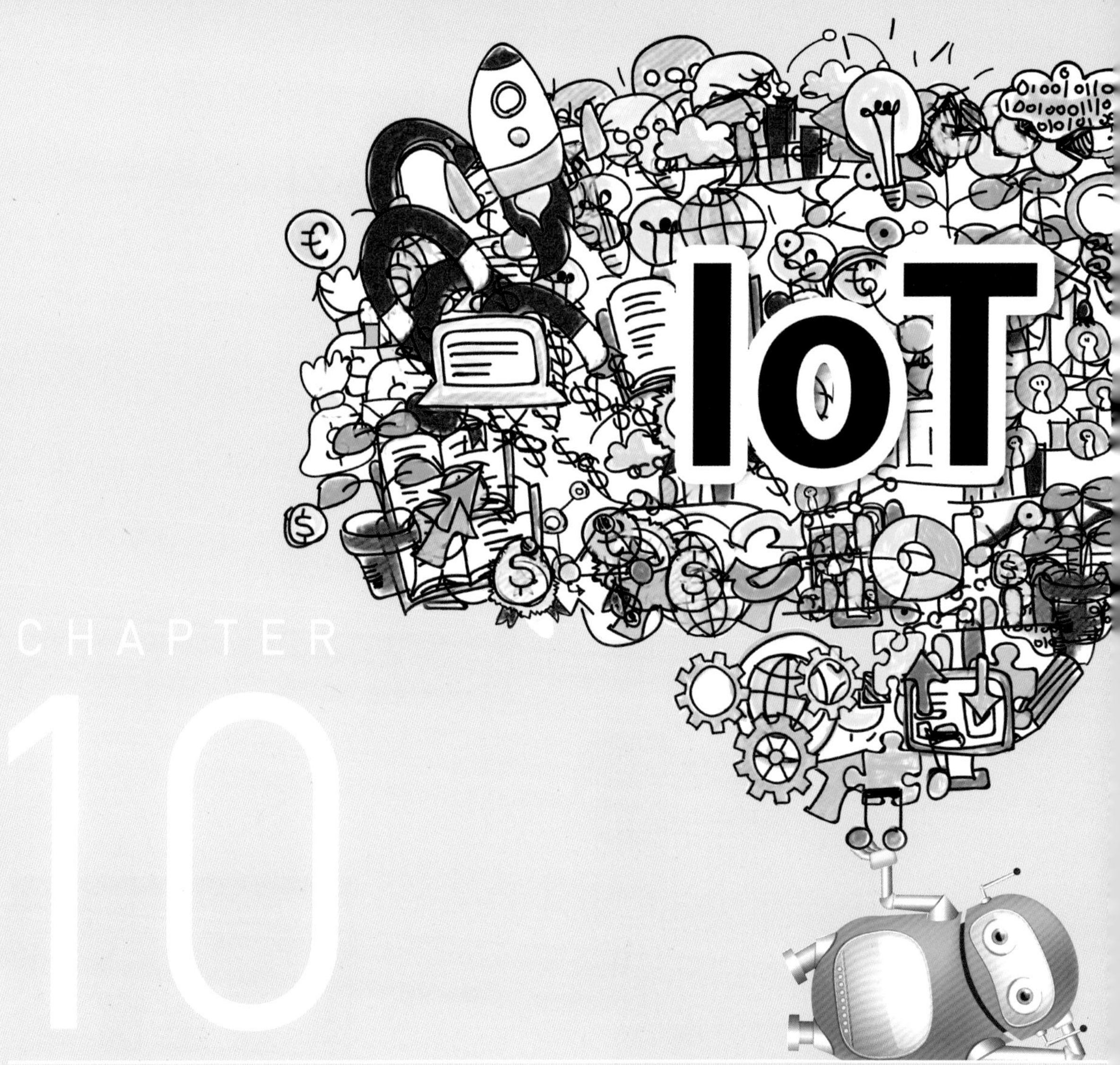

CHAPTER 10

스마트폰으로 조절하는 휴지통 만들기

멀리 떨어져 있는 휴지통에 휴지를 넣고 싶을 때 직접 휴지통까지 가서 휴지통을 열고 휴지를 넣기가 귀찮을 때가 있는데 이럴 때 스마트폰으로 휴지통을 조절해서 휴지를 넣을 수 있다면 얼마나 좋을까요? 스마트폰으로 조절하는 휴지통을 만들 수 있습니다.

01 IoT 서비스 설계하기

① 앱에서 4개의 휴지통 이미지 중 하나를 선택합니다.

② 선택한 휴지통에서 정한 휴지통 뚜껑의 각도 값을 아두이노로 전달하면 그 값에 따라 아두이노에 연결된 서보모터가 움직여 휴지통이 열리도록 설계합니다.

③ 연결된 블루투스를 통해 앱 인벤터에서 아두이노로 [숫자]를 보냅니다.

아두이노	블루투스 통신	앱 인벤터

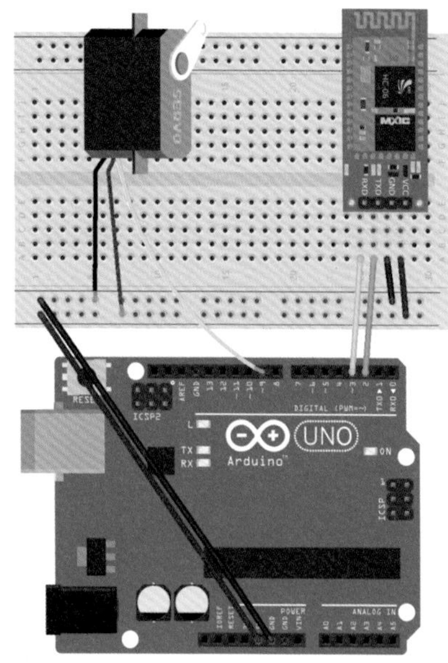

02 아두이노 제작하기

STEP 1 부품 알아보기

1 서보모터란?

서보모터는 허용 가능한 회전 각도 안에서 원하는 각도만큼 회전시키고자 할 때 사용합니다. 교재에 사용된 SG90 서보모터는 0~180°의 회전 각도를 가집니다. 회전 각도는 펄스 폭 변조(PWM) 방식을 사용합니다. 서보모터의 오렌지색(또는 흰색이나 노란색) 선에 인가되는 PWM 신호에서 HIGH 구간의 폭(1~2ms)을 변경하여 회전 각도를 조정합니다.

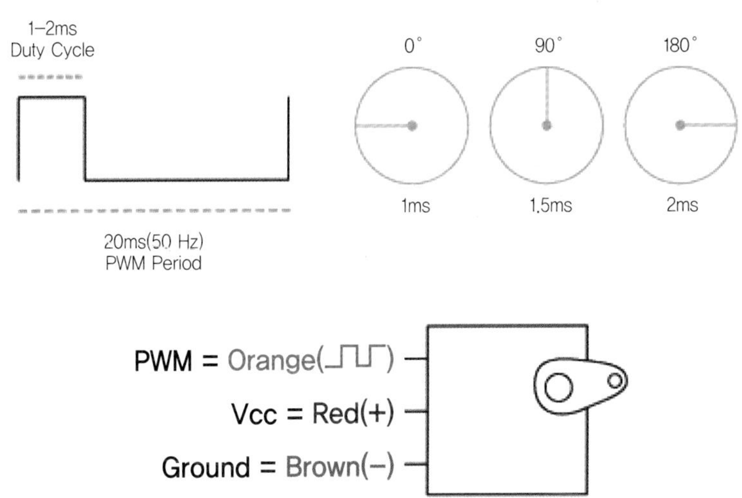

STEP 2 부품 준비하기

부품		개수
	아두이노 우노	1
	브레드보드	1
	블루투스 모듈(HC-06)	1
	서보모터(SG90)	1
	수수(MM) 점퍼와이어	7(10cm) 2(20cm)

TIP 서보모터

SG90 서보모터는 최대 180° 회전이 가능합니다. 360° 회전이 필요한 경우에는 다른 종류의 서보모터를 사용해야 합니다. 서보모터는 전원, 접지, 신호선이 있는데, 색은 다음과 같습니다.

- 전원선(VCC) : 붉은색
- 접지선(GND) : 검은색, 갈색
- 신호선(PWM) : 오렌지색, 흰색, 노란색

STEP 3 아두이노 연결하기

1단계
서보모터는 10cm 수수(MM) 점퍼와이어를 사용하여 브레드보드와 아두이노로 연결합니다. SG90 서보모터의 붉은색, 갈색(또는 검은색) 선을 브레드보드의 +, -에 연결합니다. 오렌지색(또는 흰색)은 디지털 9번에 연결합니다.

2단계
블루투스 모듈(HC-06)은 CHAPTER 02와 동일하게 연결합니다.

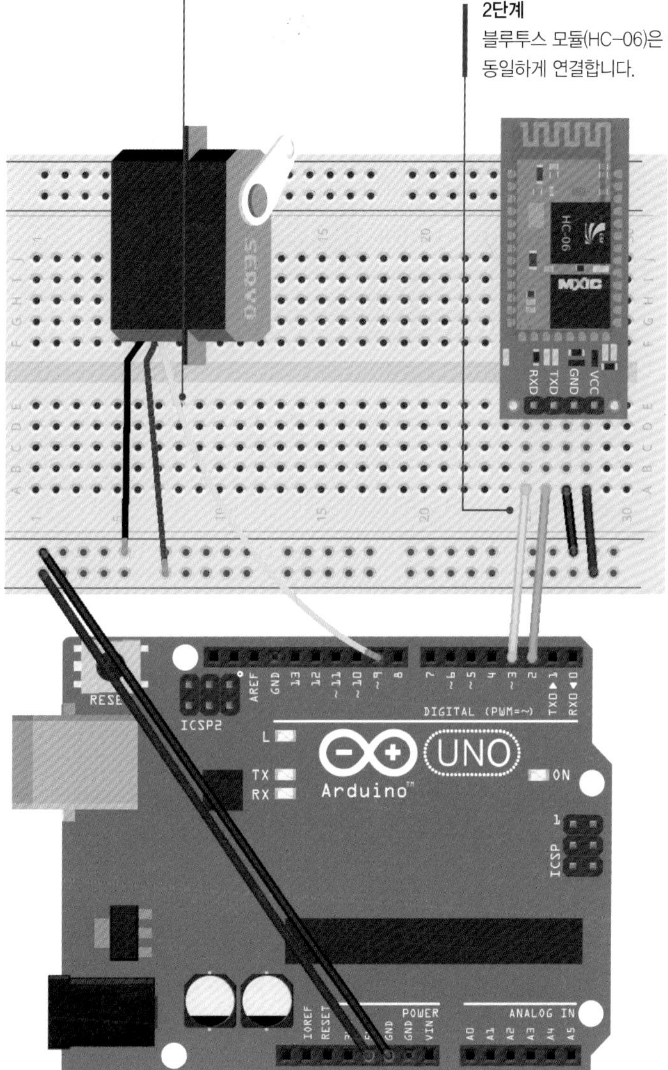

회로를 연결하고 브레드보드의 홀에 다음 이미지와 같이 부품 또는 점퍼와이어가 모두 연결되어야 합니다.

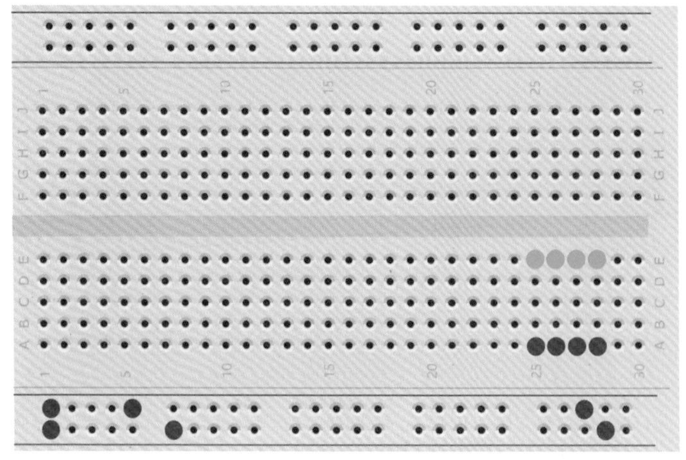

블루투스 모듈　　점퍼와이어

STEP 4 스케치 작성하기

TrashCanController.ino

```
// 서보모터를 사용하기 위한 라이브러리를 추가한다.
#include <Servo.h>
#include <SoftwareSerial.h>

// 서보모터를 위한 myServo 객체를 생성한다.
Servo myServo;
SoftwareSerial mySerial(2,3);

void setup()
{
  // 서보변수를 디지털 9번에 연결한다.
  myServo.attach(9);
  // 서보모터를 0°로 세팅한다.
  myServo.write(0);
  mySerial.begin(9600);
}

void loop() {
  if(mySerial.available()){
    // 앱으로부터 보내진 문자를 먼저 읽는다.
    char c=mySerial.read();
    // 앱으로부터 보내진 서보모터의 각도 값을 변수 angle에 저장한다.
    int angle = mySerial.parseInt();
    // 앱으로부터 받은 각도 값으로 서보모터를 설정한다.
    myServo.write(angle);
    delay(100);
  }
}
```

STEP 5 스케치 알아보기

#include <Servo.h>	■ 서보모터 사용을 위한 Servo 라이브러리를 사용하기 위해 작성합니다.
myServo.attach(9);	■ myServo.attach는 서보 변수를 해당 핀에 연결합니다. ■ 서보 변수를 디지털 9번에 연결합니다. ■ 서보모터를 제어하기 위해 디지털 9번 핀을 사용합니다.
myServo.write(0);	■ myServo.write는 0~180° 안의 값을 서보에 쓰기 위해 사용합니다. ■ 서보모터를 0°로 설정합니다.
myServo.write(angle);	■ 변수 angle은 앱으로부터 받은 각도 값을 가지고 있습니다. ■ 서보모터를 angle에 저장되어 있는 각도 값으로 설정합니다.

STEP 6 스케치 컴파일 및 업로드하기

CHAPTER 02 STEP 6의 순서로 스케치를 아두이노 보드로 업로드합니다.

03 앱 인벤터와 아두이노 통신하기

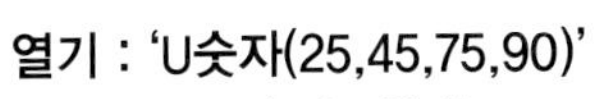

열기 : 'U숫자(25,45,75,90)'
닫기 : 'D숫자(0)'

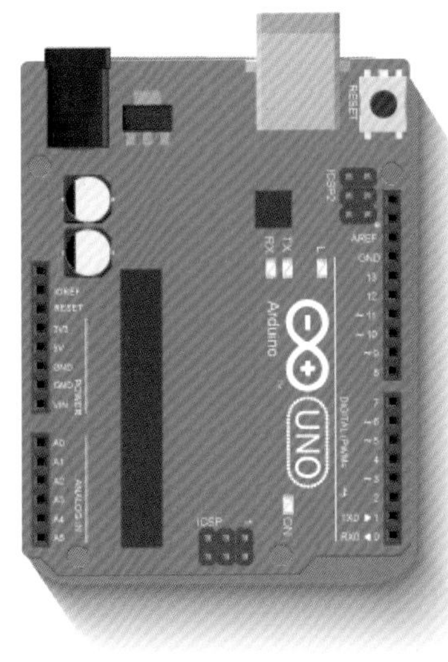

- 앱에서 휴지통 각각을 터치 다운하면(누르고 있는 상태) 해당 'U각도 값(25,45,75,90 중 하나)'을 아두이노로 보내고, 휴지통을 터치 업하면(손을 뗀 상태) 'D숫자(0)'을 아두이노로 보냅니다.
- 아두이노가 각도 값을 받으면 서보모터가 해당 값만큼 움직입니다.
- 아두이노에서 앱으로 보내는 정보는 없습니다.

04 앱 개발하기

STEP 1 디자인 프로젝트 파일 가져오기

❶ [프로젝트 〉 내 컴퓨터에서 프로젝트(.aia) 가져오기]를 클릭하여 [디자이너] 화면에서 컴포넌트로만 디자인된 'TrashCanController_Design.aia' 프로젝트를 가져옵니다.

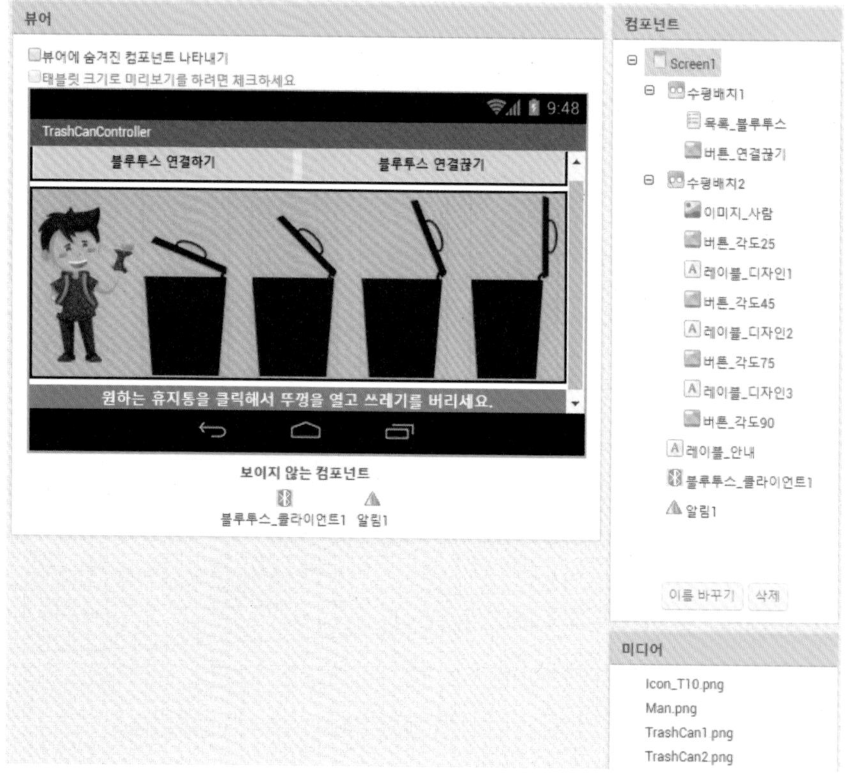

❷ [프로젝트 〉 프로젝트 다른 이름으로 저장]을 클릭하여 'TrashCanController.aia'라는 새 이름으로 프로젝트를 저장합니다.

STEP 2 컴포넌트 구성하기

'TrashCanController.aia' 프로젝트의 컴포넌트 구성은 다음과 같습니다.

종류	팔레트	이름	설명
수평배치	레이아웃	**수평배치1**	[목록_블루투스]와 [버튼_연결끊기]를 수평으로 배치
목록 선택	사용자 인터페이스	**목록_블루투스**	연결 가능한 블루투스 정보 보여 주기
버튼	사용자 인터페이스	**버튼_연결끊기**	연결된 블루투스 연결 끊기
수평배치	레이아웃	**수평배치2**	[이미지_사람], [버튼_각도25], [버튼_각도45], [버튼_각도75], [버튼_각도90], [레이블_디자인1]~[레이블_디자인3] 배치
이미지	사용자 인터페이스	**이미지_사람**	'Man.png' 이미지 보여 주기
버튼	사용자 인터페이스	**버튼_각도25** **버튼_각도45** **버튼_각도75** **버튼_각도90**	해당하는 각도 값을 전달하기 위한 버튼
레이블	사용자 인터페이스	**레이블_디자인1** **레이블_디자인2** **레이블_디자인3**	버튼 사이 간격을 위해 디자인적으로 사용된 레이블
레이블	사용자 인터페이스	**레이블_안내**	앱 사용에 대한 안내
블루투스 클라이언트	연결	**블루투스_클라이언트1**	아두이노와 데이터 주고받음
알림	사용자 인터페이스	**알림1**	경고 창 나타내기

※ ▨ 은 [보이지 않는 컴포넌트]입니다.

STEP 3 블록 코딩하기

1 블루투스 통신을 위한 공통 블록

블루투스와 통신을 하는 앱을 개발하기 위해 공통적으로 사용하는 블록입니다.

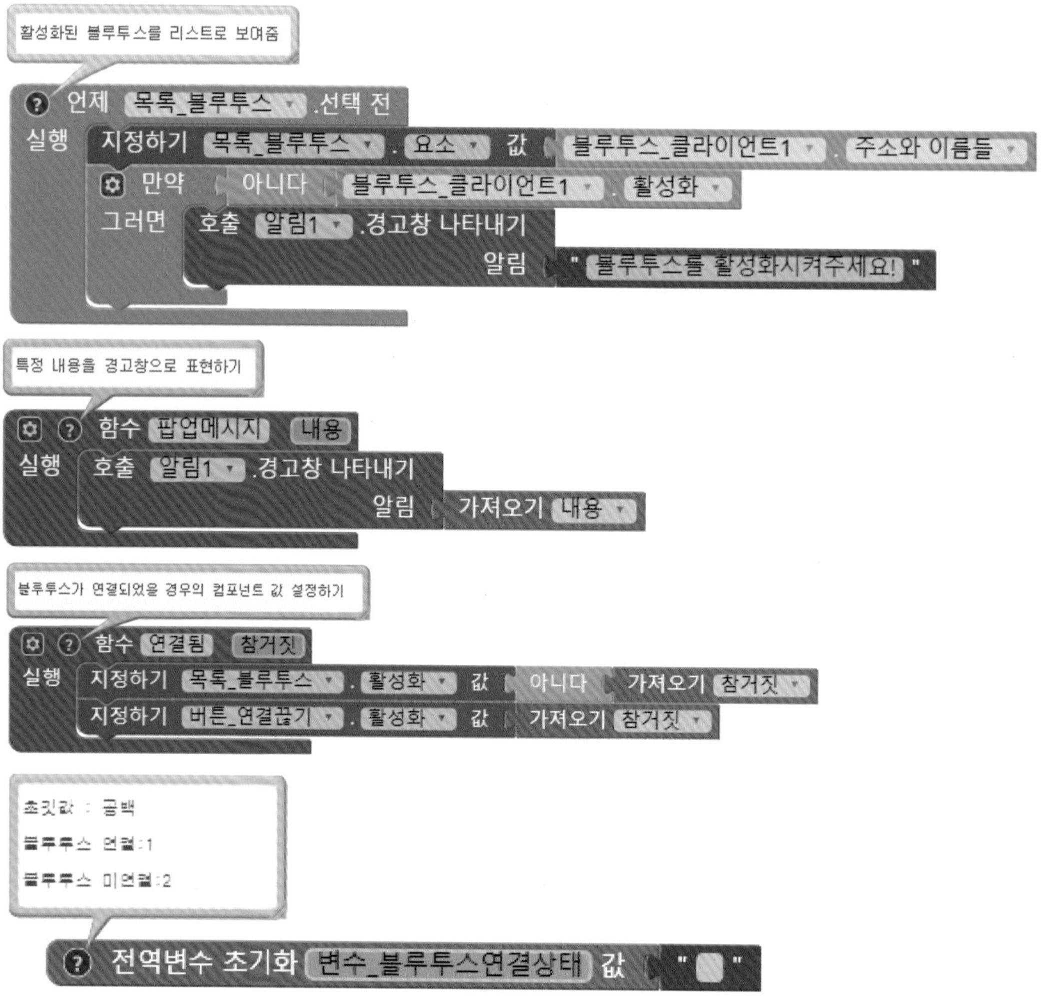

활성화된 블루투스를 리스트로 보여줌

언제 목록_블루투스 .선택 전
실행 지정하기 목록_블루투스 . 요소 값 블루투스_클라이언트1 . 주소와 이름들
만약 아니다 블루투스_클라이언트1 . 활성화
그러면 호출 알림1 .경고창 나타내기
알림 " 블루투스를 활성화시켜주세요! "

특정 내용을 경고창으로 표현하기

함수 팝업메시지 내용
실행 호출 알림1 .경고창 나타내기
알림 가져오기 내용

블루투스가 연결되었을 경우의 컴포넌트 값 설정하기

함수 연결됨 참거짓
실행 지정하기 목록_블루투스 . 활성화 값 아니다 가져오기 참거짓
지정하기 버튼_연결끊기 . 활성화 값 가져오기 참거짓

초깃값 : 공백
블루투스 연결:1
블루투스 미연결:2

전역변수 초기화 변수_블루투스연결상태 값 " "

TIP 블루투스 통신을 위한 공통 블록

상세한 설명은 [CHAPTER 02 LED 제어하기]의 내용을 참고하기 바랍니다.

선택한 블루투스 정보를 팝업메시지로 표현
블루투스가 연결되면 연결됨 함수와 팝업메시지 함수 호출

```
언제 목록_블루투스 .선택 후
실행 호출 팝업메시지
        내용 합치기 " 연결을 시도합니다.₩n "
                   목록_블루투스 . 선택된 항목
     만약 호출 블루투스_클라이언트1 .연결
                  주소 목록_블루투스 . 선택된 항목
     그러면 호출 연결됨
                 참거짓 참
            호출 팝업메시지
                 내용 " 연결됐습니다. "
            지정하기 global 변수_블루투스연결상태 값 " 1 "
```

블루투스 연결끊기 관련 함수

```
함수 연결끊기
실행 호출 팝업메시지
          내용 " 연결이 끊겼습니다. "
     호출 블루투스_클라이언트1 .연결 끊기
     호출 연결됨
          참거짓 거짓
     지정하기 global 변수_블루투스연결상태 값 " 2 "
```

```
언제 버튼_연결끊기 .클릭
실행 호출 연결끊기
     호출 초기화
```

앱 실행시 발생하는 오류 보여주기

```
언제 Screen1 .오류 발생
 컴포넌트 함수 이름 오류 번호 메시지
실행 호출 팝업메시지
          내용 합치기 " 에러 "
                     가져오기 오류 번호
                     " "
                     가져오기 함수 이름
                     " : "
                     가져오기 메시지
     만약 가져오기 오류 번호 = 516
     그러면 호출 알림1 .경고창 나타내기
                 알림 " 상대방이 연결을 끊었습니다. "
            호출 연결끊기
     아니고 ... 라면 가져오기 오류 번호 = 507
     그러면 호출 알림1 .경고창 나타내기
                 알림 " 선택한 기기와 연결할 수 없습니다.₩n 기기가 켜져 있는지 확인해주세요. "
```

2 [전송하기] 함수 만들기

① 앱 인벤터에서 아두이노로 텍스트를 보내기 위한 [전송하기] 함수입니다.

② [호출 '블루투스_클라이언트1.텍스트 보내기] 블록에 [가져오기 '메시지']를 연결합니다.

3 초기화하기

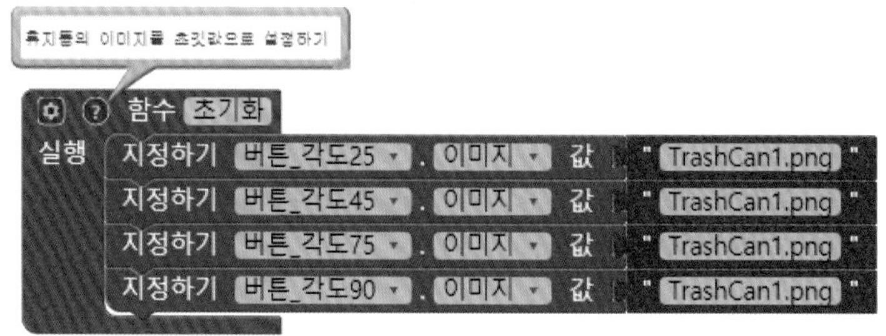

① 앱이 처음 실행되었을 때 초기화해야 할 컴포넌트들의 상태 값을 설정하는 [초기화] 함수를 만듭니다.

② [버튼_각도25]~[버튼_각도90] 컴포넌트의 [이미지] 속성을 'TrashCan1.png'로 설정합니다.

③ [Screen1]의 초기화를 실행했을 때 [초기화] 함수를 호출합니다.

4 휴지통 버튼 터치 다운

```
버튼을 터치 다운 할 경우 블루투스가 연결된 상태이면
휴지통 이미지를 해당되는 각도의 이미지로 지정하기
텍스트 'U25'를 전송하기 함수로 보내기

언제 버튼_각도25 .터치 다운
실행 만약 가져오기 global 변수_블루투스연결상태 = "1"
     그러면 지정하기 버튼_각도25 . 이미지 값 "TrashCan2.png"
            호출 전송하기
                 메시지 "U25"
```

1 [버튼_각도25] 버튼을 터치 다운할 경우

2 블루투스에 연결된 상태라면 [버튼_각도25]의 [이미지] 속성을 'TrashCan2.png'로 설정하여 25° 만큼 열린 휴지통 모양으로 변경합니다.

3 [전송하기] 함수에 'U25'를 매개변수로 전달하여 호출합니다.

5 휴지통 버튼 터치 업

```
버튼을 터치 업 할 경우 블루투스가 연결된 상태이면
휴지통 이미지를 닫긴 이미지로 지정하고
텍스트 'D0'을 전송하기 함수로 보내기

언제 버튼_각도25 .터치 업
실행 만약 가져오기 global 변수_블루투스연결상태 = "1"
     그러면 지정하기 버튼_각도25 . 이미지 값 "TrashCan1.png"
            호출 전송하기
                 메시지 "D0"
```

1 [버튼_각도25] 버튼을 터치 업할 경우

2 블루투스에 연결된 상태라면 [버튼_각도25]의 [이미지] 속성을 'TrashCan1.png'로 설정하여 닫힌 휴지통 모양으로 변경합니다.

3 'D0'을 매개변수로 전달하여 [전송하기] 함수를 호출합니다.

6 블루투스로부터 받을 수 있는 데이터가 있다면

1. [버튼_각도45], [버튼_각도75], [버튼_각도90] 버튼에도 터치 다운, 터치 업에 대해 다음과 같이 각각 코딩합니다.

2. [버튼_각도45] 코딩

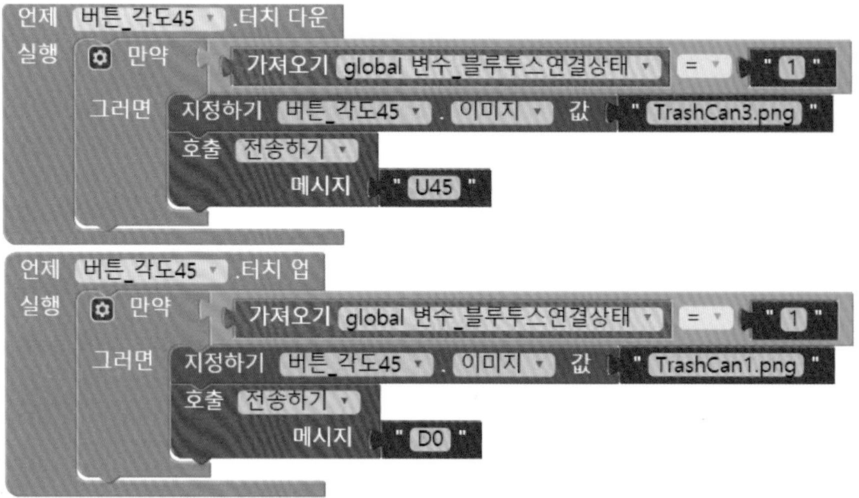

3. [버튼_각도75] 코딩

```
언제 버튼_각도75 .터치 다운
실행 만약 가져오기 global 변수_블루투스연결상태 = "1"
     그러면 지정하기 버튼_각도75 . 이미지 값 "TrashCan4.png"
            호출 전송하기
                 메시지 "U75"
```

```
언제 버튼_각도75 .터치 업
실행 만약 가져오기 global 변수_블루투스연결상태 = "1"
     그러면 지정하기 버튼_각도75 . 이미지 값 "TrashCan1.png"
            호출 전송하기
                 메시지 "D0"
```

❹ [버튼_각도90] 코딩

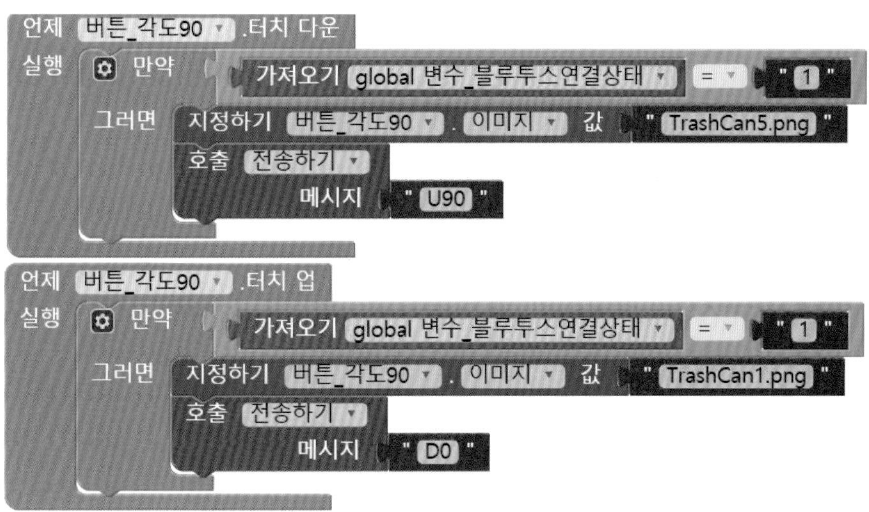

7 전체 코드

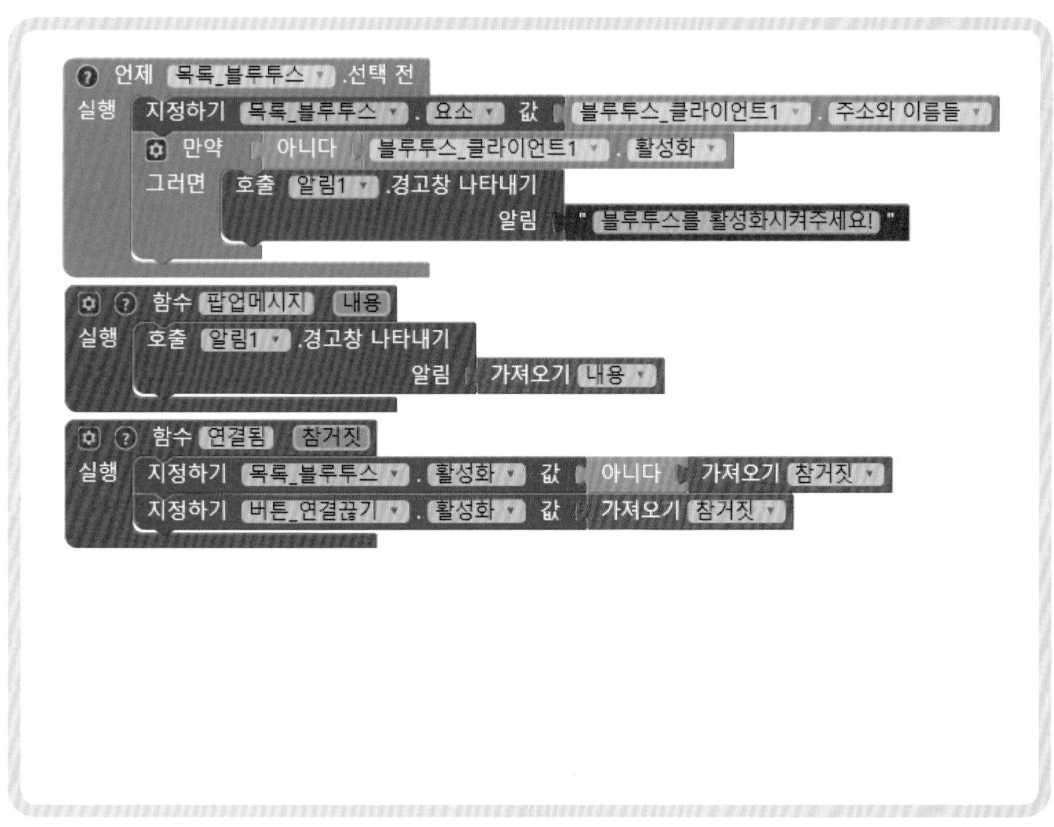

```
언제 목록_블루투스 .선택 후
실행  호출 팝업메시지
                  내용  합치기  " 연결을 시도합니다.₩n "
                                목록_블루투스 . 선택된 항목
      만약  호출 블루투스_클라이언트1 .연결
                                   주소  목록_블루투스 . 선택된 항목
      그러면  호출 연결됨
                  참거짓  참
              호출 팝업메시지
                  내용  " 연결됐습니다. "
              지정하기 global 변수_블루투스연결상태 값 " 1 "

함수 연결끊기
실행  호출 팝업메시지
                  내용  " 연결이 끊겼습니다. "
      호출 블루투스_클라이언트1 .연결 끊기
      호출 연결됨
                  참거짓  거짓
      지정하기 global 변수_블루투스연결상태 값 " 2 "

언제 Screen1 .오류 발생
 컴포넌트  함수 이름  오류 번호  메시지
실행  호출 팝업메시지
                  내용  합치기  " 에러 "
                                가져오기 오류 번호
                                "   "
                                가져오기 함수 이름
                                " : "
                                가져오기 메시지
      만약  가져오기 오류 번호 = 516
      그러면  호출 알림1 .경고창 나타내기
                            알림  " 상대방이 연결을 끊었습니다. "
              호출 연결끊기
      아니고 ... 라면  가져오기 오류 번호 = 507
      그러면  호출 알림1 .경고창 나타내기
                            알림  " 선택한 기기와 연결할 수 없습니다.₩n 기기가 켜져 있는지 확인해주세요. "

언제 버튼_연결끊기 .클릭
실행  호출 연결끊기
      호출 초기화
```

```
전역변수 초기화 변수_블루투스연결상태 값 " "

함수 초기화
실행 지정하기 버튼_각도25 . 이미지 값 " TrashCan1.png "
     지정하기 버튼_각도45 . 이미지 값 " TrashCan1.png "
     지정하기 버튼_각도75 . 이미지 값 " TrashCan1.png "
     지정하기 버튼_각도90 . 이미지 값 " TrashCan1.png "

언제 Screen1 .초기화
실행 호출 초기화

함수 전송하기 메시지
실행 호출 블루투스_클라이언트1 .텍스트 보내기
                          텍스트 가져오기 메시지

언제 버튼_각도25 .터치 다운
실행 만약 가져오기 global 변수_블루투스연결상태 = " 1 "
     그러면 지정하기 버튼_각도25 . 이미지 값 " TrashCan2.png "
            호출 전송하기
                  메시지 " U25 "

언제 버튼_각도25 .터치 업
실행 만약 가져오기 global 변수_블루투스연결상태 = " 1 "
     그러면 지정하기 버튼_각도25 . 이미지 값 " TrashCan1.png "
            호출 전송하기
                  메시지 " D0 "

언제 버튼_각도45 .터치 다운
실행 만약 가져오기 global 변수_블루투스연결상태 = " 1 "
     그러면 지정하기 버튼_각도45 . 이미지 값 " TrashCan3.png "
            호출 전송하기
                  메시지 " U45 "

언제 버튼_각도45 .터치 업
실행 만약 가져오기 global 변수_블루투스연결상태 = " 1 "
     그러면 지정하기 버튼_각도45 . 이미지 값 " TrashCan1.png "
            호출 전송하기
                  메시지 " D0 "
```

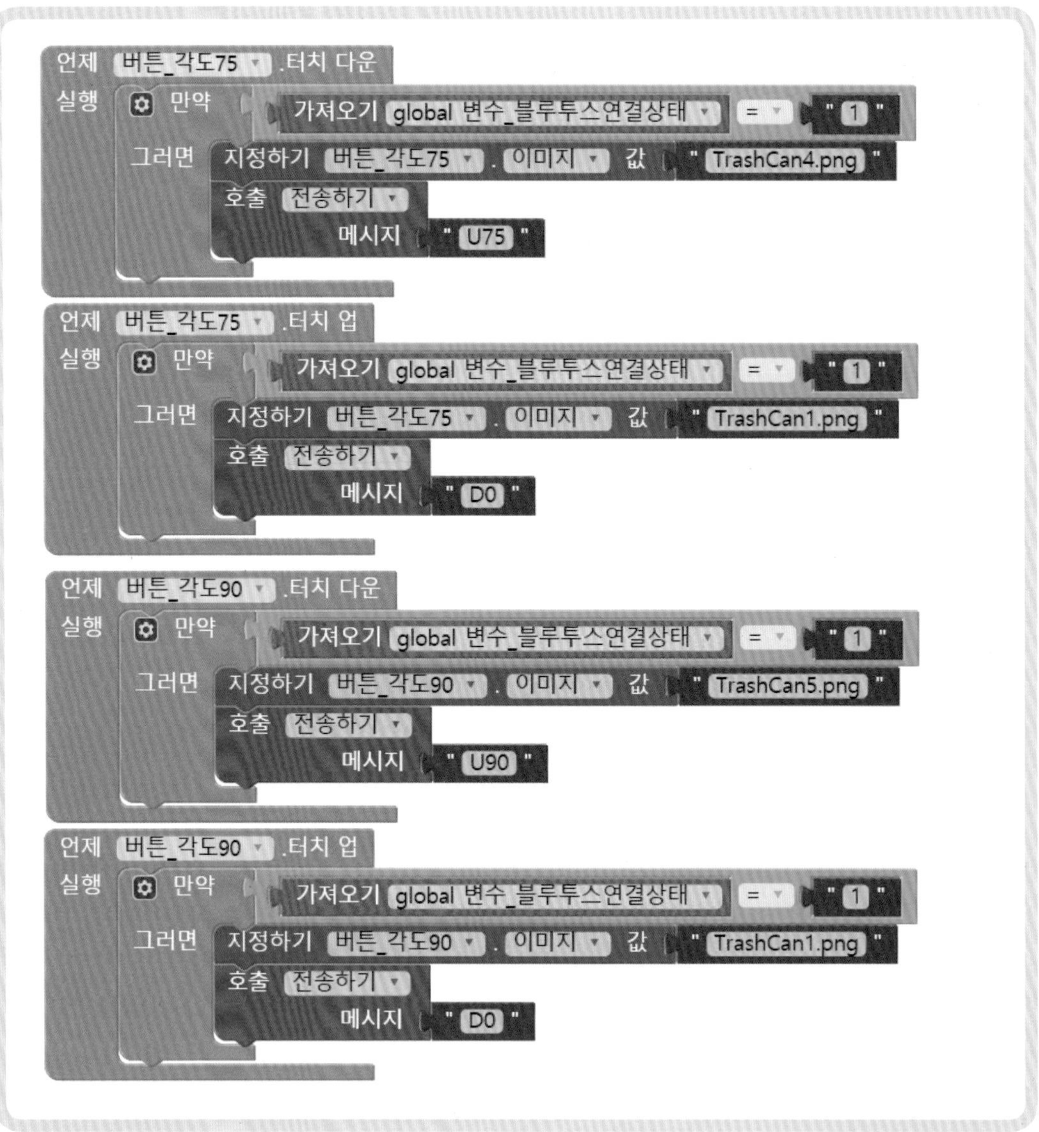
언제 버튼_각도75 .터치 다운
실행 만약 가져오기 global 변수_블루투스연결상태 = "1"
그러면 지정하기 버튼_각도75 . 이미지 값 "TrashCan4.png"
호출 전송하기
메시지 "U75"
언제 버튼_각도75 .터치 업
실행 만약 가져오기 global 변수_블루투스연결상태 = "1"
그러면 지정하기 버튼_각도75 . 이미지 값 "TrashCan1.png"
호출 전송하기
메시지 "D0"
언제 버튼_각도90 .터치 다운
실행 만약 가져오기 global 변수_블루투스연결상태 = "1"
그러면 지정하기 버튼_각도90 . 이미지 값 "TrashCan5.png"
호출 전송하기
메시지 "U90"
언제 버튼_각도90 .터치 업
실행 만약 가져오기 global 변수_블루투스연결상태 = "1"
그러면 지정하기 버튼_각도90 . 이미지 값 "TrashCan1.png"
호출 전송하기
메시지 "D0"

05 IoT 서비스 확인하기

1 회로가 연결된 아두이노를 준비합니다.

2 USB 케이블로 아두이노와 PC를 연결합니다.

3 아두이노에 연결된 블루투스 모듈을 스마트폰과 페어링합니다.

4 완성된 TrashCanController.aia 앱을 실행합니다.

1. [연결] 메뉴를 클릭한 후 [AI 컴패니언] 클릭하기
2. QR 코드가 나타나면 스마트폰의 MIT AI2 Companion 앱을 실행하여 [scan QR code] 메뉴로 QR 코드 인식하기
3. 스마트폰의 앱과 아두이노의 기능을 실시간으로 확인하기

아두이노	앱 인벤터

앱 인벤터 [버튼] 컴포넌트의 블록 중 [언제. 길게 누르기]와 [언제. 클릭]을 사용하여 동일한 기능을 하는 앱으로 수정해 보세요.

★[버튼] 컴포넌트의 블록에는 다음과 같은 블록도 있습니다.

CHAPTER

11

전압 측정기 만들기

전자회로나 건전지의 전압을 측정하여 앱에 표시할 수 있습니다.

01 IoT 서비스 설계하기

❶ 아두이노 보드에 연결된 전압 측정 센서가 측정한 값을 1초마다 앱으로 보냅니다.

❷ 연결된 블루투스를 통해 아두이노에서 앱 인벤터로 [텍스트]를 보냅니다.

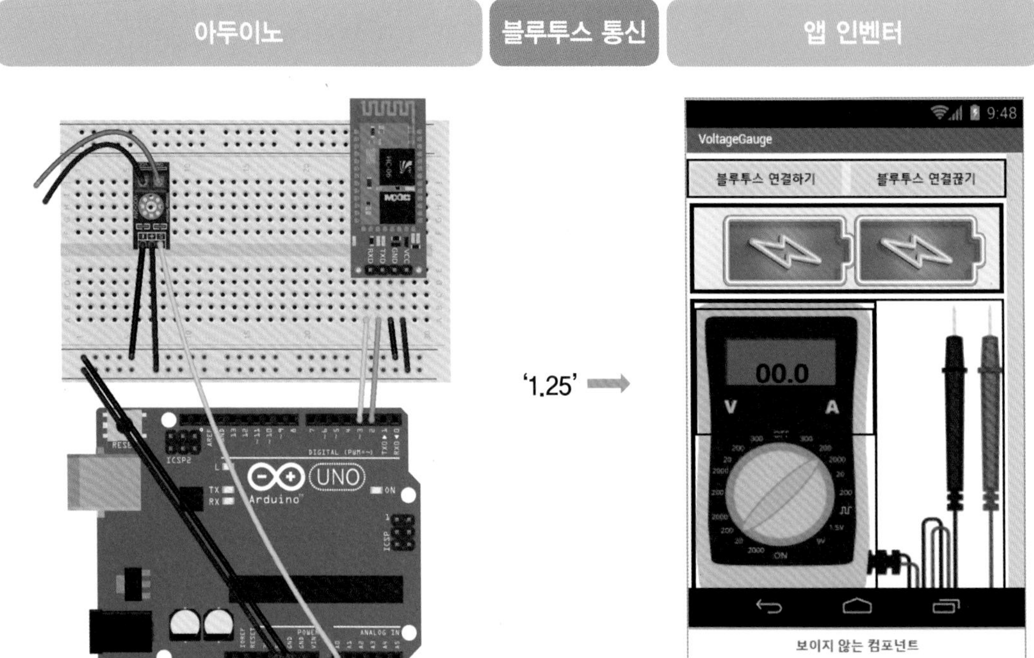

TIP 소수점 표현하기

아두이노에서 보내는 소수점을 앱에서 표현하기 위해 숫자가 아닌 텍스트 형식으로 데이터를 보내고 받습니다.

02 아두이노 제작하기

STEP 1 부품 알아보기

1 전압 측정 센서란?

전압 측정 센서는 전압 분배 법칙을 이용하여 아두이노 우노로 높은 전압을 측정할 수 있도록 합니다. 아두이노 우노로 5V까지의 전압 측정이 가능하지만, 교재에 사용된 전압 측정 센서를 사용하면, 25V까지의 전압을 측정할 수 있습니다.

최대 25V까지 측정할 수 있는 전압 측정 센서는 전압 분배 법칙에 의해 다음과 같이 아두이노 우노가 측정할 수 있는 0~5V를 출력합니다.

$$\text{Vout} = \frac{7.5\text{K}}{7.5\text{K}+30\text{K}} \times \text{Vin}$$

Vin : VCC와 GND 사이의 전압　Vout : SIG(S)와 GND(–) 사이의 전압

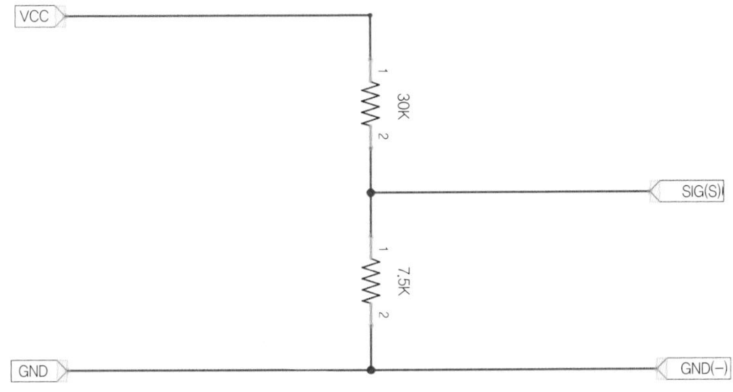

STEP 2 부품 준비하기

부품		개수
	아두이노 우노	1
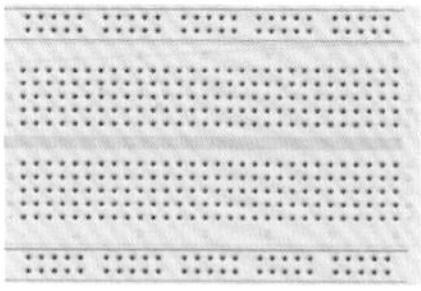	브레드보드	1
	블루투스 모듈(HC-06)	1
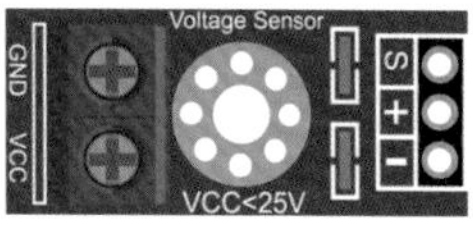	전압 측정 센서 모듈	1
	수수(MM) 점퍼와이어	6(10cm) 2(20cm)
	암수(MF) 점퍼와이어	2(10cm) 1(20cm)

STEP 3 아두이노 연결하기

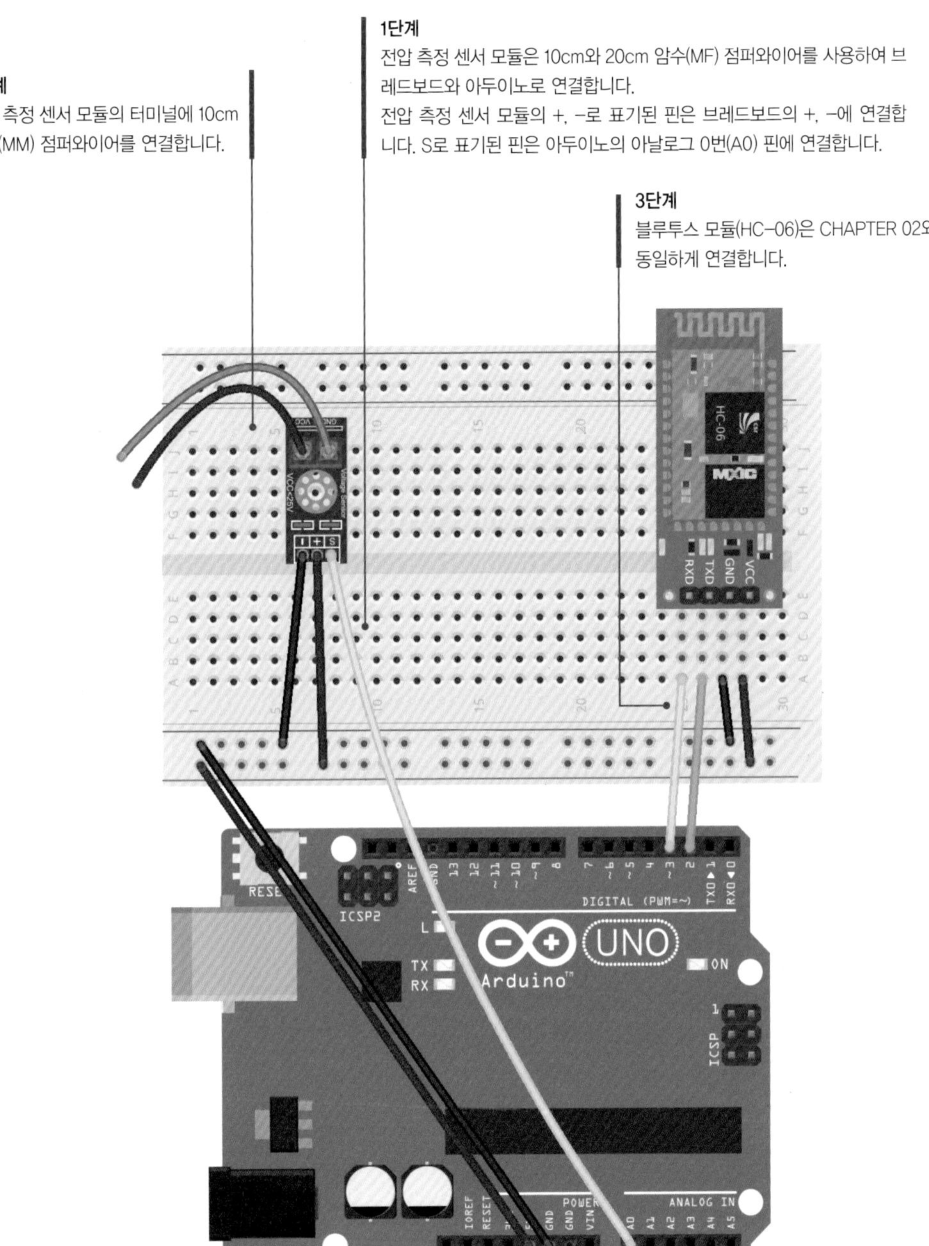

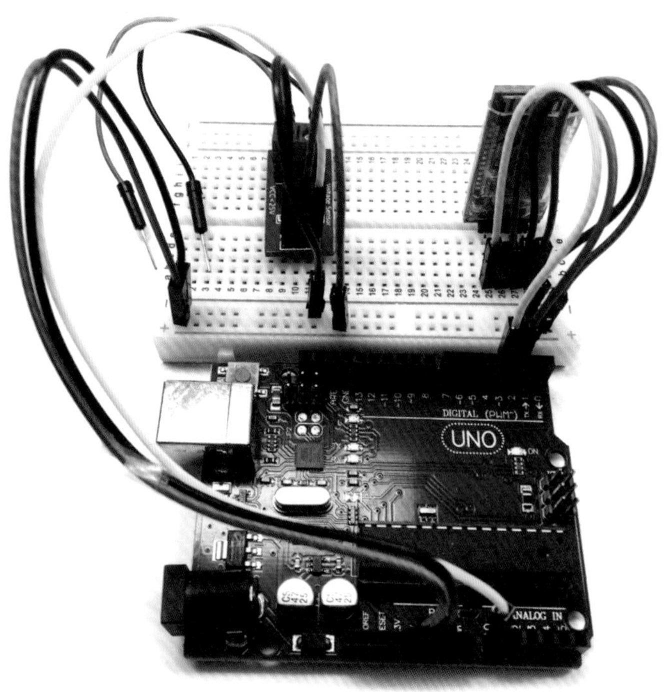

회로를 연결하고 브레드보드의 홀에 다음 이미지와 같이 부품 또는 점퍼와이어가 모두 연결되어야 합니다.

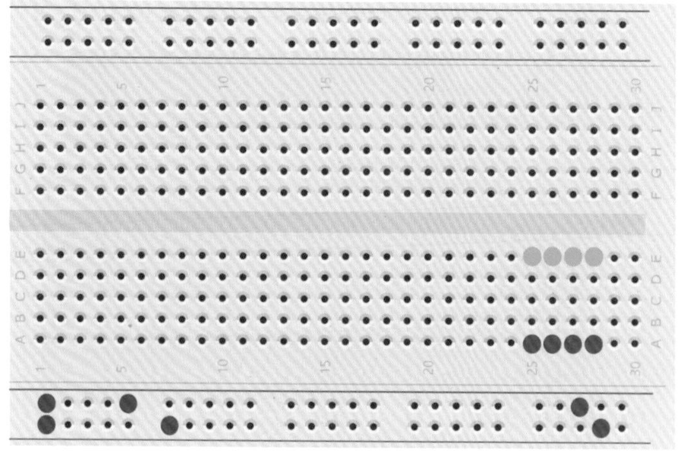

● 블루투스 모듈　　● 점퍼와이어

STEP 4 스케치 작성하기

VoltageGauge.ino

```
#include <SoftwareSerial.h>
// 전압 측정 센서를 아날로그 0번으로 설정한다.
#define VOLT_SENSOR 0
// int형 변수 value를 선언하고 0으로 초기화한다.
int value = 0;
// float형 변수 a0_volt, measured_volt를 선언하고 0으로 초기화한다.
float a0_volt = 0;
float measured_volt = 0;
// float형 변수 R1, R2를 선언하고 30000.0, 7500.0으로 초기화한다.
float R1 = 30000.0;
float R2 = 7500.0;

SoftwareSerial mySerial(2,3);

void setup(){
  mySerial.begin(9600);
}

void loop(){
  // 전압 측정 센서가 연결된 아날로그 0번에서 값을 읽고 변수 value에 저장한다.
  value = analogRead(VOLT_SENSOR);
  // 아날로그 0번에서 읽은 값으로 전압을 계산한다.
  a0_volt = (value * 5.0) / 1023.0;
  // 아날로그 0번의 전압으로 전압 측정 센서의 터미널에 입력된 전압을 계산한다.
  measured_volt = a0_volt / (R2/(R1+R2));
  // 최종 계산된 전압 값을 앱으로 보낸다.
  mySerial.print(measured_volt);
  delay(1000);
}
```

STEP 5 스케치 알아보기

#define VOLT_SENSOR 0	■ VOLT_SENSOR를 상숫값 0으로 정의합니다.
int value = 0;	■ analogRead에서 넘겨 주는 값을 저장하기 위해 int형 변수 value를 선언하고 0으로 초기화합니다.
float a0_volt = 0;	■ value에 저장된 값으로 아날로그 0번의 전압을 계산한 후 저장하기 위한 float형 변수 a0_volt를 선언하고 0으로 초기화합니다.
float measured_volt = 0;	■ a0_volt에 저장된 값으로 전압 측정 센서 모듈의 터미널에 입력된 전압을 계산한 후 저장하기 위한 float형 변수 measured_volt를 선언하고 0으로 초기화합니다.
float R1 = 30000.0;	■ 전압 측정 센서에서 전압 분배를 위해 사용되는 첫 번째 저항 값(30K)을 저장하기 위해 float형 변수 R1을 선언하고 30000.0으로 초기화합니다.
float R2 = 7500.0;	■ 전압 측정 센서에서 전압 분배를 위해 사용되는 두 번째 저항 값(7.5K)을 저장하기 위해 float형 변수 R2를 선언하고 7500.0으로 초기화합니다.
analogRead(VOLT_SENSOR)	■ VOLT_SENSOR를 숫자 0으로 정의했기 때문에 아날로그 0번으로부터 값을 읽습니다.
(value*5.0) / 1023.0	■ 아날로그 0번(A0)으로부터 읽은 값으로 전압을 계산합니다. ■ 아날로그 0번(A0)이 읽을 수 있는 최대 전압 값(5.0V)을 최대 수(1023)로 나누고, 현재 읽은 값(value)을 곱하면 전압을 알 수 있습니다.
a0_volt / (R2/(R1+R2))	■ 아날로그 0번(A0)의 전압(a0_volt)으로부터 전압 측정 센서 모듈의 터미널에 입력되는 실제 전압을 계산합니다. ■ 전압 계산을 위해 전압 분배 법칙이 사용됩니다. ■ 자세한 사항은 [STEP 1. 부품 알아보기]를 참고하시기 바랍니다.
mySerial.print(measured_volt);	■ mySerial.print는 ASCII 텍스트 형태의 데이터를 앱으로 보냅니다.

STEP 6 스케치 컴파일 및 업로드하기

CHAPTER 02 STEP 6의 순서로 스케치를 아두이노 보드로 업로드합니다.

03 앱 인벤터와 아두이노 통신하기

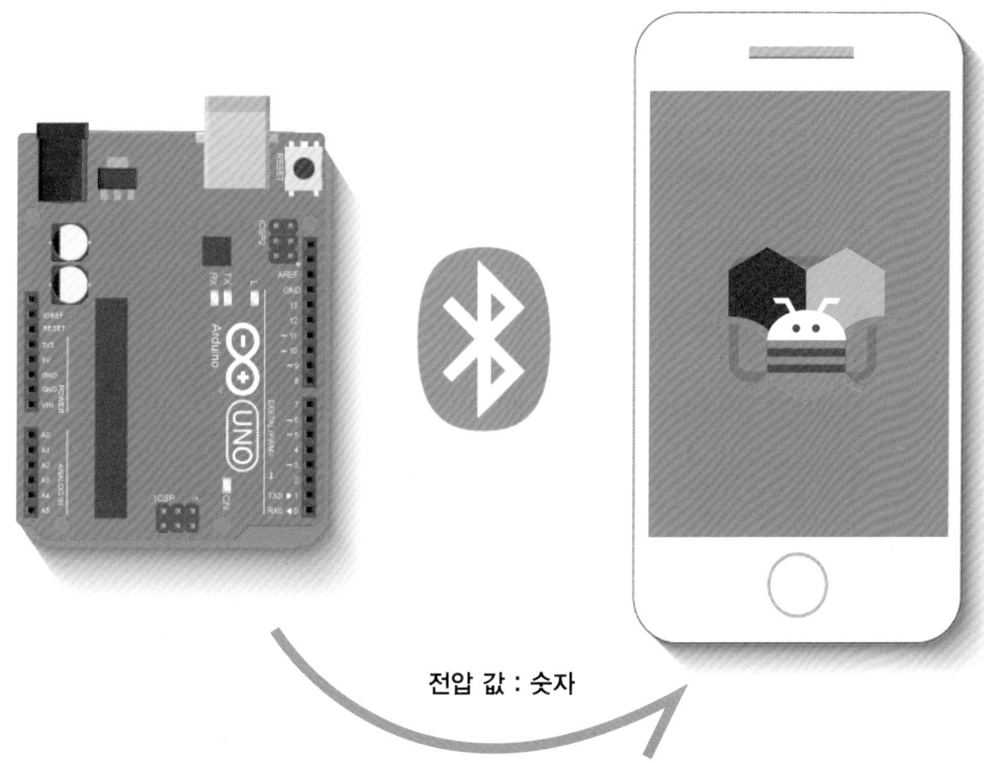

- 아두이노에 연결된 전압 측정 센서 모듈의 값을 1초마다 읽습니다.
- 전압 값을 계산하여 앱으로 보냅니다.
- 앱에서 전압 값을 받으면 전압 측정기 화면에 표시됩니다.
- 앱에서 아두이노로 보내는 정보는 없습니다.

04 앱 개발하기

STEP 1 디자인 프로젝트 파일 가져오기

❶ [프로젝트 〉 내 컴퓨터에서 프로젝트(.aia) 가져오기]를 클릭하여 [디자이너] 화면에서 컴포넌트로만 디자인된 'VoltageGauge_Design.aia' 프로젝트를 가져옵니다.

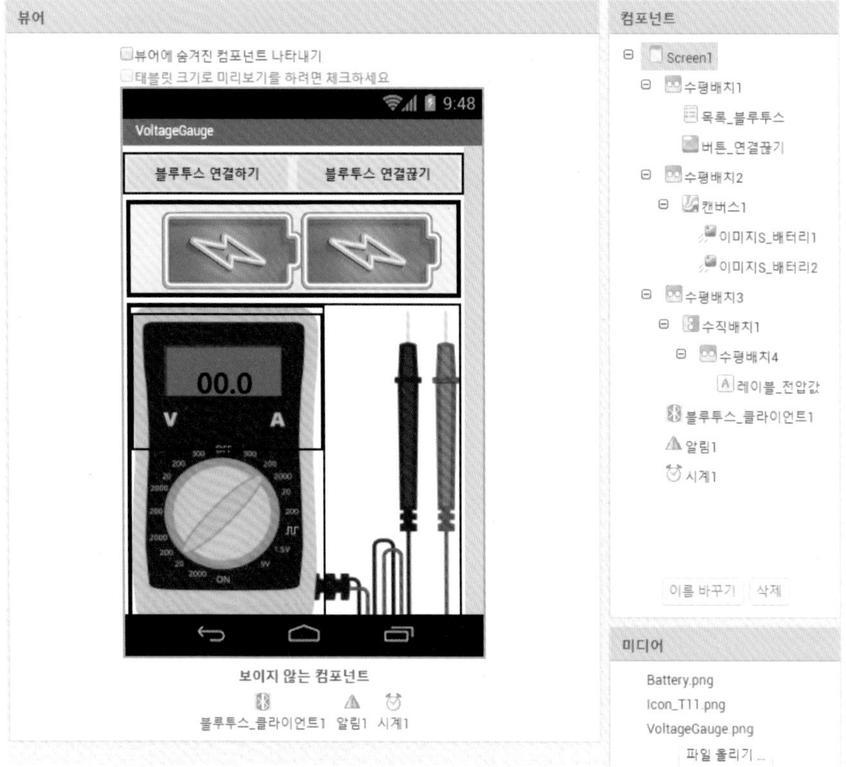

❷ [프로젝트 〉 프로젝트 다른 이름으로 저장]을 클릭하여 'VoltageGauge.aia'라는 새 이름으로 프로젝트를 저장합니다.

STEP 2 컴포넌트 구성하기

'VoltageGauge.aia' 프로젝트의 컴포넌트 구성은 다음과 같습니다.

종류	팔레트	이름	설명
수평배치	레이아웃	**수평배치1**	[목록_블루투스]와 [버튼_연결끊기]를 수평으로 배치
목록 선택	사용자 인터페이스	**목록_블루투스**	연결 가능한 블루투스 정보 보여 주기
버튼	사용자 인터페이스	**버튼_연결끊기**	연결된 블루투스 연결 끊기
수평배치	레이아웃	**수평배치2**	[캔버스1] 배치
캔버스	그리기 & 애니메이션	**캔버스1**	[이미지S_배터리1]과 [이미지S_배터리2] 배치
이미지 스프라이트	그리기 & 애니메이션	**이미지S_배터리1** **이미지S_배터리2**	배터리 이미지(Battery.png) 보여 주기
수평배치	레이아웃	**수평배치3**	[수직배치1] 배치하기
수직배치	레이아웃	**수직배치1**	[수평배치4] 배치하기
수평배치	레이아웃	**수평배치4**	[레이블_전압값] 배치하기
레이블	사용자 인터페이스	**레이블_전압값**	전압 값 보여 주기
블루투스 클라이언트	연결	**블루투스_클라이언트1**	아두이노와 데이터 주고받음
알림	사용자 인터페이스	**알림1**	경고 창 나타내기
시계	센서	**시계1**	아두이노로부터 데이터를 주기적으로 수신하기 위함

※ 은 [보이지 않는 컴포넌트]입니다.

STEP 3 블록 코딩하기

1 블루투스 통신을 위한 공통 블록

블루투스와 통신을 하는 앱을 개발하기 위해 공통적으로 사용하는 블록입니다.

활성화된 블루투스를 리스트로 보여줌

```
언제 목록_블루투스 .선택 전
실행 지정하기 목록_블루투스 . 요소 값 블루투스_클라이언트1 . 주소와 이름들
     만약 아니다 블루투스_클라이언트1 . 활성화
     그러면 호출 알림1 .경고창 나타내기
                 알림 " 블루투스를 활성화시켜주세요! "
```

특정 내용을 경고창으로 표현하기

```
함수 팝업메시지 내용
실행 호출 알림1 .경고창 나타내기
          알림 가져오기 내용
```

블루투스가 연결되었을 경우의 컴포넌트 값 설정하기

```
함수 연결됨 참거짓
실행 지정하기 목록_블루투스 . 활성화 값 아니다 가져오기 참거짓
     지정하기 버튼_연결끊기 . 활성화 값 가져오기 참거짓
     지정하기 시계1 . 타이머 활성 여부 값 가져오기 참거짓
```

선택한 블루투스 정보를 알림으로 표현
블루투스가 연결되면 연결됨 함수와 팝업메시지 함수 호출

```
언제 목록_블루투스 .선택 후
실행 호출 팝업메시지
          내용 합치기 " 연결을 시도합니다.₩n "
                     목록_블루투스 . 선택된 항목
     만약 호출 블루투스_클라이언트1 .연결
               주소 목록_블루투스 . 선택된 항목
     그러면 호출 연결됨
                 참거짓 참
            호출 팝업메시지
                 내용 " 연결됐습니다. "
```

```
블루투스 연결끊기와 관련된 블록들
함수 연결끊기
실행 호출 팝업메시지
        내용 " 연결이 끊겼습니다. "
     호출 블루투스_클라이언트1 .연결 끊기
     호출 연결됨
        참거짓 거짓
```

```
앱 실행시 발생하는 오류 보여주기
언제 Screen1 .오류 발생
 컴포넌트 함수 이름 오류 번호 메시지
실행 호출 팝업메시지
        내용 합치기 " 에러 "
                 가져오기 오류 번호
                 " "
                 가져오기 함수 이름
                 " : "
                 가져오기 메시지
     만약 가져오기 오류 번호 = 516
     그러면 호출 알림1 .경고창 나타내기
                 알림 " 상대방이 연결을 끊었습니다. "
           호출 연결끊기
     아니고 ... 라면 가져오기 오류 번호 = 507
     그러면 호출 알림1 .경고창 나타내기
                 알림 " 선택한 기기와 연결할 수 없습니다.₩n 기기가 켜져 있는지 확인해주세요. "
```

```
언제 버튼_연결끊기 .클릭
실행 호출 연결끊기
     호출 초기화
```

TIP 블루투스 통신을 위한 공통 블록

상세한 설명은 [CHAPTER 02 LED 제어하기]의 내용을 참고하기 바랍니다.

2 변수 만들기

아두이노가 보내는 텍스트 데이터를 저장하는 변수

전역변수 초기화 변수_받는데이터 값 " "

① 아두이노가 보내는 텍스트 데이터를 저장하기 위해 [변수_받는데이터]라는 이름의 전역변수를 만듭니다.

② [변수_받는데이터]의 초깃값을 공백으로 설정합니다.

3 초기화하기

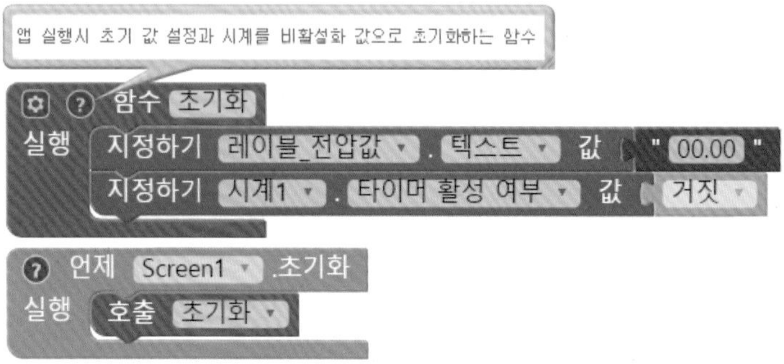

앱 실행시 초기 값 설정과 시계를 비활성화 값으로 초기화하는 함수

함수 초기화
실행 지정하기 레이블_전압값 . 텍스트 값 " 00.00 "
지정하기 시계1 . 타이머 활성 여부 값 거짓

언제 Screen1 .초기화
실행 호출 초기화

① 앱이 처음 실행되었을 때 초기화해야 할 컴포넌트들의 상태 값을 설정하는 [초기화] 함수를 만듭니다.

② [레이블_전압값]의 [텍스트] 속성을 '00.00'으로 설정합니다.

③ [시계1] 컴포넌트의 [타이머 활성 여부] 속성을 '거짓'으로 설정합니다.

④ [Screen1]의 초기화를 실행했을 때 [초기화] 함수를 호출합니다.

4 블루투스로부터 받을 수 있는 데이터가 있다면

만약 호출 블루투스_클라이언트1 .받을 수 있는 바이트 크기 > 0
그러면 지정하기 global 변수_받는데이터 값 호출 블루투스_클라이언트1 .텍스트 받기
바이트 수 호출 블루투스_클라이언트1 .받을 수 있는 바이트 크기

① 만약 블루투스로부터 받을 데이터가 있다면

② 받을 수 있는 바이트 크기의 텍스트 데이터를 받아서 미리 만들어 둔 [global 변수_받는데이터]에 저장합니다.

5 0.7초마다 데이터 수신과 전압 값 지정 반복하기

```
언제 시계1 .타이머
실행  만약  호출 블루투스_클라이언트1 .받을 수 있는 바이트 크기 > 0
      그러면  지정하기 global 변수_받는데이터 값  호출 블루투스_클라이언트1 .텍스트 받기
                                                  바이트 수  호출 블루투스_클라이언트1 .받을 수 있는 바이트 크기
              지정하기 레이블_전압값 . 텍스트 값  가져오기 global 변수_받는데이터
```

① 0.7초마다 블루투스로부터 받을 데이터가 있는지와

② 블루투스로부터 받은 데이터를 [레이블_전압값] 컴포넌트의 [텍스트] 속성에 [global 변수_받는데이터]로 지정하는 것을 반복합니다.

6 전체 코드

```
언제 목록_블루투스 .선택 전
실행 지정하기 목록_블루투스 . 요소 값 블루투스_클라이언트1 . 주소와 이름들
     만약 아니다 블루투스_클라이언트1 . 활성화
     그러면 호출 알림1 .경고창 나타내기
                          알림 " 블루투스를 활성화시켜주세요! "

함수 팝업메시지 내용
실행 호출 알림1 .경고창 나타내기
                    알림 가져오기 내용

함수 연결됨 참거짓
실행 지정하기 목록_블루투스 . 활성화 값 아니다 가져오기 참거짓
     지정하기 버튼_연결끊기 . 활성화 값 가져오기 참거짓
     지정하기 시계1 . 타이머 활성 여부 값 가져오기 참거짓

언제 목록_블루투스 .선택 후
실행 호출 팝업메시지
          내용 합치기 " 연결을 시도합니다.₩n "
                     목록_블루투스 . 선택된 항목
     만약 호출 블루투스_클라이언트1 .연결
                              주소 목록_블루투스 . 선택된 항목
     그러면 호출 연결됨
                참거짓 참
            호출 팝업메시지
                내용 " 연결됐습니다. "

함수 연결끊기
실행 호출 블루투스_클라이언트1 .연결 끊기
     호출 팝업메시지
          내용 " 연결이 끊겼습니다. "
     호출 연결됨
          참거짓 거짓
```

```
언제 Screen1 .오류 발생
  컴포넌트  함수 이름  오류 번호  메시지
실행 호출 팝업메시지
        내용  합치기  " 에러 "
                     가져오기 오류 번호
                     " "
                     가져오기 함수 이름
                     " : "
                     가져오기 메시지
     만약  가져오기 오류 번호 = 516
     그러면 호출 알림1 .경고창 나타내기
                        알림 " 상대방이 연결을 끊었습니다. "
           호출 연결끊기
     아니고 ... 라면  가져오기 오류 번호 = 507
     그러면 호출 알림1 .경고창 나타내기
                        알림 " 선택한 기기와 연결할 수 없습니다.₩n 기기가 켜져 있는지 확인해주세요. "

언제 버튼_연결끊기 .클릭
실행 호출 연결끊기
     호출 초기화

전역변수 초기화 변수_받는데이터 값 " "

함수 초기화
실행 지정하기 레이블_전압값 . 텍스트 값 " 00.00 "
     지정하기 시계1 . 타이머 활성 여부 값 거짓

언제 Screen1 .초기화
실행 호출 초기화

언제 시계1 .타이머
실행 만약 호출 블루투스_클라이언트1 .받을 수 있는 바이트 크기 > 0
     그러면 지정하기 global 변수_받는데이터 값 호출 블루투스_클라이언트1 .텍스트 받기
                                          바이트 수 호출 블루투스_클라이언트1 .받을 수 있는 바이트 크기
           지정하기 레이블_전압값 . 텍스트 값 가져오기 global 변수_받는데이터
```

05 IoT 서비스 확인하기

1 **회로가 연결된 아두이노를 준비합니다.**

2 **USB 케이블로 아두이노와 PC를 연결합니다.**

3 **아두이노에 연결된 블루투스 모듈을 스마트폰과 페어링합니다.**

4 **완성된 VoltageGauge.aia 앱을 실행합니다.**

1. [연결] 메뉴를 클릭한 후 [AI 컴패니언] 클릭하기
2. QR 코드가 나타나면 스마트폰의 MIT AI2 Companion 앱을 실행하여 [scan QR code] 메뉴로 QR 코드 인식하기
3. 스마트폰의 앱과 아두이노의 기능을 실시간으로 확인하기

아두이노	앱 인벤터
	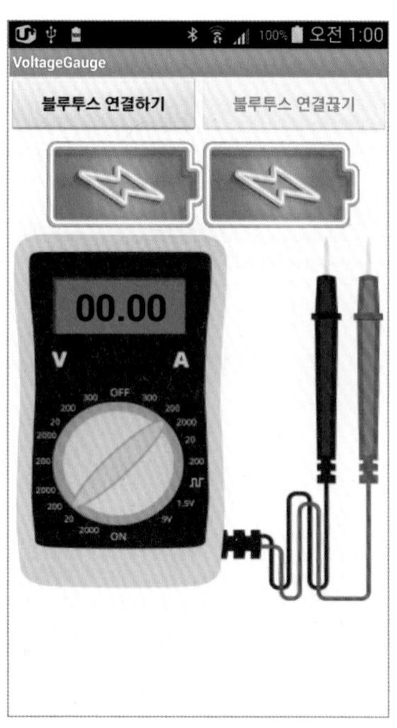

전압 측정 센서 모듈을 아날로그 0번 대신 1번을 사용하여 동작시켜 보세요.

★ 예제에서 전압 측정 센서를 아날로그 0번으로 설정하기 위해 VOLT_SENSOR를 상숫값 0으로 정의하고 있습니다.

MEMO

CHAPTER 12

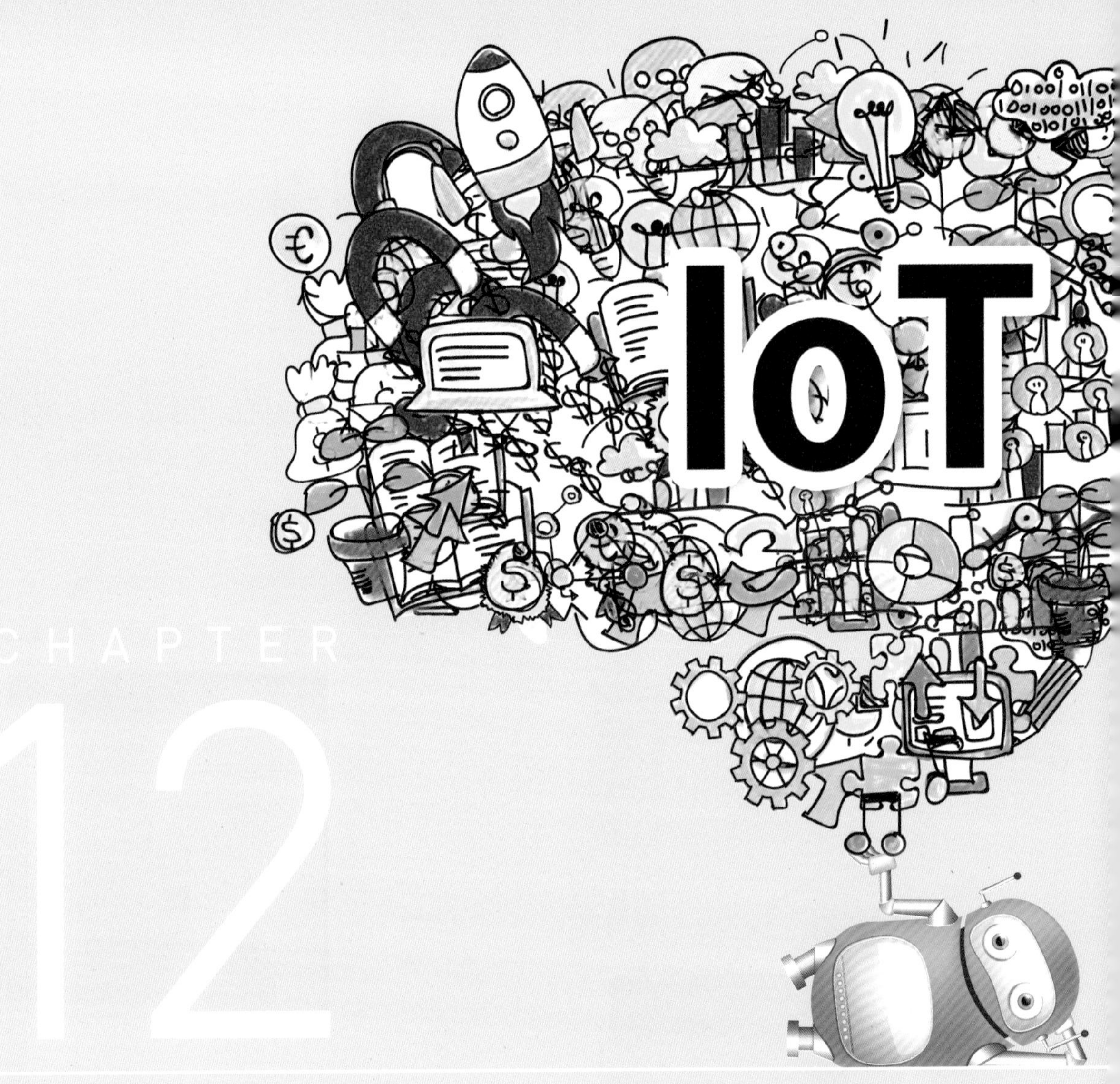

난로 지킴이 만들기

추운 겨울에 사용하는 난방기(난로나 전열기)가 넘어지는 것을 감지하여 앱으로 알려 주는 장치를 개발할 수 있습니다.

01 IoT 서비스 설계하기

❶ 아두이노 보드에 연결된 기울기 센서가 서 있으면 앱으로 'a'를 보내고, 기울기 센서가 기울어지면 앱으로 'b'를 보냅니다. 이때 스마트폰이 진동과 함께 소리가 나도록 설계합니다.

❷ 연결된 블루투스를 통해 아두이노에서 앱 인벤터로 [텍스트]를 보냅니다.

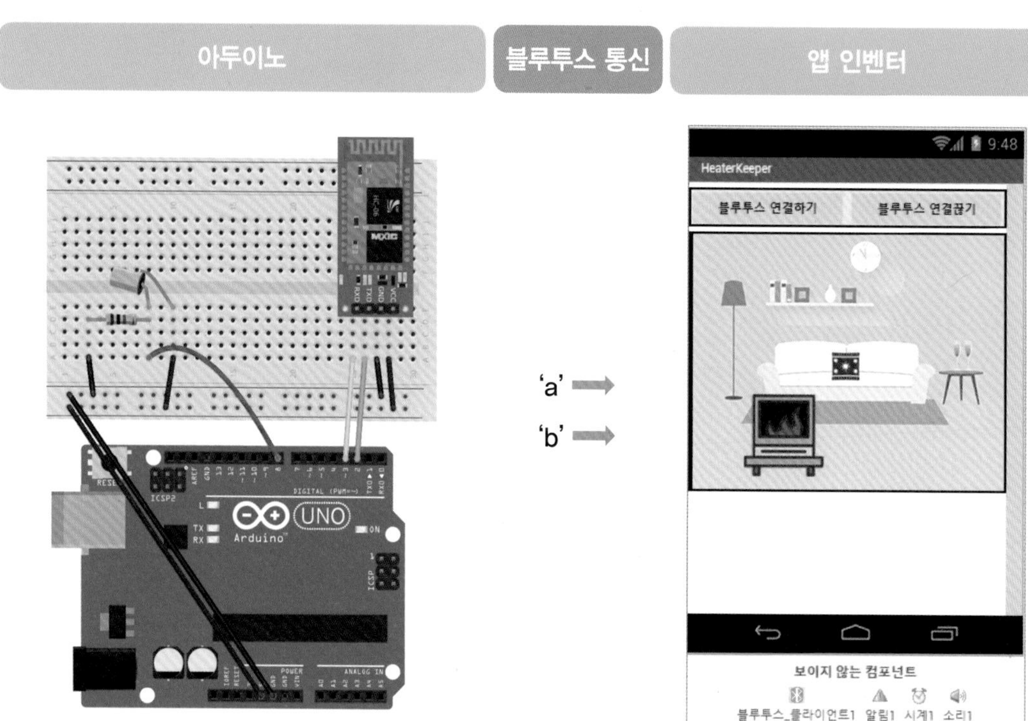

02 아두이노 제작하기

STEP 1 부품 알아보기

1 기울기 센서란?

- 기울기 센서는 물체의 기울기를 감지할 수 있습니다.
- 교재에 사용된 기울기 센서는 내부에 전도성 볼이 들어 있습니다. 기울기 센서가 위를 향하고 있는 경우에는 내부의 두 단자가 전도성 볼에 의해 서로 연결됩니다.
- 그러나 일정 각도 이상 기울어지면 전도성 볼에 의해 연결되어 있던 2개의 단자가 끊어지게 됩니다.

  저항을 직렬로 연결하여 전류의 흐름을 연결 또는 차단하여 저항의 전압 값을 읽는 방법으로 기울기를 감지합니다.

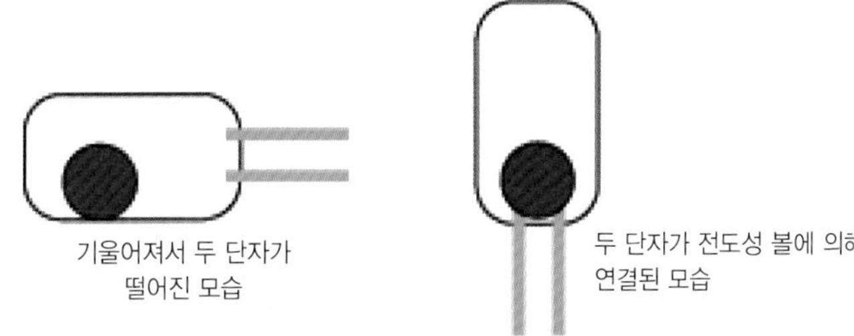

STEP 2 부품 준비하기

부품		개수
	아두이노 우노	1
	브레드보드	1
	블루투스 모듈(HC-06)	1
	기울기 센서	1
	저항(10KΩ)	1
	수수(MM) 점퍼와이어	7(10cm) 2(20cm)

TIP 기울기 센서

기울기 센서에는 작은 볼이 들어가 있는 경우와 유리 진공관에 수은이 들어 있는 형태가 있습니다. 작은 볼이 들어 있는 볼형 센서는 깨지지 않고 오염의 위험이 없습니다.

STEP 3 아두이노 연결하기

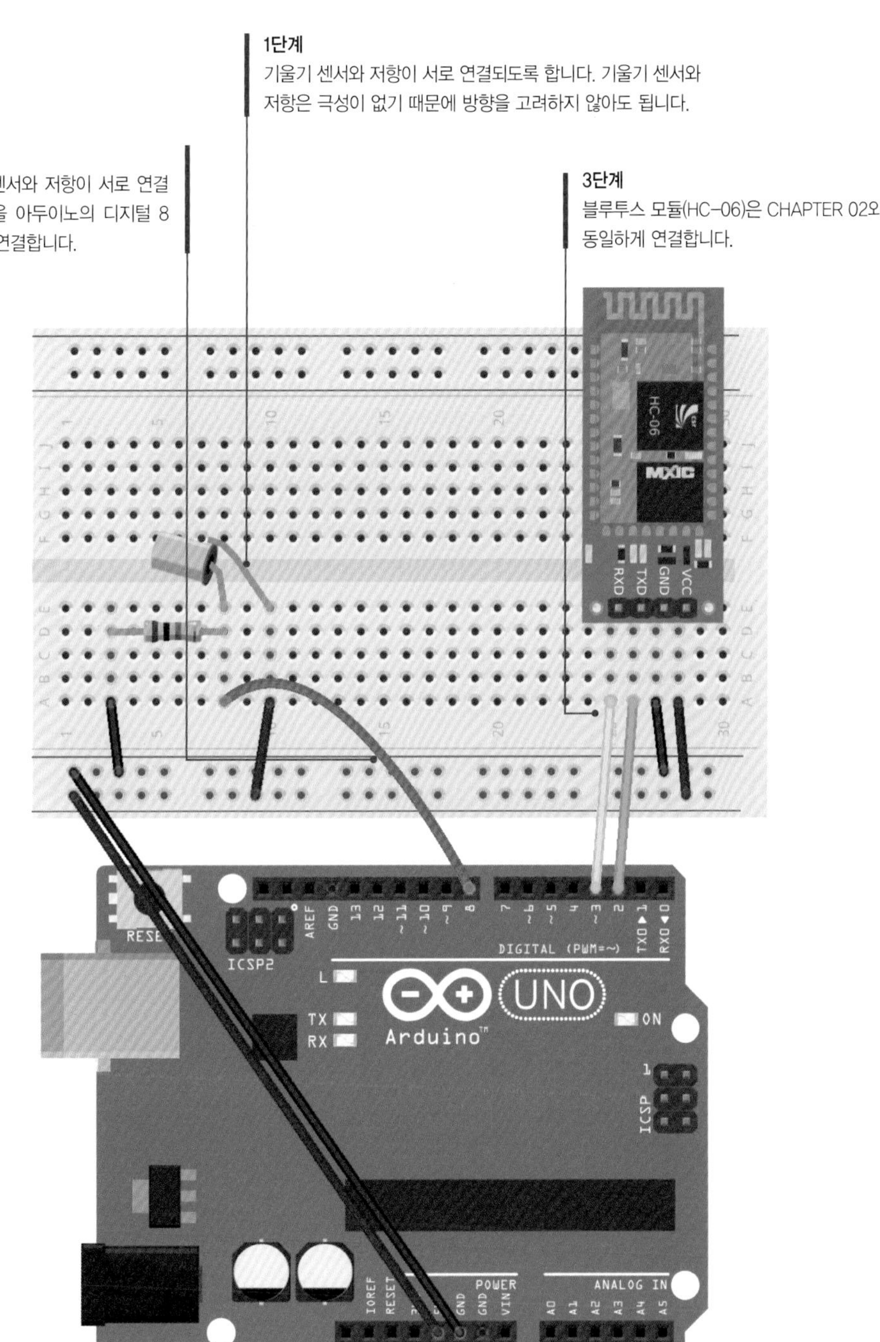

회로를 연결하고 브레드보드의 홀에 다음 이미지와 같이 부품 또는 점퍼와이어가 모두 연결되어야 합니다.

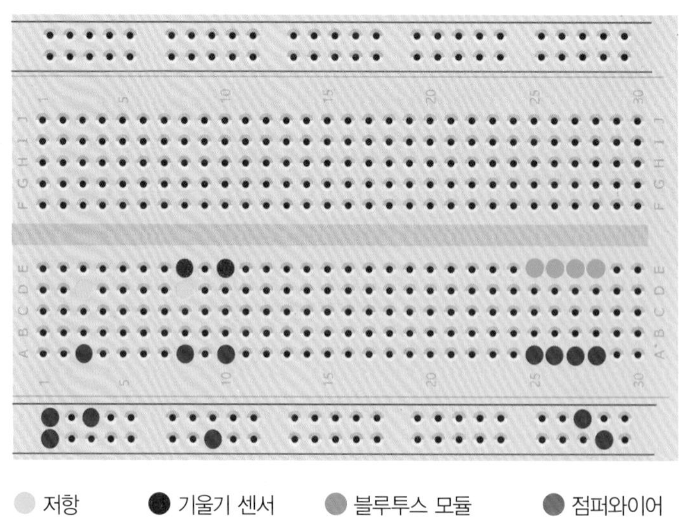

STEP 4 스케치 작성하기

HeaterKeeper.ino

```
#include <SoftwareSerial.h>
// 기울기 센서를 디지털 8번으로 설정한다.
#define TILT_PIN 8

SoftwareSerial mySerial(2,3);

void setup() {
   // 기울기 센서가 연결된 디지털 8번을 입력으로 설정한다.
   pinMode(TILT_PIN, INPUT);
   mySerial.begin(9600);
}

void loop() {
   // 기울기 센서가 서 있는 경우에는 디지털 8번이 HIGH를 유지하고, 옆으로 넘어지는 경우에는 LOW로 변경된다.
   if(digitalRead(TILT_PIN)==HIGH)
      mySerial.print('a');
   else
      mySerial.print('b');

   delay(1000);
}
```

STEP 5 스케치 알아보기

#define TILT_PIN 8	▪ TILT_PIN을 상숫값 8로 정의합니다.
pinMode(TILT_PIN, INPUT);	▪ TILT_PIN을 숫자 8로 정의했기 때문에, 디지털 8번을 입력으로 설정합니다.
digitalRead(TILT_PIN)	▪ digitalRead로 기울기 센서가 연결된 핀이 HIGH(5V) 혹은 LOW(0V)인지를 확인합니다. ▪ TILT_PIN을 숫자 8로 정의했기 때문에, 디지털 8번의 값(HIGH 또는 LOW)을 읽어서 넘겨 줍니다.
mySerial.print('a');	▪ 문자 a를 앱으로 보냅니다.

STEP 6 스케치 컴파일 및 업로드하기

CHAPTER 02 STEP 6의 순서로 스케치를 아두이노 보드로 업로드합니다.

03 앱 인벤터와 아두이노 통신하기

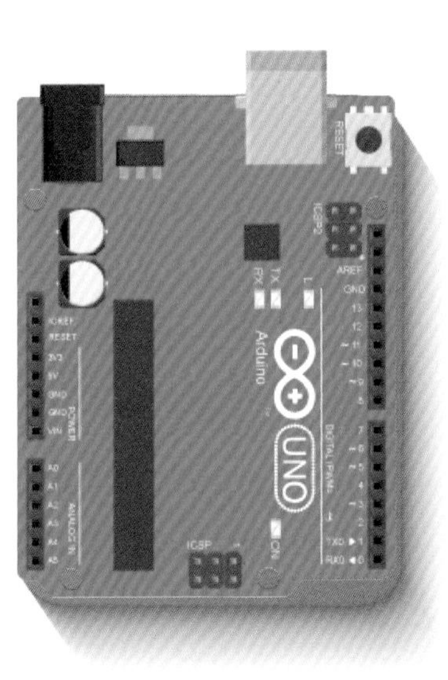

서 있는 경우 : 문자 'a'
넘어진 경우 : 문자 'b'

- 아두이노에 연결된 기울기 센서를 1초마다 체크합니다.
- 기울기 센서가 서 있는 경우 아두이노에서 문자 'a'를 앱으로 보냅니다.
- 기울기 센서가 넘어진 경우 아두이노에서 문자 'b'를 앱으로 보냅니다.
- 앱에서 문자 'b'를 받으면 진동과 함께 소리가 납니다.
- 앱에서 아두이노로 보내는 정보는 없습니다.

04 앱 개발하기

STEP 1 디자인 프로젝트 파일 가져오기

① [프로젝트 〉 내 컴퓨터에서 프로젝트(.aia) 가져오기]를 클릭하여 [디자이너] 화면에서 컴포넌트로만 디자인된 'HeaterKeeper_Design.aia' 프로젝트를 가져옵니다.

② [프로젝트 〉 프로젝트 다른 이름으로 저장]을 클릭하여 'HeaterKeeper.aia'라는 새 이름으로 프로젝트를 저장합니다.

STEP 2 컴포넌트 구성하기

'HeaterKeeper.aia' 프로젝트의 컴포넌트 구성은 다음과 같습니다.

종류	팔레트	이름	설명
수평배치	레이아웃	**수평배치1**	[목록_블루투스]와 [버튼_연결끊기]를 수평으로 배치
목록 선택	사용자 인터페이스	**목록_블루투스**	연결 가능한 블루투스 정보 보여 주기
버튼	사용자 인터페이스	**버튼_연결끊기**	연결된 블루투스 연결 끊기
수평배치	레이아웃	**수평배치2**	[캔버스1] 배치
캔버스	그리기 & 애니메이션	**캔버스1**	[이미지S_Heater] 배치
이미지 스프라이트	그리기 & 애니메이션	**이미지S_Heater**	Heater 이미지 보여 주기
블루투스 클라이언트	연결	**블루투스_클라이언트1**	아두이노와 데이터 주고받음
알림	사용자 인터페이스	**알림1**	경고 창 나타내기
시계	센서	**시계1**	아두이노로부터 데이터를 주기적으로 수신하기 위함
소리	미디어	**소리1**	'FireAlarmSound.mp3' 파일이 소스

※ ▨ 은 [보이지 않는 컴포넌트]입니다.

STEP 3 블록 코딩하기

1 블루투스 통신을 위한 공통 블록

블루투스와 통신을 하는 앱을 개발하기 위해 공통적으로 사용하는 블록입니다.

활성화된 블루투스를 리스트로 보여줌

```
언제 목록_블루투스 .선택 전
실행 지정하기 목록_블루투스 . 요소 값 블루투스_클라이언트1 . 주소와 이름들
     만약 아니다 블루투스_클라이언트1 . 활성화
     그러면 호출 알림1 .경고창 나타내기
                          알림 " 블루투스를 활성화시켜주세요! "
```

특정 내용을 경고창으로 표현하기

```
함수 팝업메시지 내용
실행 호출 알림1 .경고창 나타내기
                  알림 가져오기 내용
```

블루투스가 연결되었을 경우의 컴포넌트 값 설정하기

```
함수 연결됨 참거짓
실행 지정하기 목록_블루투스 . 활성화 값 아니다 가져오기 참거짓
     지정하기 버튼_연결끊기 . 활성화 값 가져오기 참거짓
     지정하기 시계1 . 타이머 활성 여부 값 가져오기 참거짓
```

선택한 블루투스 정보를 알림으로 표현
블루투스가 연결되면 연결됨 함수와 팝업메시지 함수 호출

```
언제 목록_블루투스 .선택 후
실행 호출 팝업메시지
          내용 합치기 " 연결을 시도합니다.₩n "
                      목록_블루투스 . 선택된 항목
     만약 호출 블루투스_클라이언트1 .연결
                              주소 목록_블루투스 . 선택된 항목
     그러면 호출 연결됨
                 참거짓 참
            호출 팝업메시지
                   내용 " 연결됐습니다. "
```

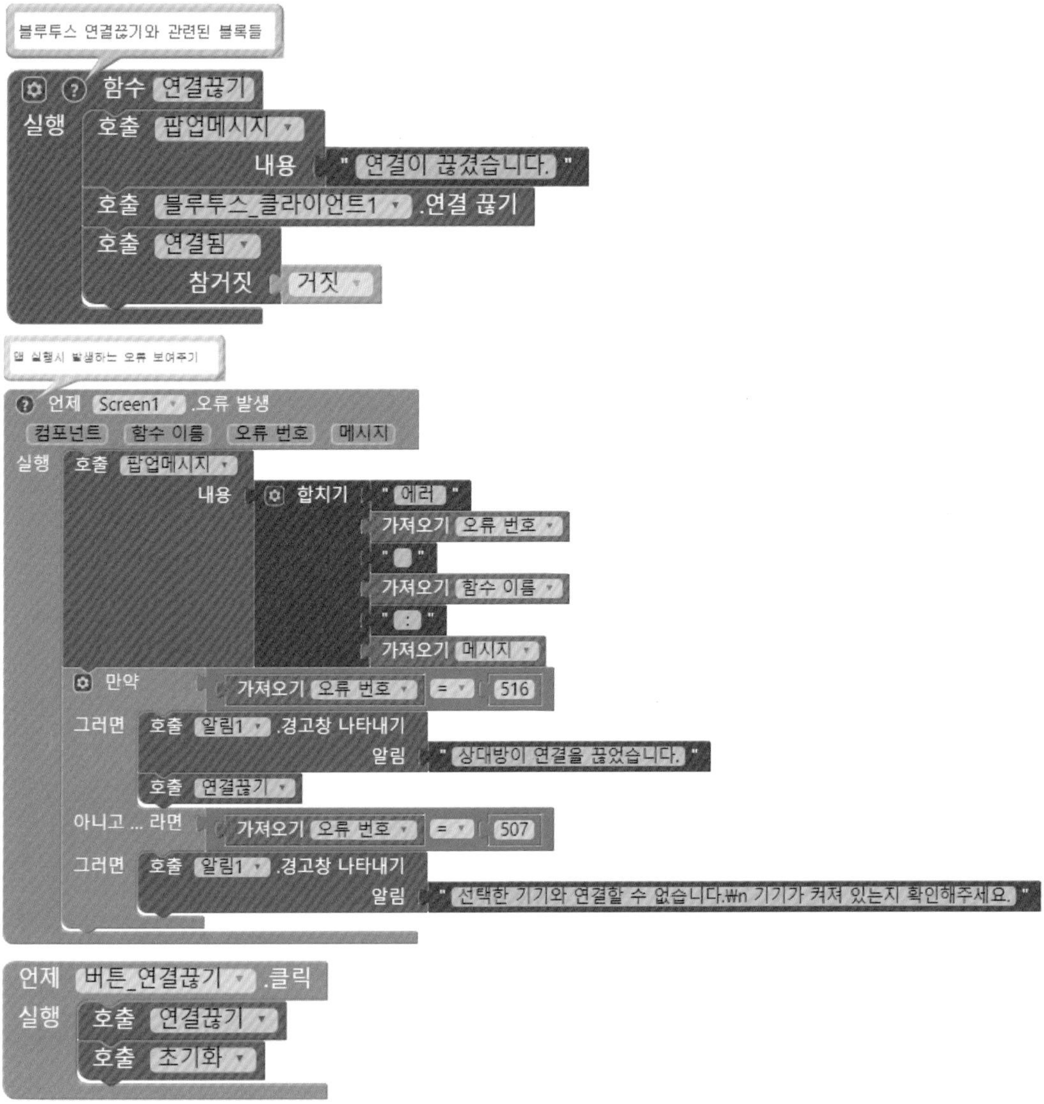

```
블루투스 연결끊기와 관련된 블록들
함수 연결끊기
실행 호출 팝업메시지
        내용 " 연결이 끊겼습니다. "
     호출 블루투스_클라이언트1 .연결 끊기
     호출 연결됨
        참거짓 거짓

앱 실행시 발생하는 오류 보여주기
언제 Screen1 .오류 발생
 컴포넌트 함수 이름 오류 번호 메시지
실행 호출 팝업메시지
        내용 합치기 " 에러 "
                    가져오기 오류 번호
                    " "
                    가져오기 함수 이름
                    " : "
                    가져오기 메시지
     만약 가져오기 오류 번호 = 516
     그러면 호출 알림1 .경고창 나타내기
                   알림 " 상대방이 연결을 끊었습니다. "
            호출 연결끊기
     아니고 ... 라면 가져오기 오류 번호 = 507
     그러면 호출 알림1 .경고창 나타내기
                   알림 " 선택한 기기와 연결할 수 없습니다.\n 기기가 켜져 있는지 확인해주세요. "

언제 버튼_연결끊기 .클릭
실행 호출 연결끊기
     호출 초기화
```

2 변수 만들기

```
아두이노가 보내는 텍스트 데이터를 저장하는 변수
전역변수 초기화 변수_받는데이터 값 " "
```

1. 아두이노가 보내는 텍스트 데이터를 저장하기 위해 [변수_받는데이터]라는 이름의 전역변수를 만듭니다.

2. [변수_받는데이터]의 초깃값을 공백으로 설정합니다.

3 초기화하기

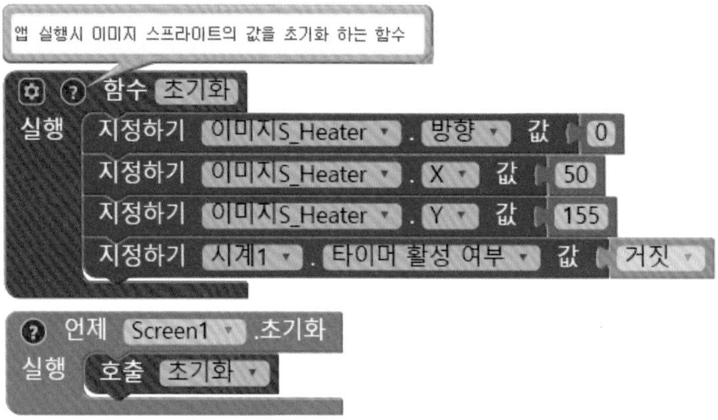

```
앱 실행시 이미지 스프라이트의 값을 초기화 하는 함수
함수 초기화
실행 지정하기 이미지S_Heater . 방향 값 0
     지정하기 이미지S_Heater . X 값 50
     지정하기 이미지S_Heater . Y 값 155
     지정하기 시계1 . 타이머 활성 여부 값 거짓

언제 Screen1 .초기화
실행 호출 초기화
```

1. 앱이 처음 실행되었을 때 초기화해야 할 컴포넌트들의 상태 값을 설정하는 [초기화] 함수를 만듭니다.
2. [이미지S_경비_Heater]의 [방향], [X], [Y] 속성을 각각 설정합니다.
3. [시계1] 컴포넌트의 [타이머 활성 여부] 속성을 '거짓'으로 설정합니다.
4. [Screen1]의 초기화를 실행했을 때 [초기화] 함수를 호출합니다.

4 블루투스로부터 받을 수 있는 데이터가 있다면

```
만약 호출 블루투스_클라이언트1 .받을 수 있는 바이트 크기 > 0
그러면 지정하기 global 변수_받는데이터 값 호출 블루투스_클라이언트1 .텍스트 받기
                                              바이트 수 호출 블루투스_클라이언트1 .받을 수 있는 바이트 크기
```

1. 만약 블루투스로부터 받을 데이터가 있다면
2. 받을 수 있는 바이트 크기의 텍스트 데이터를 받아서 미리 만들어 둔 [global 변수_받는데이터]에 저장합니다.

5 블루투스로부터 받은 데이터가 'a' 또는 'b'라면

블루투스로부터 받은 텍스트가
1. 'b'이면
스마트폰 진동과 소리 울리기/히터 넘어뜨리기
2. 'a'이면 초기상태로 복구

```
만약 가져오기 global 변수_받는데이터 = "b"
그러면 호출 소리1.진동
          밀리초 1000
       호출 소리1.재생
       지정하기 이미지S_Heater.방향 값 270
       지정하기 global 변수_받는데이터 값 ""
아니고 ... 라면 가져오기 global 변수_받는데이터 = "a"
그러면 지정하기 이미지S_Heater.방향 값 0
```

① 블루투스로부터 받은 데이터가 소문자 'b'라면 스마트폰을 진동하면서 소리를 재생하고, [이미지S_Heater]의 [방향] 속성을 '270'으로 설정하여 넘어지게 합니다.

② 블루투스로부터 받은 데이터가 소문자 'a'라면 [이미지S_Heater]의 [방향] 속성을 '0'으로 설정하여 초기 상태로 복원합니다.

6 1초마다 데이터 수신과 확인 반복하기

```
언제 시계1.타이머
실행 만약 호출 블루투스_클라이언트1.받을 수 있는 바이트 크기 > 0
     그러면 지정하기 global 변수_받는데이터 값 호출 블루투스_클라이언트1.텍스트 받기
                                              바이트 수 호출 블루투스_클라이언트1.받을 수 있는 바이트 크기
     만약 가져오기 global 변수_받는데이터 = "b"
     그러면 호출 소리1.진동
               밀리초 1000
            호출 소리1.재생
            지정하기 이미지S_Heater.방향 값 270
            지정하기 global 변수_받는데이터 값 ""
     아니고 ... 라면 가져오기 global 변수_받는데이터 = "a"
     그러면 지정하기 이미지S_Heater.방향 값 0
```

① 1초마다 블루투스로부터 받을 데이터가 있는지

② 블루투스로부터 받은 데이터가 소문자 'a' 또는 'b'인지를 확인하는 동작을 반복합니다.

7 전체 코드

```
언제 목록_블루투스 .선택 전
실행 지정하기 목록_블루투스 . 요소 값 블루투스_클라이언트1 . 주소와 이름들
     만약 아니다 블루투스_클라이언트1 . 활성화
     그러면 호출 알림1 .경고창 나타내기
                  알림 " 블루투스를 활성화시켜주세요! "

함수 팝업메시지 내용
실행 호출 알림1 .경고창 나타내기
          알림 가져오기 내용

함수 연결됨 참거짓
실행 지정하기 목록_블루투스 . 활성화 값 아니다 가져오기 참거짓
     지정하기 버튼_연결끊기 . 활성화 값 가져오기 참거짓
     지정하기 시계1 . 타이머 활성 여부 값 가져오기 참거짓

언제 목록_블루투스 .선택 후
실행 호출 팝업메시지
          내용 합치기 " 연결을 시도합니다.₩n "
                     목록_블루투스 . 선택된 항목
     만약 호출 블루투스_클라이언트1 .연결
               주소 목록_블루투스 . 선택된 항목
     그러면 호출 연결됨
                 참거짓 참
            호출 팝업메시지
                 내용 " 연결됐습니다. "

함수 연결끊기
실행 호출 블루투스_클라이언트1 .연결 끊기
     호출 팝업메시지
          내용 " 연결이 끊겼습니다. "
     호출 연결됨
          참거짓 거짓
```

```
언제 Screen1 .오류 발생
  컴포넌트  함수 이름  오류 번호  메시지
실행  호출 팝업메시지
          내용  합치기  " 에러 "
                       가져오기 오류 번호
                       " "
                       가져오기 함수 이름
                       " : "
                       가져오기 메시지
      만약  가져오기 오류 번호 = 516
      그러면  호출 알림1 .경고창 나타내기
                  알림  " 상대방이 연결을 끊었습니다. "
              호출 연결끊기
      아니고 ... 라면  가져오기 오류 번호 = 507
      그러면  호출 알림1 .경고창 나타내기
                  알림  " 선택한 기기와 연결할 수 없습니다.₩n 기기가 켜져 있는지 확인해주세요. "

언제 버튼_연결끊기 .클릭
실행  호출 연결끊기
      호출 초기화

전역변수 초기화 변수_받는데이터 값 " "

함수 초기화
실행  지정하기 이미지S_Heater . 방향 값 0
      지정하기 이미지S_Heater . X 값 50
      지정하기 이미지S_Heater . Y 값 155
      지정하기 시계1 . 타이머 활성 여부 값 거짓

언제 Screen1 .초기화
실행  호출 초기화

언제 시계1 .타이머
실행  만약  호출 블루투스_클라이언트1 .받을 수 있는 바이트 크기 > 0
      그러면  지정하기 global 변수_받는데이터 값  호출 블루투스_클라이언트1 .텍스트 받기
                                                     바이트 수  호출 블루투스_클라이언트1 .받을 수 있는 바이트 크기
      만약  가져오기 global 변수_받는데이터 = " b "
      그러면  호출 소리1 .진동
                  밀리초 1000
              호출 소리1 .재생
              지정하기 이미지S_Heater . 방향 값 270
              지정하기 global 변수_받는데이터 값 " "
      아니고 ... 라면  가져오기 global 변수_받는데이터 = " a "
      그러면  지정하기 이미지S_Heater . 방향 값 0
```

05 IoT 서비스 확인하기

1 회로가 연결된 아두이노를 준비합니다.

2 USB 케이블로 아두이노와 PC를 연결합니다.

3 아두이노에 연결된 블루투스 모듈을 스마트폰과 페어링합니다.

4 완성된 HeaterKeeper.aia 앱을 실행합니다.

① [연결] 메뉴를 클릭한 후 [AI 컴패니언] 클릭하기

② QR 코드가 나타나면 스마트폰의 MIT AI2 Companion 앱을 실행하여 [scan QR code] 메뉴로 QR 코드 인식하기

③ 스마트폰의 앱과 아두이노의 기능을 실시간으로 확인하기

아두이노	앱 인벤터
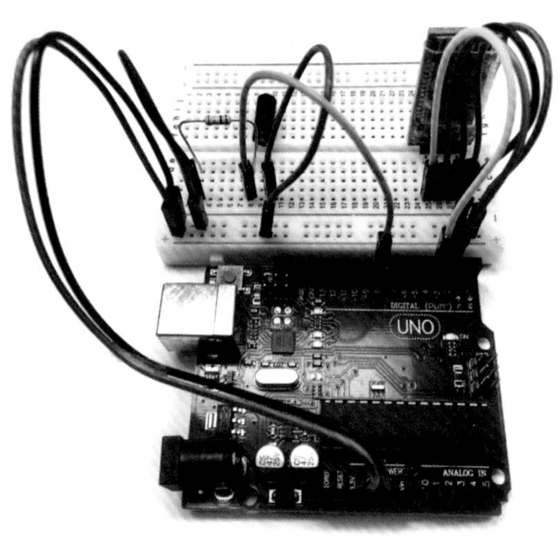	

앱 인벤터의 [이미지 스프라이트] 컴포넌트를 하나 더 추가하여 난로가 넘어졌을 때 화재 경보기가 화면의 X – 220, Y – 5 위치에 보이도록 앱을 수정해 보세요.

★ 화재 경보기 이미지는 'FireAlarm.png' 파일을 사용합니다.

MEMO

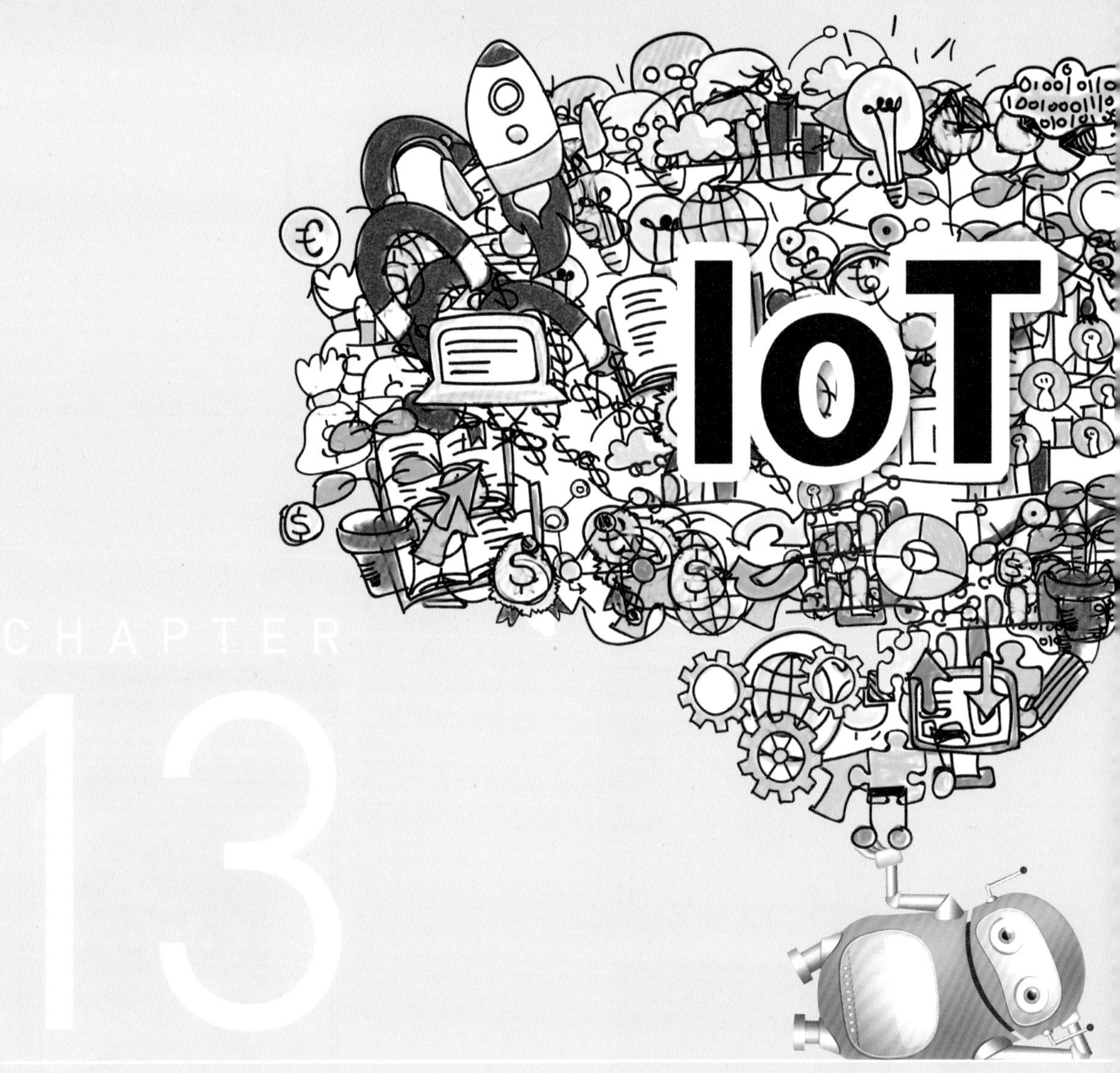

CHAPTER

13

햇빛량 측정기 만들기

햇빛량에 따른 주위의 밝기를 조도 센서를 사용하여 측정하고 측정 값에 따라 선글라스가 달라지는 앱을 개발할 수 있습니다.

01 IoT 서비스 설계하기

① 아두이노 보드에 연결된 조도 센서가 측정한 값(0~100)을 1초마다 앱으로 보내면 측정된 값에 따라 선글라스가 변경되도록 설계합니다.

② 연결된 블루투스를 통해 아두이노에서 앱 인벤터로 [숫자]를 보냅니다.

아두이노	블루투스 통신	앱 인벤터

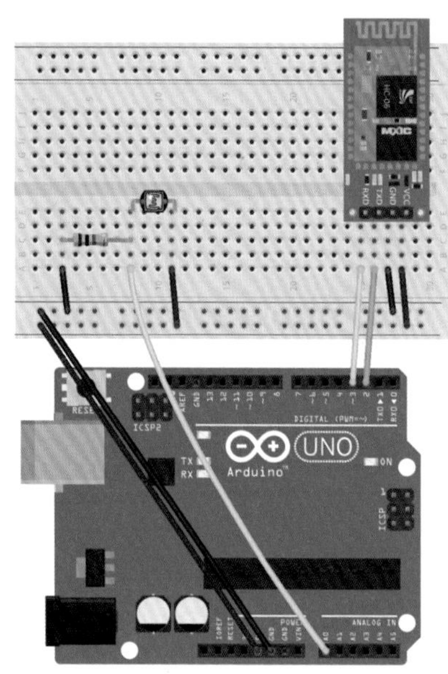

‘85’

02 아두이노 제작하기

STEP 1 부품 알아보기

1 조도 센서란?

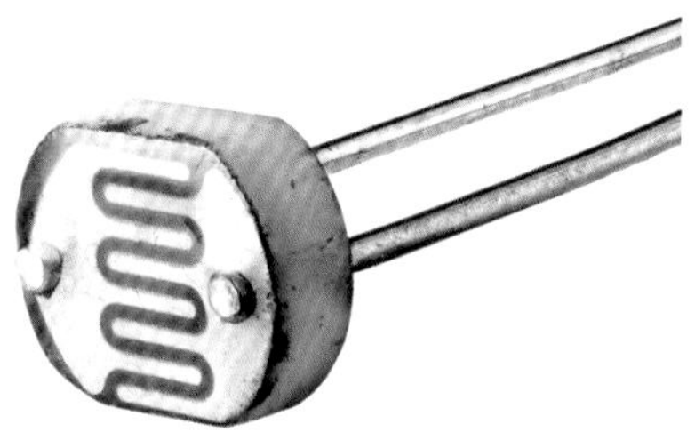

- 조도 센서는 밝기에 따라 저항 값이 바뀌는 성질을 이용하여 밝기 정도를 알 수 있는 센서입니다.
- 교재에 사용된 조도 센서는 다음 그림과 같이 주위가 밝을 경우 저항 값이 적어지며, 주위가 어두울 경우 저항 값이 커지는 성질을 가지고 있습니다.
- 직렬로 저항을 연결한 후 저항의 전압 값을 읽어서 밝기 정도를 알 수 있습니다.

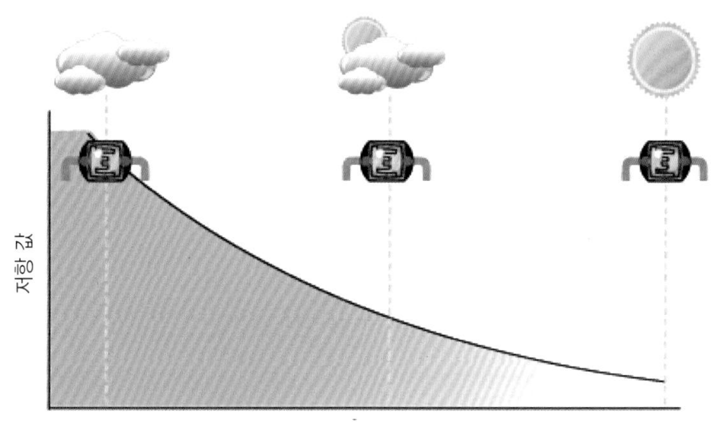

STEP 2 부품 준비하기

부품		개수
	아두이노 우노	1
	브레드보드	1
	블루투스 모듈(HC-06)	1
	조도 센서	1
	저항(10KΩ)	1
	수수(MM) 점퍼와이어	6(10cm) 3(20cm)

STEP 3 아두이노 연결하기

2단계
20cm 수수(MM) 점퍼와이어를 사용하여 저항과 조도 센서가 연결되는 곳을 아두이노의 아날로그 0번(A0) 핀과 연결합니다.

1단계
저항과 조도 센서가 서로 연결되도록 합니다. 저항과 조도 센서는 극성이 없기 때문에 방향을 고려하지 않아도 됩니다.

3단계
블루투스 모듈(HC-06)은 CHAPTER 02와 동일하게 연결합니다.

회로를 연결하고 브레드보드의 홀에 다음 이미지와 같이 부품 또는 점퍼와이어가 모두 연결되어야 합니다.

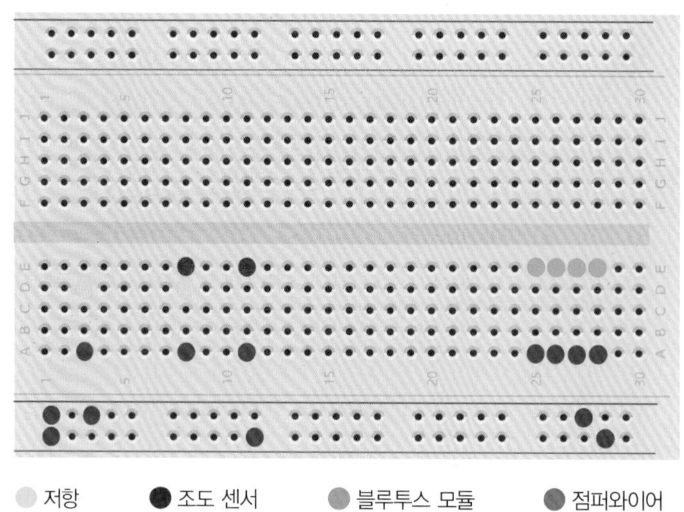

STEP 4 스케치 작성하기

Sunlight.ino

```
#include <SoftwareSerial.h>
// 조도 센서를 아날로그 0번으로 설정한다.
int CDS=0;
// int형 변수 value를 선언하고 0으로 초기화한다.
int value=0;

SoftwareSerial mySerial(2,3);

void setup()
{
  mySerial.begin(9600);
}

void loop()
{
  // 아날로그 0번에서 값을 읽은 후 value에 저장한다.
  value = analogRead(CDS);
  // 400~1000 범위 안의 value 값을 0~100 안의 값으로 매핑한다.
  value = map(value,400,1000,0,100);
  // 0~100 범위 안의 value 값을 앱으로 전송한다.
  mySerial.write(byte(value));
  delay(1000);
}
```

STEP 5 스케치 알아보기

int CDS=0;	■ int형 변수 CDS를 선언하고 0으로 초기화합니다.
int value=0;	■ analogRead, map에서 넘겨 주는 값을 저장하기 위한 int형 변수 value를 선언하고 0으로 초기화합니다.
analogRead(CDS)	■ analogRead는 아날로그 핀으로부터 값을 읽기 위해 사용합니다. ■ 변수 CDS에 숫자 0이 저장되어 있기 때문에 아날로그 0번으로부터 값을 읽습니다. ■ 읽은 값의 범위는 0~1023 안의 값입니다.
map(value,400,1000,0,100)	■ map은 한 범위에서 다른 범위로 숫자를 다시 매핑합니다. ■ 400~1000 범위 안의 value의 값을 0~100 범위 안의 값으로 매핑을 합니다.

STEP 6 스케치 컴파일 및 업로드하기

CHAPTER 02 STEP 6의 순서로 스케치를 아두이노 보드로 업로드합니다.

03 앱 인벤터와 아두이노 통신하기

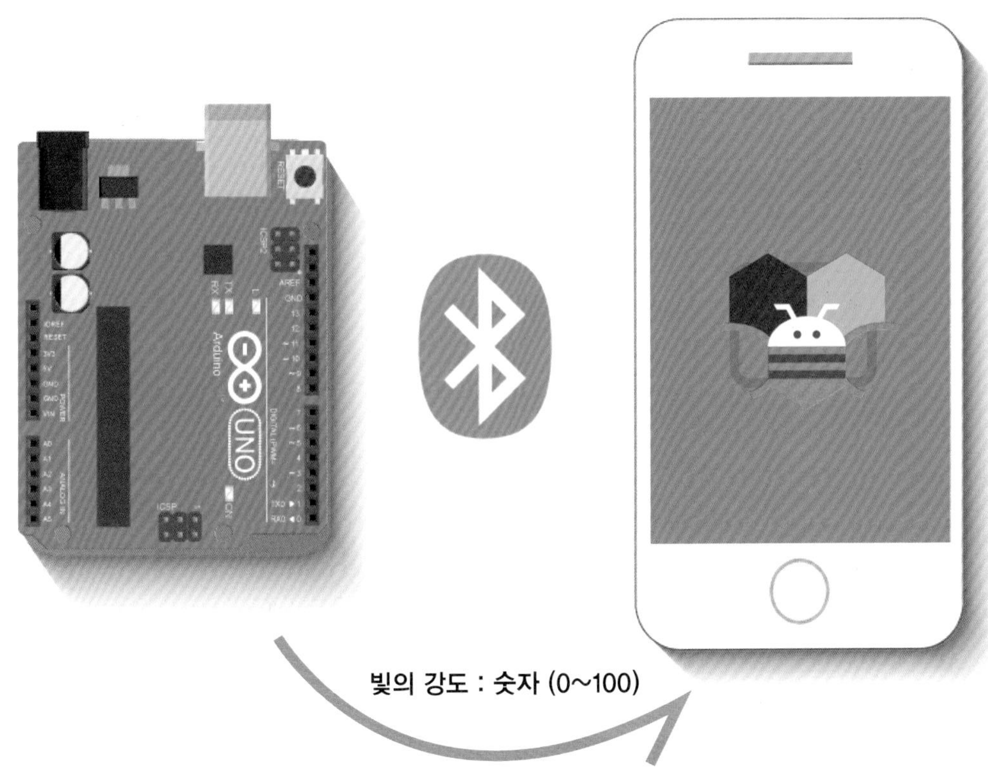

- 아두이노에 연결된 조도 센서로부터 1초마다 값을 읽습니다.
- 읽은 값을 0~100 사이의 값으로 매핑 후 앱으로 보냅니다.
- 앱에서 빛의 강도를 의미하는 숫자 값을 받으면 해당 값에 따라 선글라스의 색을 변경시킵니다.
- 앱에서 아두이노로 보내는 정보는 없습니다.

04 앱 개발하기

STEP 1 디자인 프로젝트 파일 가져오기

① [프로젝트 > 내 컴퓨터에서 프로젝트(.aia) 가져오기]를 클릭하여 [디자이너] 화면에서 컴포넌트로만 디자인된 'Sunlight_Design.aia' 프로젝트를 가져옵니다.

② [프로젝트 > 프로젝트 다른 이름으로 저장]을 클릭하여 'Sunlight.aia'라는 새 이름으로 프로젝트를 저장합니다.

STEP 2 컴포넌트 구성하기

'Sunlight.aia' 프로젝트의 컴포넌트 구성은 다음과 같습니다.

종류	팔레트	이름	설명
수평배치	레이아웃	**수평배치1**	[목록_블루투스]와 [버튼_연결끊기]를 수평으로 배치
목록 선택	사용자 인터페이스	**목록_블루투스**	연결 가능한 블루투스 정보 보여 주기
버튼	사용자 인터페이스	**버튼_연결끊기**	연결된 블루투스 연결 끊기
레이블	사용자 인터페이스	**레이블_안내**	앱의 기능 안내
수평배치	레이아웃	**수평배치2**	[캔버스1] 배치
캔버스	그리기 & 애니메이션	**캔버스1**	[이미지S_Sunglass] 배치
이미지 스프라이트	그리기 & 애니메이션	**이미지S_Sunglass**	6개의 선글라스 이미지 보여 주기
블루투스 클라이언트	연결	**블루투스_클라이언트1**	아두이노와 데이터 주고받음
알림	사용자 인터페이스	**알림1**	경고 창 나타내기
시계	센서	**시계1**	아두이노로부터 데이터를 주기적으로 수신하기 위함

※ 은 [보이지 않는 컴포넌트]입니다.

STEP 3 블록 코딩하기

1 블루투스 통신을 위한 공통 블록

블루투스와 통신을 하는 앱을 개발하기 위해 공통적으로 사용하는 블록입니다.

활성화된 블루투스를 리스트로 보여줌

```
언제 목록_블루투스 .선택 전
실행 지정하기 목록_블루투스 . 요소 값 블루투스_클라이언트1 . 주소와 이름들
     만약 아니다 블루투스_클라이언트1 . 활성화
     그러면 호출 알림1 .경고창 나타내기
                      알림 " 블루투스를 활성화시켜주세요! "
```

특정 내용을 경고창으로 표현하기

```
함수 팝업메시지 내용
실행 호출 알림1 .경고창 나타내기
                알림 가져오기 내용
```

블루투스가 연결되었을 경우의 컴포넌트 값 설정하기

```
함수 연결됨 참거짓
실행 지정하기 목록_블루투스 . 활성화 값 아니다 가져오기 참거짓
     지정하기 버튼_연결끊기 . 활성화 값 가져오기 참거짓
     지정하기 시계1 . 타이머 활성 여부 값 가져오기 참거짓
```

선택한 블루투스 정보를 알림으로 표현

블루투스가 연결되면 연결됨 함수와 팝업메시지 함수 호출

```
언제 목록_블루투스 .선택 후
실행 호출 팝업메시지
             내용 합치기 " 연결을 시도합니다.₩n "
                         목록_블루투스 . 선택된 항목
     만약 호출 블루투스_클라이언트1 .연결
                                주소 목록_블루투스 . 선택된 항목
     그러면 호출 연결됨
                 참거짓 참
            호출 팝업메시지
                 내용 " 연결됐습니다. "
```

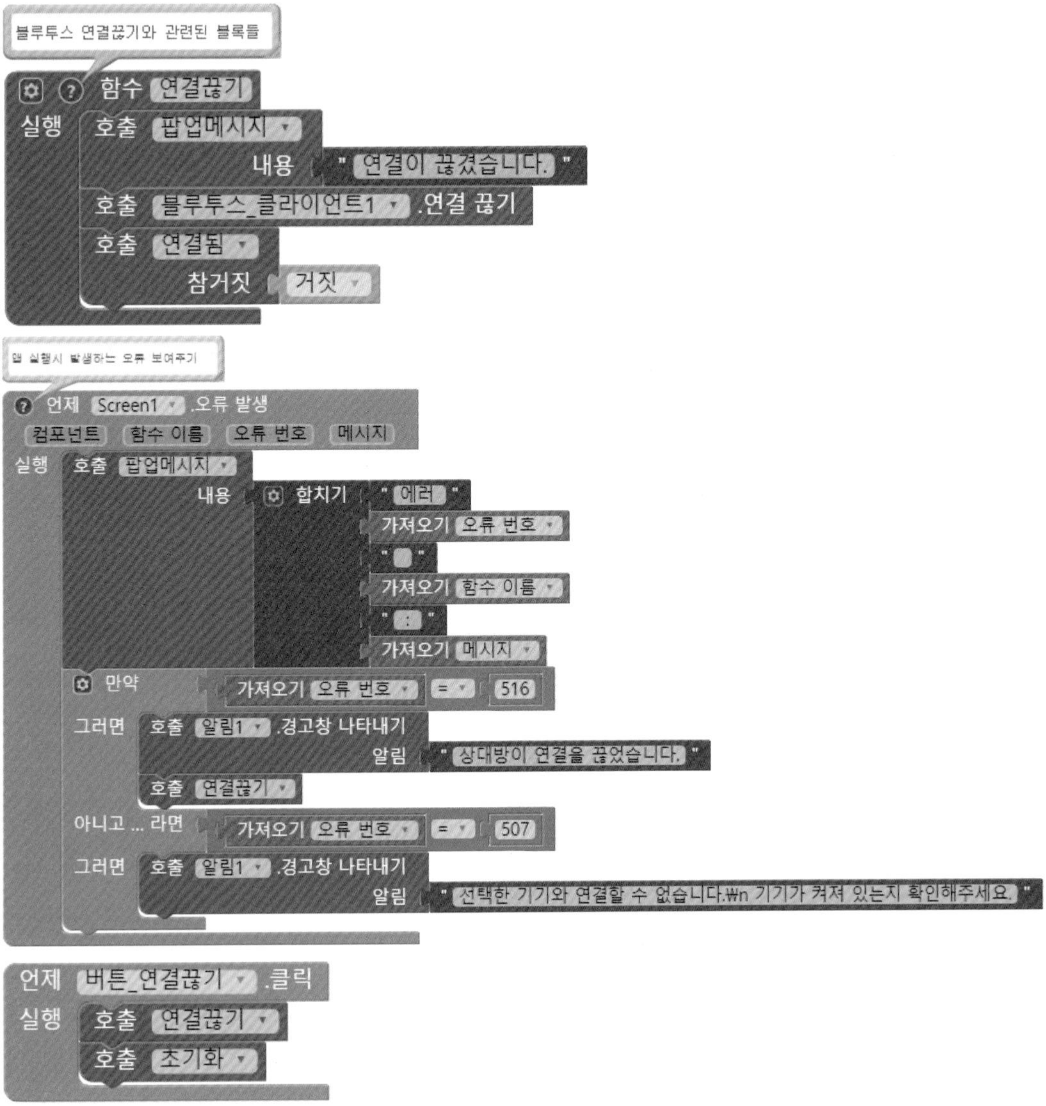

```
블루투스 연결끊기와 관련된 블록들
함수 연결끊기
실행 호출 팝업메시지
        내용 " 연결이 끊겼습니다. "
     호출 블루투스_클라이언트1 .연결 끊기
     호출 연결됨
        참거짓 거짓

앱 실행시 발생하는 오류 보여주기
언제 Screen1 .오류 발생
 컴포넌트 함수 이름 오류 번호 메시지
실행 호출 팝업메시지
        내용 합치기 " 에러 "
                가져오기 오류 번호
                " "
                가져오기 함수 이름
                " : "
                가져오기 메시지
     만약 가져오기 오류 번호 = 516
     그러면 호출 알림1 .경고창 나타내기
                알림 " 상대방이 연결을 끊었습니다. "
          호출 연결끊기
     아니고 ... 라면 가져오기 오류 번호 = 507
     그러면 호출 알림1 .경고창 나타내기
                알림 " 선택한 기기와 연결할 수 없습니다.₩n 기기가 켜져 있는지 확인해주세요. "

언제 버튼_연결끊기 .클릭
실행 호출 연결끊기
     호출 초기화
```

2 변수 만들기

```
아두이노가 보내는 숫자 데이터를 저장하는 변수
전역변수 초기화 변수_받는데이터 값 0
```

1 아두이노가 보내는 숫자 데이터를 저장하기 위해 [변수_받는데이터]라는 이름의 전역변수를 만듭니다.

2 [변수_받는데이터]의 초깃값을 '0'으로 설정합니다.

```
괄호를 제외하기 위해 데이터를 저장하는 변수
전역변수 초기화 변수_추출된데이터 값 " "
```

3 아두이노가 보내는 숫자 데이터에서 괄호를 제외하기 위해 [변수_추출된데이터]라는 이름의 전역변수를 만듭니다.

4 [변수_추출된데이터]의 초깃값을 공백으로 설정합니다.

3 초기화하기

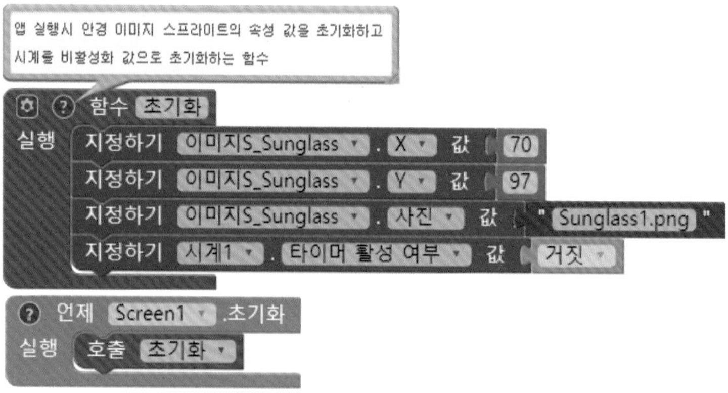

```
앱 실행시 안경 이미지 스프라이트의 속성 값을 초기화하고
시계를 비활성화 값으로 초기화하는 함수
함수 초기화
실행 지정하기 이미지S_Sunglass . X 값 70
     지정하기 이미지S_Sunglass . Y 값 97
     지정하기 이미지S_Sunglass . 사진 값 " Sunglass1.png "
     지정하기 시계1 . 타이머 활성 여부 값 거짓
언제 Screen1 .초기화
실행 호출 초기화
```

1 앱이 처음 실행되었을 때 초기화해야 할 컴포넌트들의 상태 값을 설정하는 [초기화] 함수를 만듭니다.

2 [이미지S_Sunglass] 컴포넌트의 [X], [Y], [사진] 속성을 각각 설정합니다.

3 [시계1] 컴포넌트의 [타이머 활성 여부] 속성을 '거짓'으로 설정합니다.

4 [Screen1]의 초기화를 실행했을 때 [초기화] 함수를 호출합니다.

4 [괄호삭제] 함수 만들기

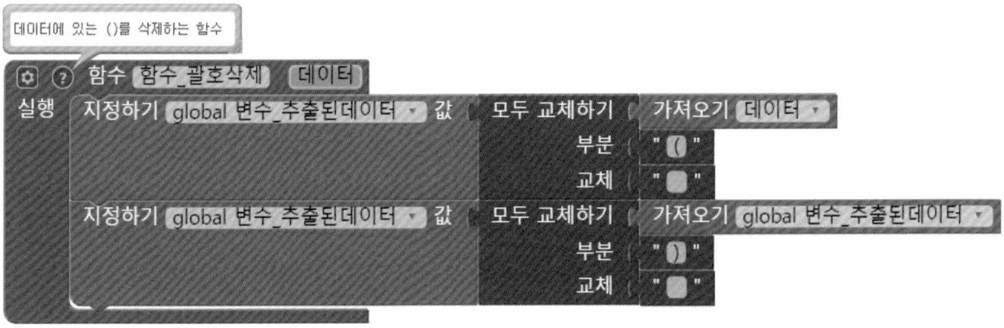

① 데이터에서 '('를 공백으로 교체하여 [global 변수_추출된데이터]에 저장합니다.

② [global 변수_추출된데이터]에서 ')'를 공백으로 교체하여 [global 변수_추출된데이터]에 저장합니다.

5 블루투스로부터 받을 수 있는 데이터가 있다면

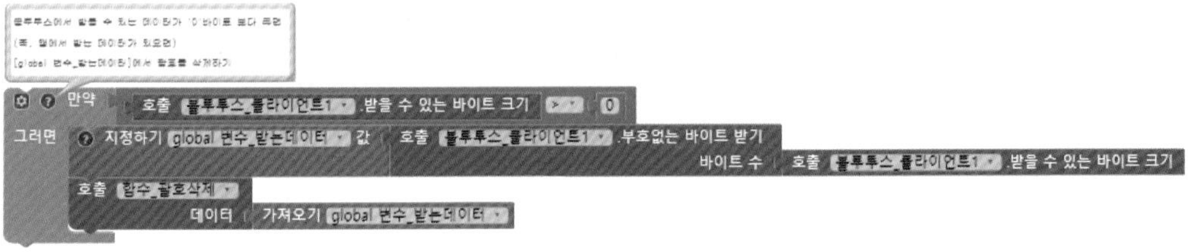

① 만약 블루투스로부터 받을 데이터가 있다면

② 받을 수 있는 바이트 크기의 숫자 값을 받아서 미리 만들어 둔 [global 변수_받는데이터]에 저장합니다.

③ [함수_괄호삭제] 함수를 통해 [global 변수_받는데이터]에서 괄호를 삭제합니다.

6 데이터 값에 따라 선글라스 변경하기

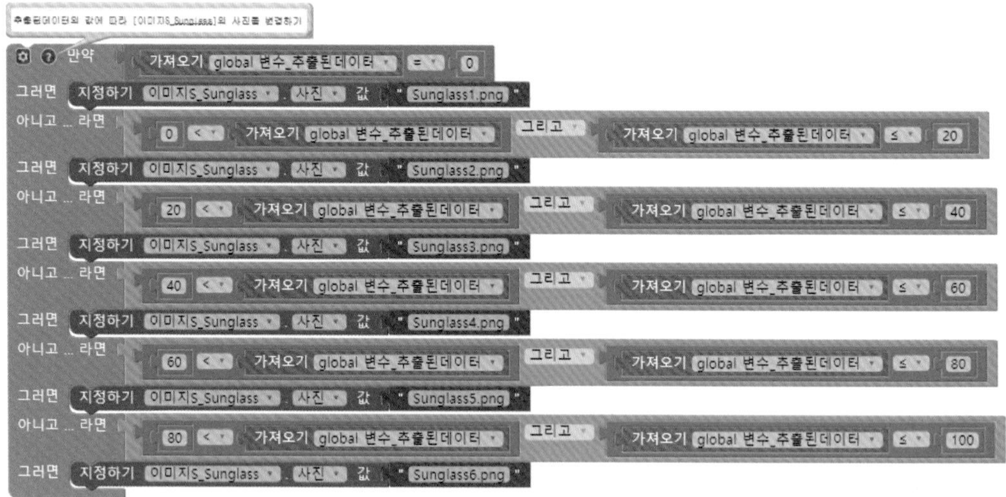

1. [global 변수_추출된데이터]가 '0'과 같으면 [이미지S_Sunglass]의 [사진] 속성을 'Sunglass1.png'로 지정하고
2. 0〈[global 변수_추출된데이터]〈=20과 같으면 [이미지S_Sunglass]의 [사진] 속성을 'Sunglass2.png'로 지정하고
3. 20〈[global 변수_추출된데이터]〈=40과 같으면 [이미지S_Sunglass]의 [사진] 속성을 'Sunglass3.png'로 지정하고
4. 40〈[global 변수_추출된데이터]〈=60과 같으면 [이미지S_Sunglass]의 [사진] 속성을 'Sunglass4.png'로 지정하고
5. 60〈[global 변수_추출된데이터]〈=80과 같으면 [이미지S_Sunglass]의 [사진] 속성을 'Sunglass5.png'로 지정하고
6. 80〈[global 변수_추출된데이터]〈=100과 같으면 [이미지S_Sunglass]의 [사진] 속성을 'Sunglass6.png'로 지정합니다.

7 0.7초마다 데이터를 수신하고 괄호 삭제 후 선글라스 변경하기

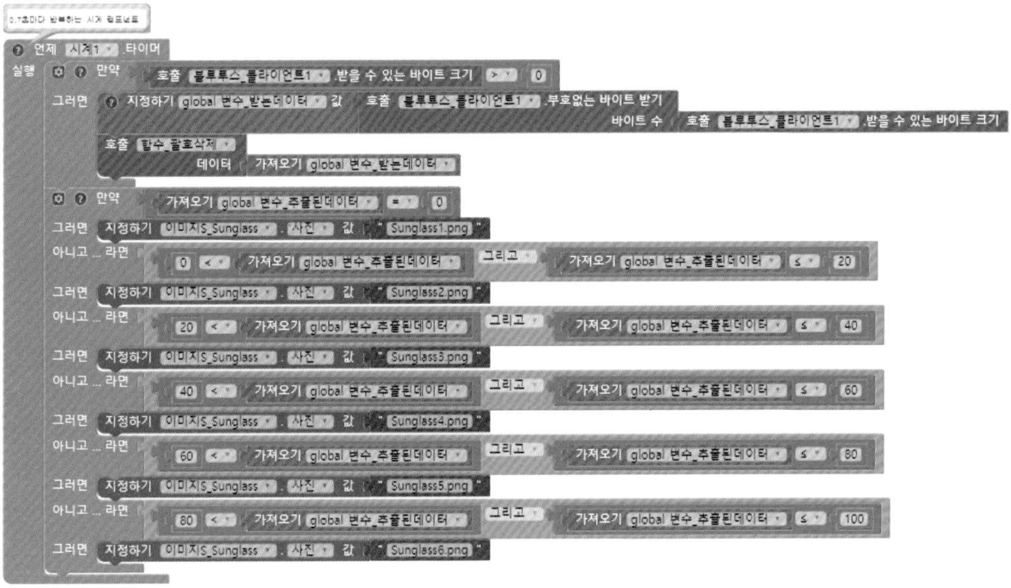

①0.7초마다 블루투스로부터 받을 데이터가 있는지 확인하여 데이터가 있다면

②받은 데이터를 [함수_괄호삭제]의 매개변수로 전달하여 괄호를 삭제하고

③그 값의 범위에 따라 [이미지S_Sunglass]의 [사진] 속성을 변경합니다.

8 전체 코드

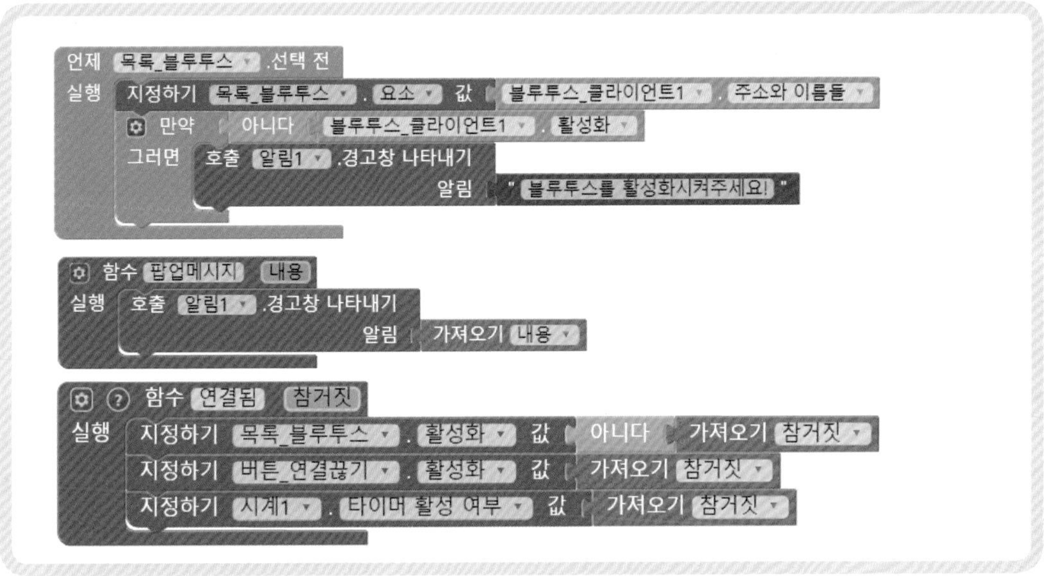

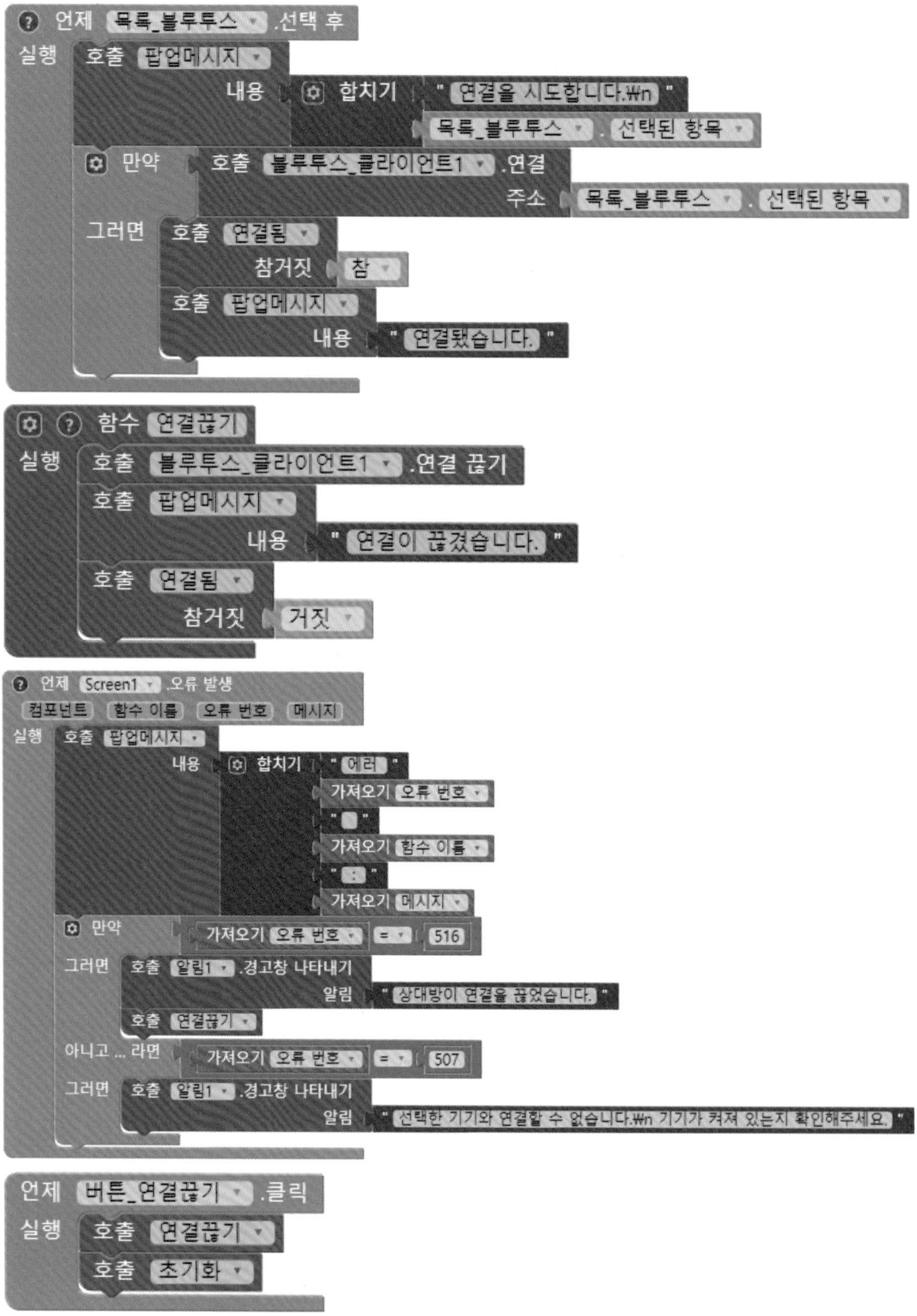

언제 목록_블루투스 .선택 후
실행 호출 팝업메시지
내용 합치기 " 연결을 시도합니다.₩n "
목록_블루투스 . 선택된 항목
만약 호출 블루투스_클라이언트1 .연결
주소 목록_블루투스 . 선택된 항목
그러면 호출 연결됨
참거짓 참
호출 팝업메시지
내용 " 연결됐습니다. "

함수 연결끊기
실행 호출 블루투스_클라이언트1 .연결 끊기
호출 팝업메시지
내용 " 연결이 끊겼습니다. "
호출 연결됨
참거짓 거짓

언제 Screen1 .오류 발생
컴포넌트 함수 이름 오류 번호 메시지
실행 호출 팝업메시지
내용 합치기 " 에러 "
가져오기 오류 번호
" "
가져오기 함수 이름
" : "
가져오기 메시지
만약 가져오기 오류 번호 = 516
그러면 호출 알림1 .경고창 나타내기
알림 " 상대방이 연결을 끊었습니다. "
호출 연결끊기
아니고 ... 라면 가져오기 오류 번호 = 507
그러면 호출 알림1 .경고창 나타내기
알림 " 선택한 기기와 연결할 수 없습니다.₩n 기기가 켜져 있는지 확인해주세요. "

언제 버튼_연결끊기 .클릭
실행 호출 연결끊기
호출 초기화

```
전역변수 초기화 변수_받는데이터 값 0
전역변수 초기화 변수_추출된데이터 값 " "
함수 초기화
실행 지정하기 이미지S_Sunglass . X 값 70
     지정하기 이미지S_Sunglass . Y 값 97
     지정하기 이미지S_Sunglass . 사진 값 " Sunglass1.png "
     지정하기 시계1 . 타이머 활성 여부 값 거짓
언제 Screen1 .초기화
실행 호출 초기화
함수 함수_괄호삭제 데이터
실행 지정하기 global 변수_추출된데이터 값 모두 교체하기 가져오기 데이터
                                              부분 " ( "
                                              교체 " "
     지정하기 global 변수_추출된데이터 값 모두 교체하기 가져오기 global 변수_추출된데이터
                                              부분 " ) "
                                              교체 " "
언제 시계1 .타이머
실행 만약 호출 블루투스_클라이언트1 .받을 수 있는 바이트 크기 > 0
     그러면 지정하기 global 변수_받는데이터 값 호출 블루투스_클라이언트1 .부호없는 바이트 받기
                                                   바이트 수 호출 블루투스_클라이언트1 .받을 수 있는 바이트 크기
            호출 함수_괄호삭제
                  데이터 가져오기 global 변수_받는데이터
     만약 가져오기 global 변수_추출된데이터 = 0
     그러면 지정하기 이미지S_Sunglass . 사진 값 " Sunglass1.png "
     아니고 _ 라면 0 < 가져오기 global 변수_추출된데이터 그리고 가져오기 global 변수_추출된데이터 ≤ 20
     그러면 지정하기 이미지S_Sunglass . 사진 값 " Sunglass2.png "
     아니고 _ 라면 20 < 가져오기 global 변수_추출된데이터 그리고 가져오기 global 변수_추출된데이터 ≤ 40
     그러면 지정하기 이미지S_Sunglass . 사진 값 " Sunglass3.png "
     아니고 _ 라면 40 < 가져오기 global 변수_추출된데이터 그리고 가져오기 global 변수_추출된데이터 ≤ 60
     그러면 지정하기 이미지S_Sunglass . 사진 값 " Sunglass4.png "
     아니고 _ 라면 60 < 가져오기 global 변수_추출된데이터 그리고 가져오기 global 변수_추출된데이터 ≤ 80
     그러면 지정하기 이미지S_Sunglass . 사진 값 " Sunglass5.png "
     아니고 _ 라면 80 < 가져오기 global 변수_추출된데이터 그리고 가져오기 global 변수_추출된데이터 ≤ 100
     그러면 지정하기 이미지S_Sunglass . 사진 값 " Sunglass6.png "
```

05 IoT 서비스 확인하기

1 회로가 연결된 아두이노를 준비합니다.

2 USB 케이블로 아두이노와 PC를 연결합니다.

3 아두이노에 연결된 블루투스 모듈을 스마트폰과 페어링합니다.

4 완성된 Sunlight.aia 앱을 실행합니다.

① [연결] 메뉴를 클릭한 후 [AI 컴패니언] 클릭하기

② QR 코드가 나타나면 스마트폰의 MIT AI2 Companion 앱을 실행하여 [scan QR code] 메뉴로 QR 코드 인식하기

③ 스마트폰의 앱과 아두이노의 기능을 실시간으로 확인하기

아두이노	앱 인벤터

조도 센서가 측정한 값을 2초마다 앱으로 보내도록 수정해 보세요.

★ 예제에서 Delay 함수는 시간 간격을 조정하기 위해 사용되고 있습니다.

MEMO

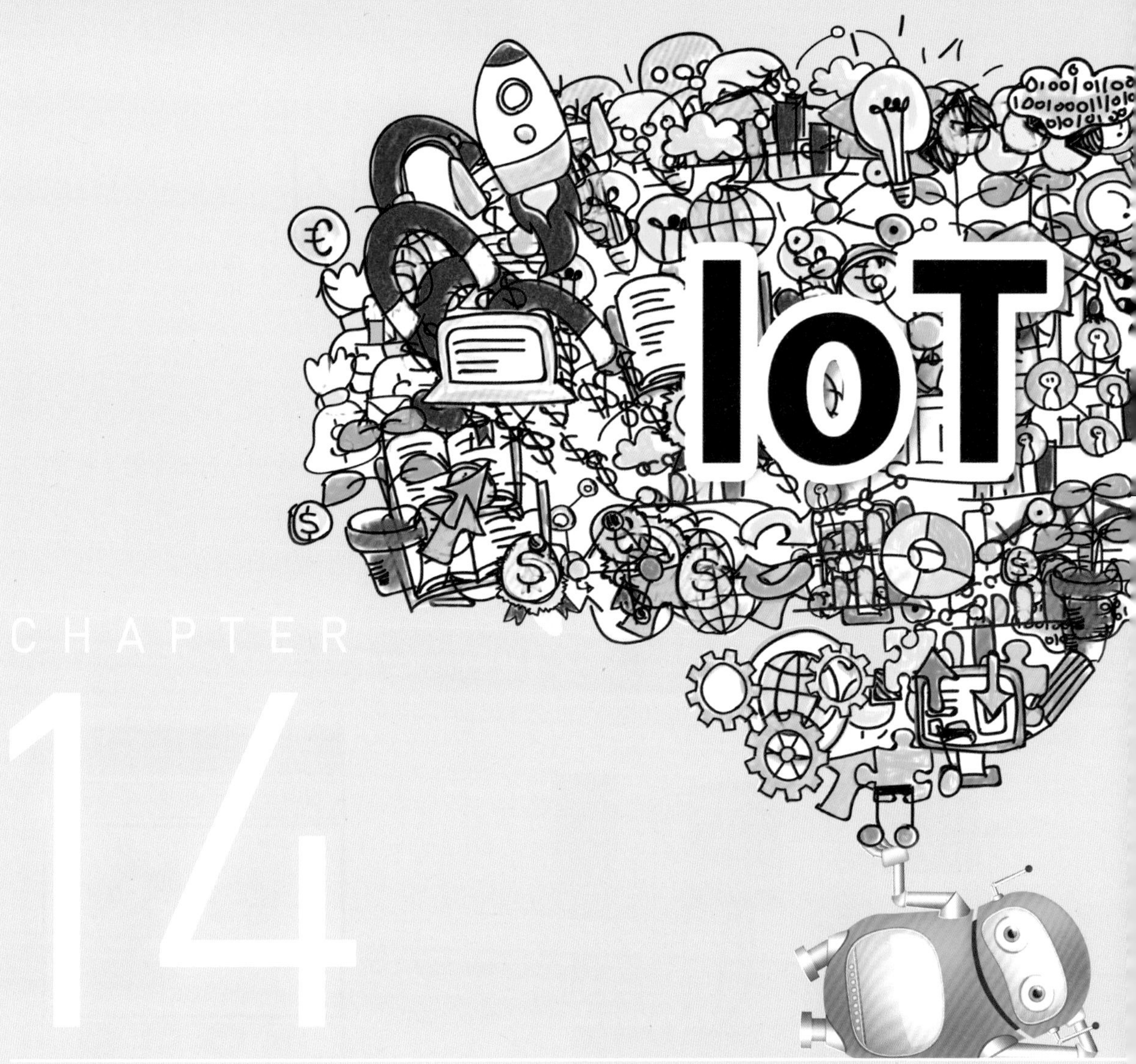

CHAPTER

14

선풍기 조절기 만들기

더운 여름에 멀리 있는 선풍기를 켜기 위해 직접 선풍기의 버튼을 누르러 가지 않고 앱으로 편리하게 선풍기를 켜고 끌 수 있는 장치를 만들 수 있습니다.

01 IoT 서비스 설계하기

1. 앱에서 버튼을 눌러 속도를 조정합니다.
2. 누른 버튼에 해당되는 속도 값이 아두이노로 전달되면 그 값에 따라 아두이노에 연결된 DC모터를 회전하도록 설계합니다.
3. 연결된 블루투스를 통해 앱 인벤터에서 아두이노로 [텍스트]를 보냅니다.

아두이노 | 블루투스 통신 | 앱 인벤터

'a0'

'b45'

02 아두이노 제작하기

STEP 1 부품 알아보기

1 DC 모터란?

- DC 모터는 전기 에너지를 운동 에너지로 변환하는 역할을 합니다. DC 모터는 고정자에 영구자석이 부착되어 있고, 회전자에 코일이 감겨져 있습니다. 회전자의 코일에 전류를 흐르게 하여 발생된 자기장과 영구자석의 반발력에 의해 회전자가 움직이게 됩니다.
- 직류를 전원으로 사용하며, 양극(+)과 음극(-)을 2개의 단자에 연결하여 사용합니다.
- 양극(+)과 음극(-)을 변경하면 전류의 방향이 바뀌고, DC 모터의 회전 방향이 변경됩니다.

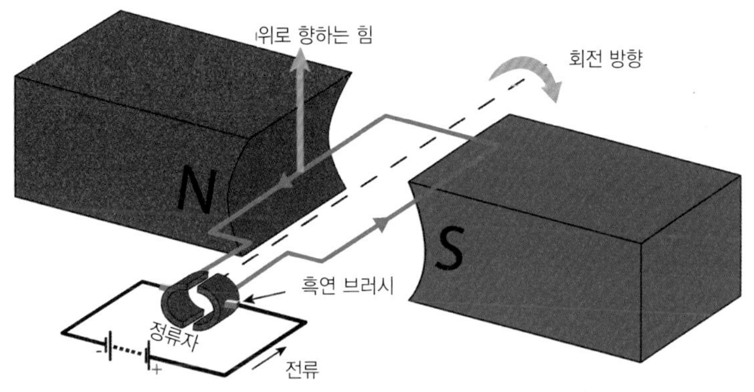

STEP 2 부품 준비하기

부품		개수
	아두이노 우노	1
	브레드보드	1
	블루투스 모듈(HC-06)	1
	DC 모터	1
	모터 드라이버 모듈(L9110)	1
	수수(MM) 점퍼와이어	4(10cm) 2(20cm)
	암수(MF) 점퍼와이어	4(10cm)

TIP DC 모터

- DC 모터는 극성이 따로 존재하지 않고, +, - 를 반대로 연결할 경우 회전 방향만 변경됩니다.
- DC 모터에 인가되는 전압의 크기를 변경시키면 회전 속도가 변경됩니다.

STEP 3 아두이노 연결하기

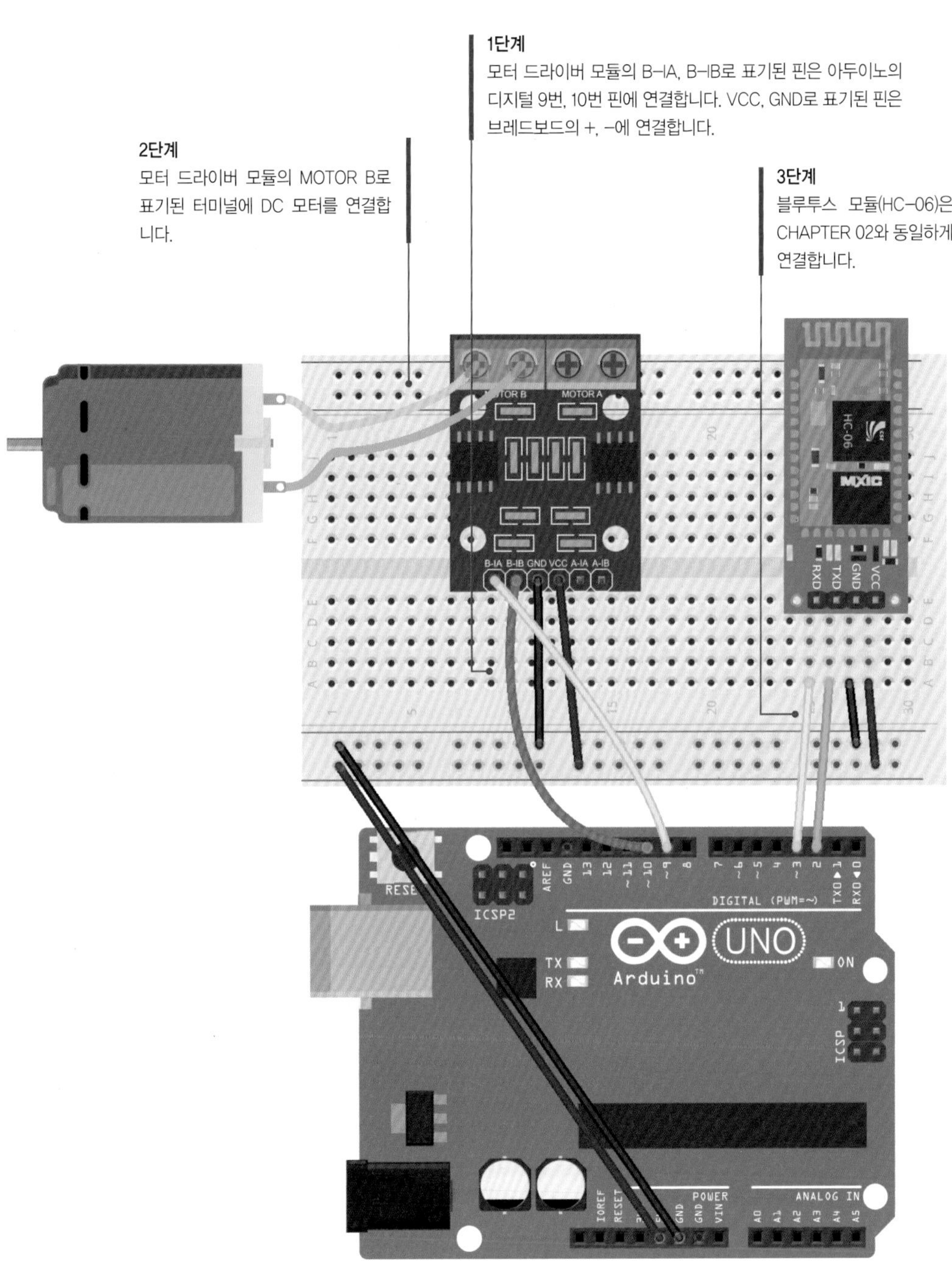

회로를 연결하고 브레드보드의 홀에 다음 이미지와 같이 부품 또는 점퍼와이어가 모두 연결되어야 합니다.

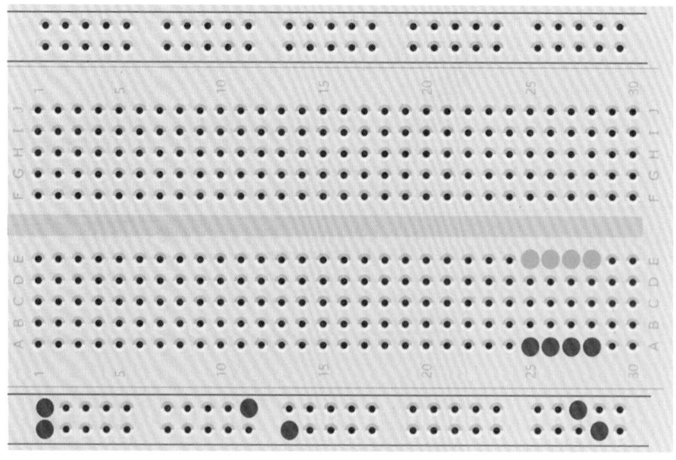

● 블루투스 모듈 ● 점퍼와이어

STEP 4 스케치 작성하기

FanController.ino

```
#include <SoftwareSerial.h>
// 모터 드라이버의 BIA, BIB를 디지털 9, 10번으로 설정한다.
#define BIA 9
#define BIB 10
// int형 변수 speed를 선언하고 0으로 초기화한다.
int speed = 0;
// char형 변수 c를 선언하고 a로 초기화한다.
char c='a';

SoftwareSerial mySerial(2,3);

void setup() {
   mySerial.begin(9600);
}

void loop() {
   if(mySerial.available()){
      c=mySerial.read();

      if(c=='b')
      {
        // 앱에서 문자 b를 보낸 경우, 속도 값을 speed 변수에 저장한다.
        speed = mySerial.parseInt();
        // 0~255 사이의 속도 값을 PWM을 생성시키는 디지털 10번에 세팅한다.
        analogWrite(BIA, 0);
        analogWrite(BIB, speed);
      }else if(c=='a'){
        // 앱에서 문자 a를 보낸 경우에는 DC 모터를 정지시킨다.
        analogWrite(BIA, 0);
        analogWrite(BIB, 0);
      }
      delay(1000);
   }
}
```

STEP 5 스케치 알아보기

#define BIA 9	■ BIA를 상숫값 9로 정의합니다.
#define BIA 10	■ BIB를 상숫값 10으로 정의합니다. ■ BIA, BIB를 통해 DC 모터의 회전 방향, 속도 등을 변경할 수 있습니다.
int speed = 0	■ 앱에서 보낸 속도 값(0~255)을 저장하기 위해 int형 변수 speed를 선언하고 0으로 초기화합니다.
char c='a';	■ 앱에서 DC 모터를 ON/OFF 시키기 위해 보내는 문자를 저장하기 위해 char형 변수 c를 선언하고 문자 a로 초기화합니다.
analogWrite(BIB, speed);	■ analogWrite는 해당 핀에 아날로그 값(PWM 파형)으로 설정합니다. ■ BIB를 상숫값 10으로 정의했기 때문에 디지털 10번을 변수 speed에 저장된 값으로 설정합니다. ■ 설정하기 위한 아날로그 값은 0~255 사이입니다. ■ 변수 speed의 값이 커질수록 디지털 10번 핀의 평균 전압이 상승하기 때문에 DC 모터의 속도도 빨라집니다.

STEP 6 스케치 컴파일 및 업로드하기

CHAPTER 02 STEP 6의 순서로 스케치를 아두이노 보드로 업로드합니다.

03 앱 인벤터와 아두이노 통신하기

끄기 : 'a숫자(0)'
속도 : 'b속도 값(80,140,200)'

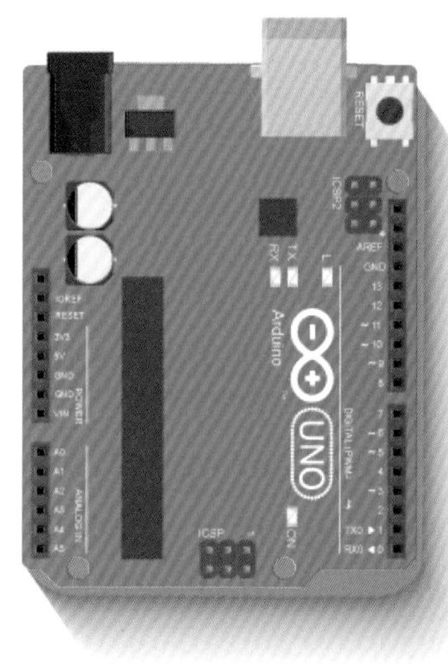

- 앱에서 [끄기]를 선택하면 'a숫자(0)'을 아두이노로 보내고 [약풍], [미풍], [강풍] 중 하나를 선택하면 해당 'b속도 값(80,140,200중 하나)'을 아두이노로 보냅니다.
- 아두이노가 속도 값을 받으면, DC 모터가 해당 속도로 동작합니다.
- 아두이노에서 앱으로 보내는 정보는 없습니다.

04 앱 개발하기

STEP 1 디자인 프로젝트 파일 가져오기

❶ [프로젝트 〉 내 컴퓨터에서 프로젝트(.aia) 가져오기]를 클릭하여 [디자이너] 화면에서 컴포넌트로만 디자인된 'FanController_Design.aia' 프로젝트를 가져옵니다.

❷ [프로젝트 〉 프로젝트 다른 이름으로 저장]을 클릭하여 'FanController.aia'라는 새 이름으로 프로젝트를 저장합니다.

STEP 2 컴포넌트 구성하기

'FanController.aia' 프로젝트의 컴포넌트 구성은 다음과 같습니다.

종류	팔레트	이름	설명
수평배치	레이아웃	**수평배치1**	[목록_블루투스]와 [버튼_연결끊기]를 수평으로 배치
목록 선택	사용자 인터페이스	**목록_블루투스**	연결 가능한 블루투스 정보 보여 주기
버튼	사용자 인터페이스	**버튼_연결끊기**	연결된 블루투스 연결 끊기
수평배치	레이아웃	**수평배치2**	[캔버스1] 배치
캔버스	그리기 & 애니메이션	**캔버스1**	[이미지S_Fan1], [이미지S_Fan2] 배치
이미지 스프라이트	그리기 & 애니메이션	**이미지S_Fan1**	팬 이미지(Fan1.png) 보여 주기
이미지 스프라이트	그리기 & 애니메이션	**이미지S_Fan2**	선풍기 기둥 이미지(Fan2.png) 보여 주기
수평배치	레이아웃	**수평배치3**	[버튼_끄기], [버튼_속도_약풍~강풍], [레이블_디자인 1~3] 배치
버튼	사용자 인터페이스	**버튼_끄기**	선풍기의 팬 끄기
버튼	사용자 인터페이스	**버튼_속도_약풍** **버튼_속도_미풍** **버튼_속도_강풍**	선풍기의 팬 속도를 결정하는 버튼
레이블	사용자 인터페이스	**레이블_디자인1~3**	버튼 사이의 간격을 두기 위함
레이블	사용자 인터페이스	**레이블_안내**	앱 사용에 대한 안내
블루투스 클라이언트	연결	**블루투스_클라이언트1**	아두이노와 데이터 주고받음
알림	사용자 인터페이스	**알림1**	경고 창 나타내기
시계	센서	**시계_Fan속도**	선풍기 팬을 1초마다 반복해서 회전하기 위한 센서

※ ░░░ 은 [보이지 않는 컴포넌트]입니다.

STEP 3 블록 코딩하기

1 블루투스 통신을 위한 공통 블록

블루투스와 통신을 하는 앱을 개발하기 위해 공통적으로 사용하는 블록입니다.

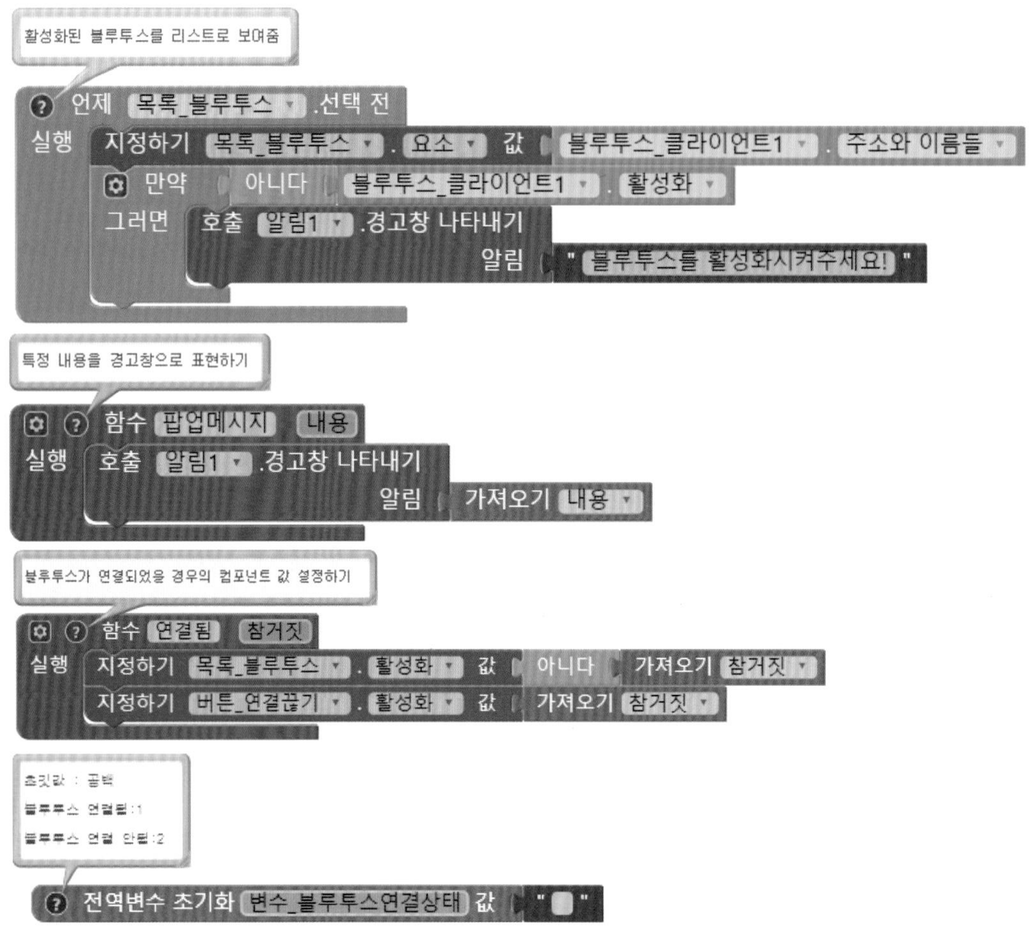

TIP 블루투스 통신을 위한 공통 블록

상세한 설명은 [CHAPTER 02 LED 제어하기]의 내용을 참고하기 바랍니다.

선택한 블루투스 정보를 팝업메시지로 표현
블루투스가 연결되면 연결됨 함수와 팝업메시지 함수 호출

```
언제 목록_블루투스 .선택 후
실행 호출 팝업메시지
        내용 합치기 " 연결을 시도합니다.₩n "
                   목록_블루투스 . 선택된 항목
     만약 호출 블루투스_클라이언트1 .연결
             주소 목록_블루투스 . 선택된 항목
     그러면 호출 연결됨
                참거짓 참
            호출 팝업메시지
                내용 " 연결됐습니다. "
            지정하기 global 변수_블루투스연결상태 값 " 1 "
```

블루투스 연결끊기 관련 함수

```
함수 연결끊기
실행 호출 팝업메시지
        내용 " 연결이 끊겼습니다. "
     호출 블루투스_클라이언트1 .연결 끊기
     호출 연결됨
        참거짓 거짓
     지정하기 global 변수_블루투스연결상태 값 " 2 "
```

```
언제 버튼_연결끊기 .클릭
실행 호출 연결끊기
     호출 초기화
```

앱 실행시 발생하는 오류 보여주기

```
언제 Screen1 .오류 발생
 컴포넌트 함수 이름 오류 번호 메시지
실행 호출 팝업메시지
        내용 합치기 " 에러 "
                   가져오기 오류 번호
                   " ( "
                   가져오기 함수 이름
                   " : "
                   가져오기 메시지
     만약 가져오기 오류 번호 = 516
     그러면 호출 알림1 .경고창 나타내기
                알림 " 상대방이 연결을 끊었습니다. "
            호출 연결끊기
     아니고 ... 라면 가져오기 오류 번호 = 507
     그러면 호출 알림1 .경고창 나타내기
                알림 " 선택한 기기와 연결할 수 없습니다.₩n 기기가 켜져 있는지 확인해주세요. "
```

2 [전송하기] 함수 만들기

1 앱 인벤터에서 아두이노로 텍스트를 보내기 위한 [전송하기] 함수입니다.

2 [호출 '블루투스_클라이언트1.텍스트 보내기] 블록에 [가져오기 '메시지']를 연결합니다.

3 초기화하기

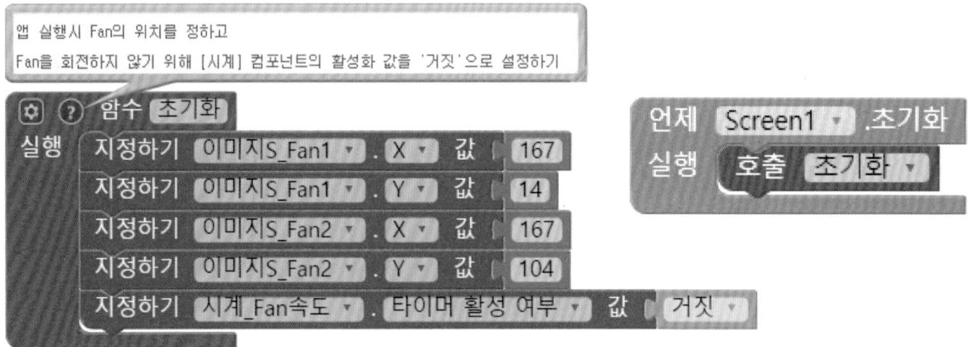

1 앱이 처음 실행되었을 때 초기화해야 할 컴포넌트들의 상태 값을 설정하는 [초기화] 함수를 만듭니다.

2 [이미지S_Fan1]과 [이미지S_Fan2]의 위치를 설정합니다.

3 [시계_Fan속도] 컴포넌트의 [타이머 활성 여부] 속성을 '거짓'으로 설정합니다.

4 [Screen1]의 초기화를 실행했을 때 [초기화] 함수를 호출합니다.

4 변수 만들기

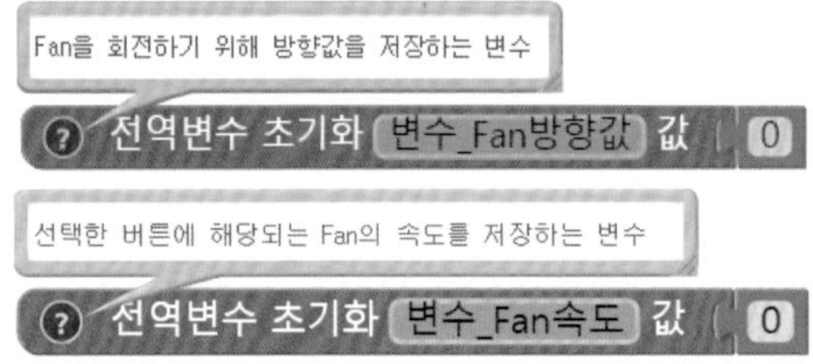

① [이미지S_Fan1]을 회전하기 위해 방향 값을 저장하는 전역변수와 선택한 버튼에 해당되는 Fan의 속도를 저장하기 위한 전역변수를 만듭니다.

② 두 변수의 초깃값을 '0'으로 설정합니다.

5 1초마다 팬을 30°씩 회전하기

Fan을 시계 컴포넌트의 간격마다 30도씩 회전시키기

언제 시계_Fan속도 .타이머
실행 지정하기 global 변수_Fan방향값 값 가져오기 global 변수_Fan방향값 + 30
지정하기 이미지S_Fan1 . 방향 값 가져오기 global 변수_Fan방향값

① [이미지S_Fan1]을 회전하기 위해 [global 변수_Fan방향값] + 30을 하여 [global 변수_Fan방향값]에 지정합니다.

② [global 변수_Fan방향값] 값을 [이미지S_Fan1] 컴포넌트의 [방향] 속성 값으로 지정합니다.

6 선풍기 끄기

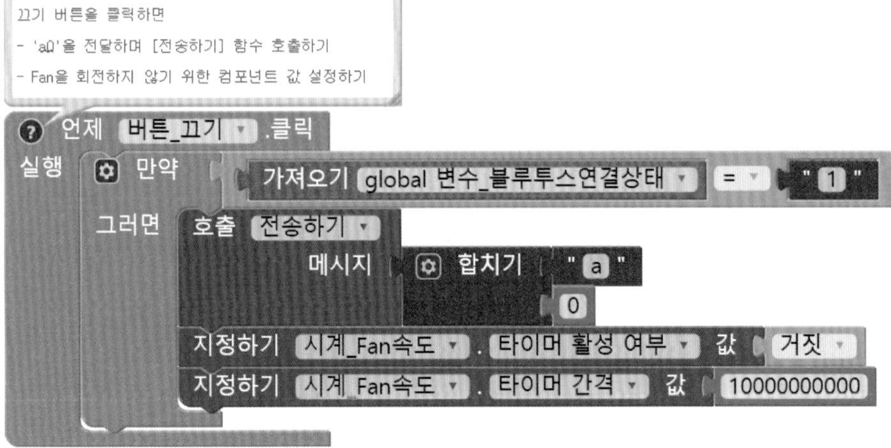

① [끄기] 버튼을 클릭할 경우

② 블루투스에 연결된 상태라면 'a0'을 매개변수로 전달하며 [전송하기] 함수를 호출합니다.

③ 선풍기가 멈추도록 하기 위한 컴포넌트들의 속성을 설정합니다.

7 [Fan 돌리기] 함수 만들기

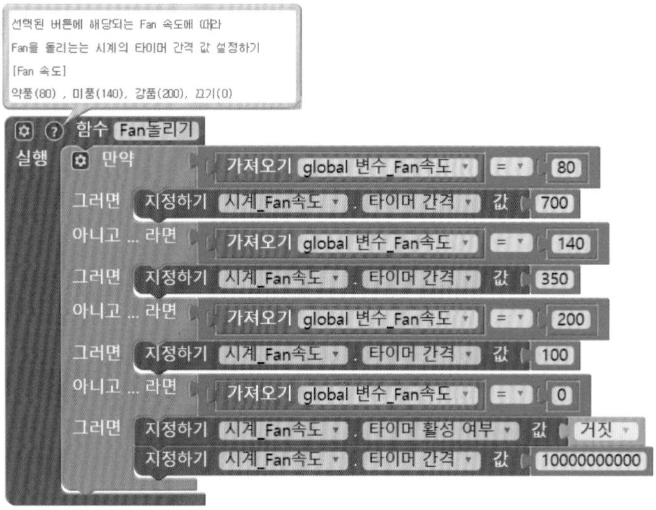

```
선택된 버튼에 해당되는 Fan 속도에 따라
Fan을 돌리는는 시계의 타이머 간격 값 설정하기
[Fan 속도]
약풍(80) , 미풍(140), 강풍(200), 끄기(0)

함수 Fan돌리기
실행  만약  가져오기 global 변수_Fan속도 = 80
      그러면  지정하기 시계_Fan속도 . 타이머 간격 값 700
      아니고 ... 라면  가져오기 global 변수_Fan속도 = 140
      그러면  지정하기 시계_Fan속도 . 타이머 간격 값 350
      아니고 ... 라면  가져오기 global 변수_Fan속도 = 200
      그러면  지정하기 시계_Fan속도 . 타이머 간격 값 100
      아니고 ... 라면  가져오기 global 변수_Fan속도 = 0
      그러면  지정하기 시계_Fan속도 . 타이머 활성 여부 값 거짓
              지정하기 시계_Fan속도 . 타이머 간격 값 10000000000
```

1. [버튼_속도_약풍], [버튼_속도_미풍], [버튼_속도_강풍] 버튼을 클릭해서 정해지는 Fan의 속도 값을 비교합니다.
2. [시계_Fan속도]의 타이머 간격 속성의 값을 약풍 : 80, 미풍 : 140, 강풍 : 200, 끄기 : 0으로 설정하고, 속도에 따라 타이머 간격 또한 약풍 : 700, 미풍 : 350, 강풍 : 100으로 설정합니다.
3. 끄기의 경우에는 Fan을 멈추기 위해 [시계_Fan속도]의 [타이머 활성 여부]를 '거짓'으로 설정하고, [타이머 간격] 속성을 '10000000000'으로 설정합니다(팬의 속도 값이 작을수록 타이머 간격 값은 커져서 팬이 천천히 움직이는 원리를 적용합니다).

8 약풍|미풍|강풍 버튼을 클릭했을 때

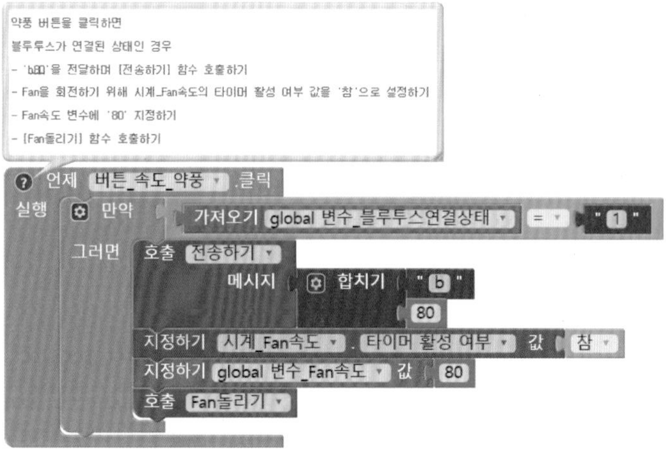

```
약풍 버튼을 클릭하면
블루투스가 연결된 상태인 경우
- 'b80'을 전달하며 [전송하기] 함수 호출하기
- Fan을 회전하기 위해 시계_Fan속도의 타이머 활성 여부 값을 '참'으로 설정하기
- Fan속도 변수에 '80' 지정하기
- [Fan돌리기] 함수 호출하기

언제 버튼_속도_약풍 .클릭
실행  만약  가져오기 global 변수_블루투스연결상태 = "1"
      그러면  호출 전송하기
                  메시지  합치기  "b"
                                  80
              지정하기 시계_Fan속도 . 타이머 활성 여부 값 참
              지정하기 global 변수_Fan속도 값 80
              호출 Fan돌리기
```

❶ [약풍], [미풍], [강풍] 버튼을 클릭할 경우

❷ 블루투스에 연결된 상태라면 버튼에 따라 'b80', 'b140', 'b200'을 매개변수로 전달하며 [전송하기] 함수를 호출합니다.

❸ 선풍기를 회전하기 위해 [시계_Fan속도]의 [타이머 활성 여부] 값을 '참'으로 설정합니다.

❹ Fan속도 변수에 '80', '140', '200'을 지정하고 [Fan돌리기] 함수를 호출합니다.

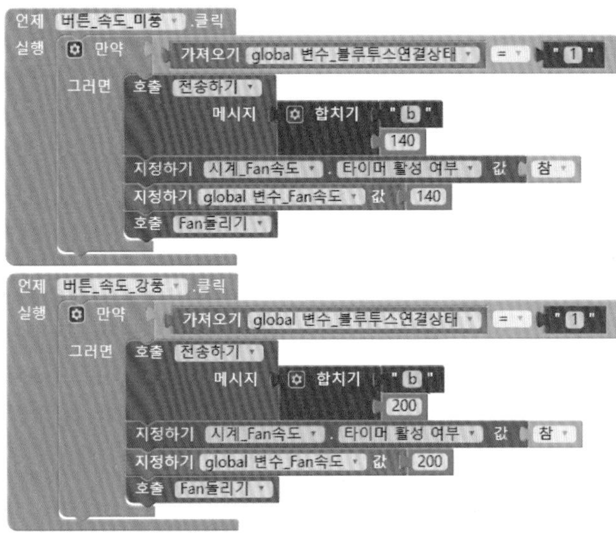

9 전체 코드

```
언제 목록_블루투스 .선택 전
실행 지정하기 목록_블루투스 . 요소 값 블루투스_클라이언트1 . 주소와 이름들
     만약 아니다 블루투스_클라이언트1 . 활성화
     그러면 호출 알림1 .경고창 나타내기
                              알림 " 블루투스를 활성화시켜주세요! "

함수 팝업메시지 내용
실행 호출 알림1 .경고창 나타내기
                     알림 가져오기 내용

함수 연결됨 참거짓
실행 지정하기 목록_블루투스 . 활성화 값 아니다 가져오기 참거짓
     지정하기 버튼_연결끊기 . 활성화 값 가져오기 참거짓
```

```
언제 목록_블루투스 .선택 후
실행 호출 팝업메시지
         내용 합치기 " 연결을 시도합니다.₩n "
                     목록_블루투스 . 선택된 항목
     만약 호출 블루투스_클라이언트1 .연결
                                  주소 목록_블루투스 . 선택된 항목
     그러면 호출 연결됨
                  참거짓 참
            호출 팝업메시지
                  내용 " 연결됐습니다. "
            지정하기 global 변수_블루투스연결상태 값 " 1 "

함수 연결끊기
실행 호출 팝업메시지
           내용 " 연결이 끊겼습니다. "
     호출 블루투스_클라이언트1 .연결 끊기
     호출 연결됨
           참거짓 거짓
     지정하기 global 변수_블루투스연결상태 값 " 2 "

언제 Screen1 .오류 발생
 컴포넌트 함수 이름 오류 번호 메시지
실행 호출 팝업메시지
           내용 합치기 " 에러 "
                       가져오기 오류 번호
                       " "
                       가져오기 함수 이름
                       " : "
                       가져오기 메시지
     만약 가져오기 오류 번호 = 516
     그러면 호출 알림1 .경고창 나타내기
                       알림 " 상대방이 연결을 끊었습니다. "
            호출 연결끊기
     아니고 ... 라면 가져오기 오류 번호 = 507
     그러면 호출 알림1 .경고창 나타내기
                       알림 " 선택한 기기와 연결할 수 없습니다.₩n 기기가 켜져 있는지 확인해주세요. "

언제 버튼_연결끊기 .클릭
실행 호출 연결끊기
     호출 조기화
```

```
전역변수 초기화 변수_블루투스연결상태 값 " "

함수 초기화
실행 지정하기 이미지S_Fan1 . X 값 167
     지정하기 이미지S_Fan1 . Y 값 14
     지정하기 이미지S_Fan2 . X 값 167
     지정하기 이미지S_Fan2 . Y 값 104
     지정하기 시계_Fan속도 . 타이머 활성 여부 값 거짓

언제 Screen1 .초기화
실행 호출 초기화

함수 전송하기 메시지
실행 호출 블루투스_클라이언트1 .텍스트 보내기
                              텍스트 가져오기 메시지

전역변수 초기화 변수_Fan방향값 값 0

언제 시계_Fan속도 .타이머
실행 지정하기 global 변수_Fan방향값 값 가져오기 global 변수_Fan방향값 + 30
     지정하기 이미지S_Fan1 . 방향 값 가져오기 global 변수_Fan방향값

함수 Fan돌리기
실행 만약 가져오기 global 변수_Fan속도 = 80
     그러면 지정하기 시계_Fan속도 . 타이머 간격 값 700
     아니고 ... 라면 가져오기 global 변수_Fan속도 = 140
     그러면 지정하기 시계_Fan속도 . 타이머 간격 값 350
     아니고 ... 라면 가져오기 global 변수_Fan속도 = 200
     그러면 지정하기 시계_Fan속도 . 타이머 간격 값 100
     아니고 ... 라면 가져오기 global 변수_Fan속도 = 0
     그러면 지정하기 시계_Fan속도 . 타이머 활성 여부 값 거짓
            지정하기 시계_Fan속도 . 타이머 간격 값 1000000000
```

```
전역변수 초기화 변수_Fan속도 값 0

언제 버튼_끄기 .클릭
실행 만약 가져오기 global 변수_블루투스연결상태 = "1"
     그러면 호출 전송하기
                 메시지 합치기 "a"
                               0
            지정하기 시계_Fan속도 . 타이머 활성 여부 값 거짓
            지정하기 시계_Fan속도 . 타이머 간격 값 1000000000

언제 버튼_속도_약풍 .클릭
실행 만약 가져오기 global 변수_블루투스연결상태 = "1"
     그러면 호출 전송하기
                 메시지 합치기 "b"
                               80
            지정하기 시계_Fan속도 . 타이머 활성 여부 값 참
            지정하기 global 변수_Fan속도 값 80
            호출 Fan돌리기

언제 버튼_속도_미풍 .클릭
실행 만약 가져오기 global 변수_블루투스연결상태 = "1"
     그러면 호출 전송하기
                 메시지 합치기 "b"
                               140
            지정하기 시계_Fan속도 . 타이머 활성 여부 값 참
            지정하기 global 변수_Fan속도 값 140
            호출 Fan돌리기

언제 버튼_속도_강풍 .클릭
실행 만약 가져오기 global 변수_블루투스연결상태 = "1"
     그러면 호출 전송하기
                 메시지 합치기 "b"
                               200
            지정하기 시계_Fan속도 . 타이머 활성 여부 값 참
            지정하기 global 변수_Fan속도 값 200
            호출 Fan돌리기
```

05 IoT 서비스 확인하기

1 회로가 연결된 아두이노를 준비합니다.

2 USB 케이블로 아두이노와 PC를 연결합니다.

3 아두이노에 연결된 블루투스 모듈을 스마트폰과 페어링합니다.

4 완성된 FanController.aia 앱을 실행합니다.

① [연결] 메뉴를 클릭한 후 [AI 컴패니언] 클릭하기

② QR 코드가 나타나면 스마트폰의 MIT AI2 Companion 앱을 실행하여 [scan QR code] 메뉴로 QR 코드 인식하기

③ 스마트폰의 앱과 아두이노의 기능을 실시간으로 확인하기

아두이노	앱 인벤터

선풍기의 팬이 반시계 방향(CCW)으로 회전하는 것을 시계 방향(CW)으로 회전하도록 앱을 수정하세요.

★ [공통 블록]-[수학] 블록을 사용하여 간단하게 수정할 수 있습니다. 

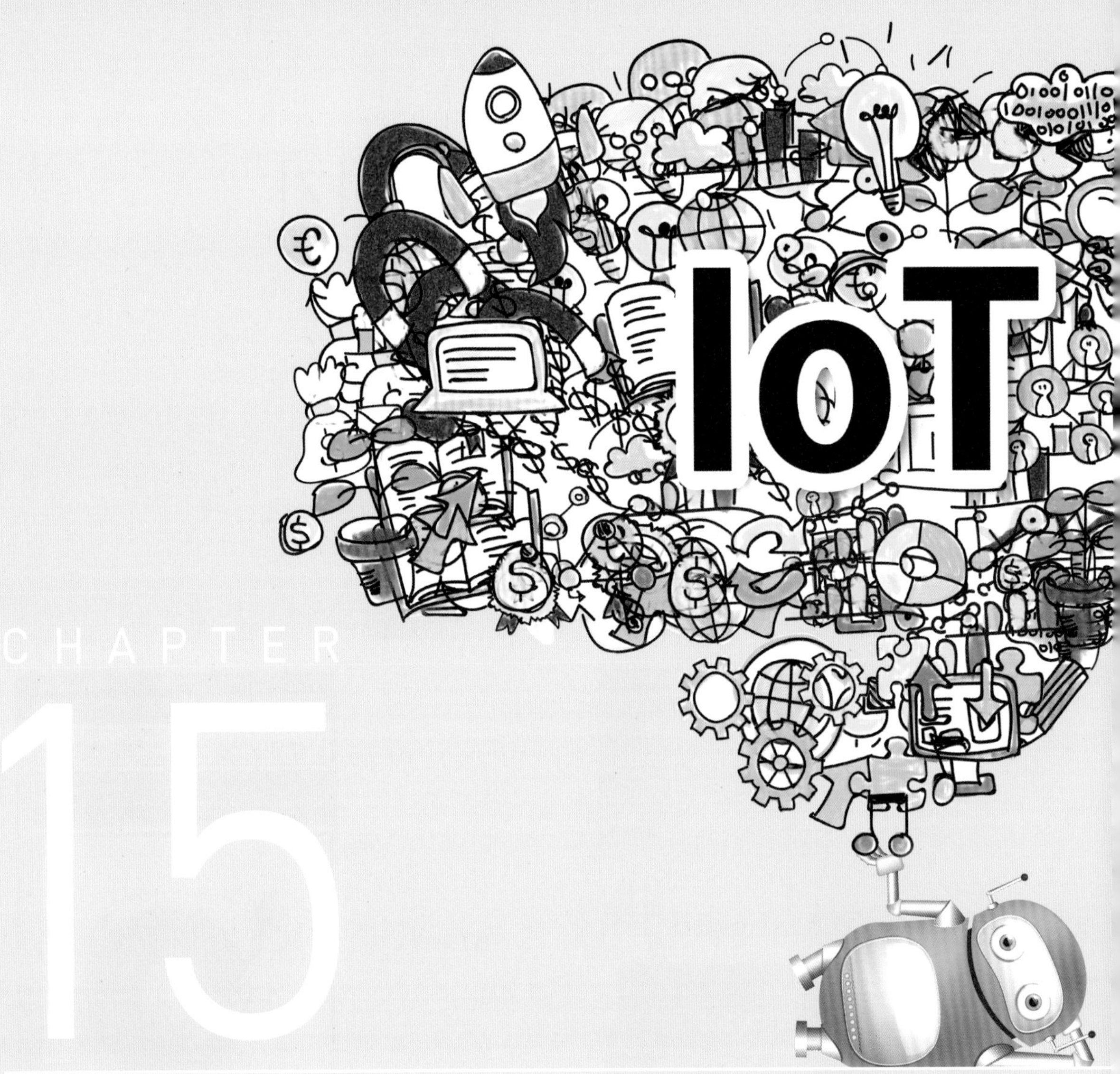

CHAPTER

15

음악 볼륨 조절기 만들기

가변저항을 사용하여 스마트폰의 음악 볼륨을 조절하는 앱을 개발할 수 있습니다.

01 IoT 서비스 설계하기

① 아두이노 보드에 연결된 가변저항을 돌리면 1~100 사이의 데이터가 앱으로 보내지고 그 값에 따라 앱의 볼륨이 조절되도록 설계합니다.

② 연결된 블루투스를 통해 아두이노에서 앱 인벤터로 [숫자]를 보냅니다.

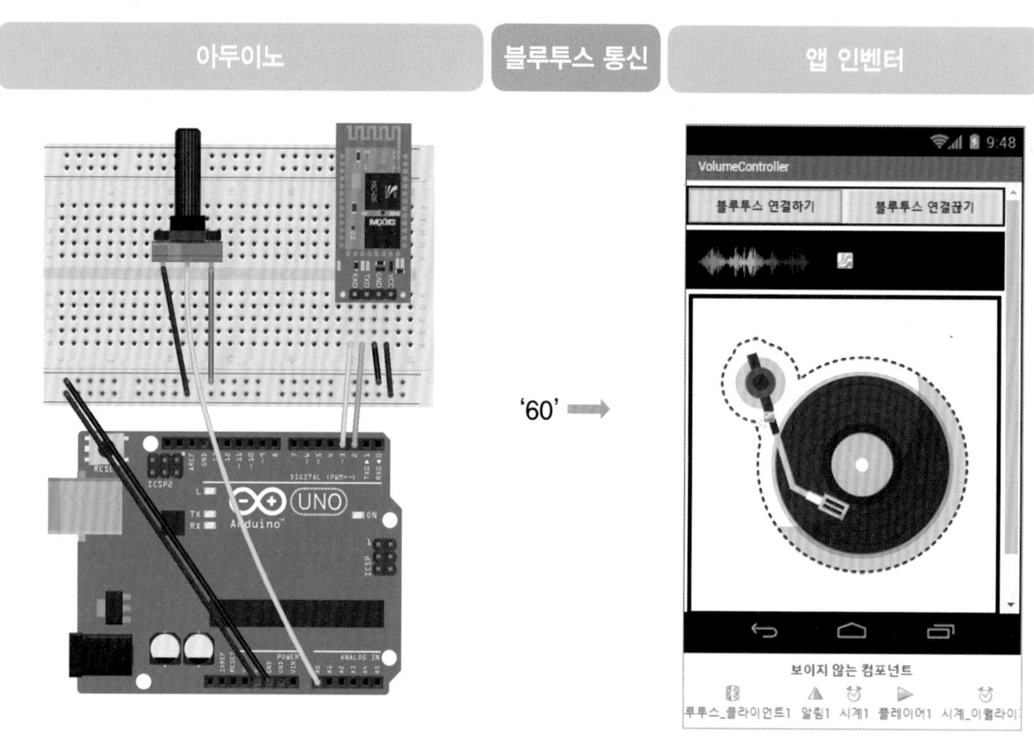

02 아두이노 제작하기

STEP 1 부품 알아보기

1 가변저항이란?

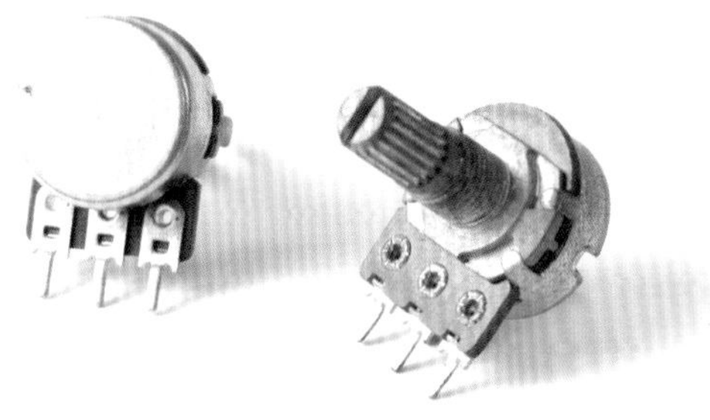

- 가변저항은 허용하는 범위 안에서 임의로 저항 값을 바꿀 수 있는 부품입니다. 교재에 사용된 가변저항은 3개의 핀을 가지고 있으며, 1번과 3번을 전원과 접지에 연결합니다.
- 2번의 전압을 읽어 가변저항의 회전 여부를 알 수 있습니다.
- 가변저항의 손잡이를 돌리면 1번과 2번, 2번과 3번 사이의 저항 값이 변경되고, 이에 따라 2번의 전압도 변경됩니다.

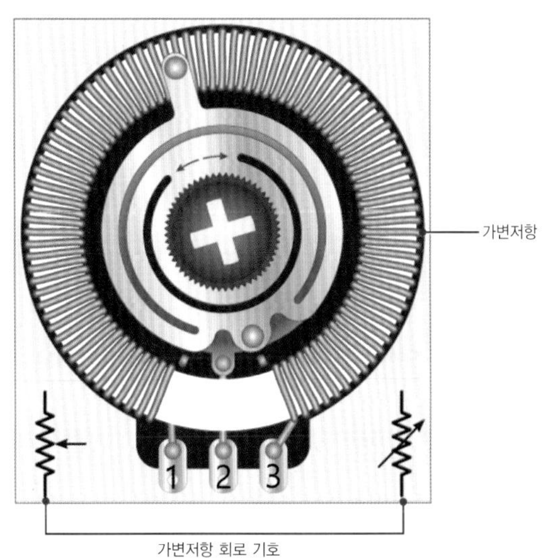

가변저항 회로 기호

STEP 2 부품 준비하기

부품		개수
	아두이노 우노	1
	브레드보드	1
	블루투스 모듈(HC-06)	1
	가변저항(10K)	1
	수수(MM) 점퍼와이어	4(10cm) 2(20cm)
	암수(MF) 점퍼와이어	2(10cm) 1(20cm)

STEP 3 아두이노 연결하기

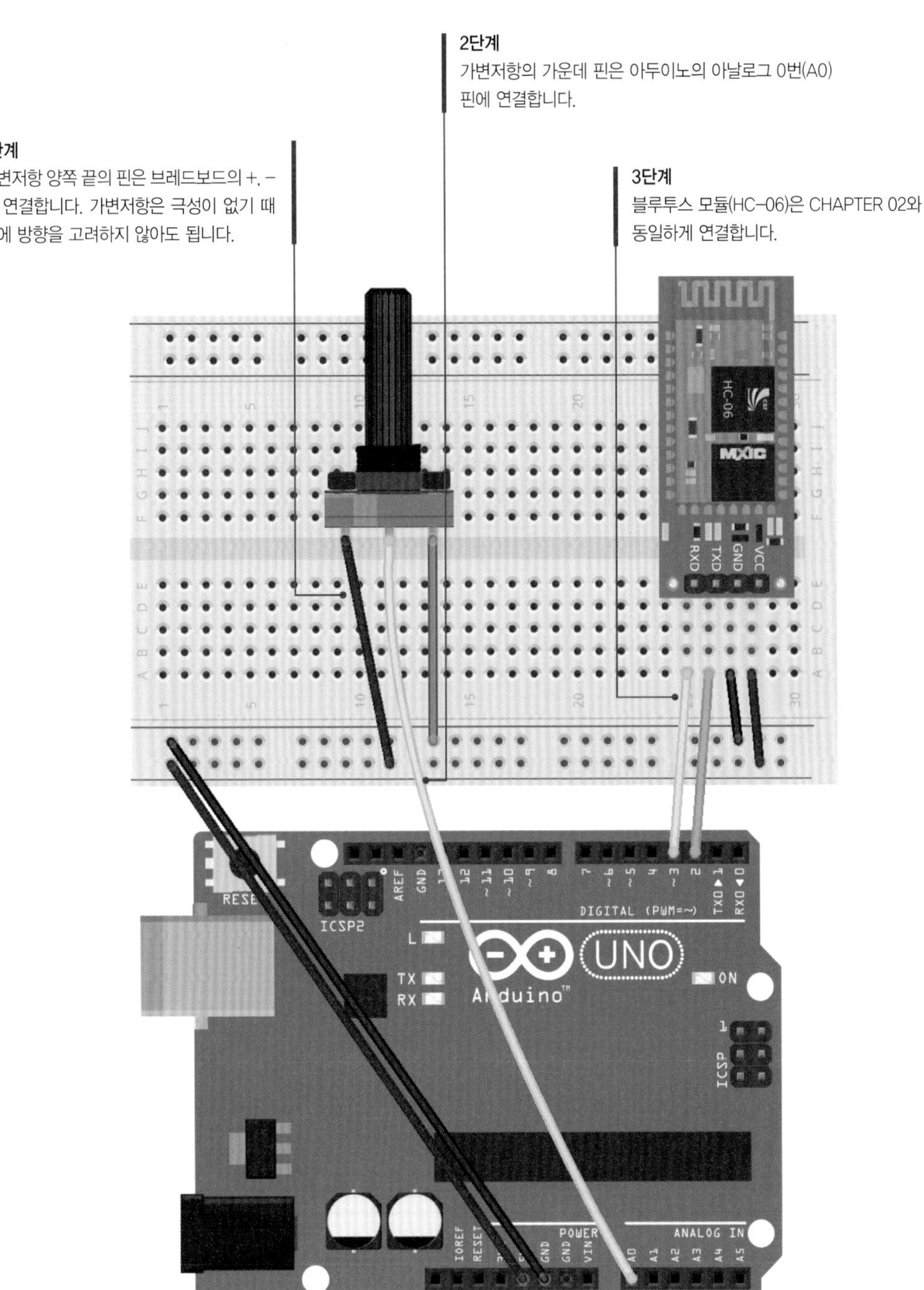

회로를 연결하고 브레드보드의 홀에 다음 이미지와 같이 부품 또는 점퍼와이어가 모두 연결되어야 합니다.

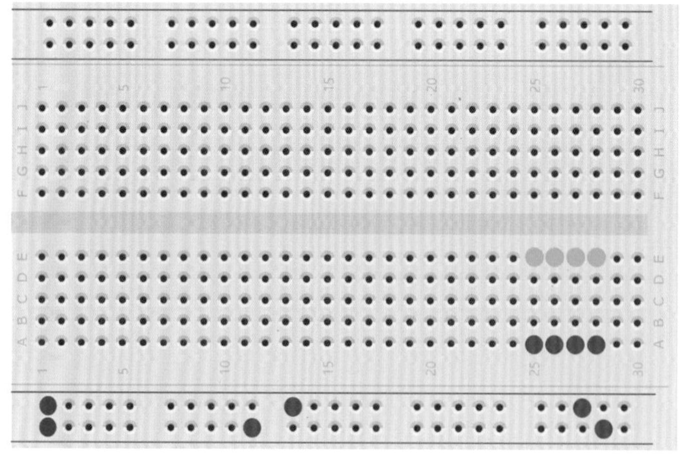

● 블루투스 모듈 ● 점퍼와이어

STEP 4 스케치 작성하기

VolumeController.ino

```
#include <SoftwareSerial.h>
// 가변저항을 아날로그 0번으로 설정한다.
int analogpin=0;
// int형 변수 value를 선언하고 0으로 초기화한다.
int value=0;

SoftwareSerial mySerial(2,3);

void setup() {
     mySerial.begin(9600);
}

void loop() {
  // 아날로그 0번으로부터 값을 읽고, value에 저장한다.
  value = analogRead(analogpin);
  // value를 0~100 범위 안의 값으로 매핑한다.
  value= map(value, 0, 1023, 0, 100);
  // value에 저장된 값을 앱으로 전송한다.
  mySerial.write(byte(value));
  delay(1000);
}
```

STEP 5 스케치 알아보기

int analogpin=0;	■ 가변저항이 연결된 아날로그 0번으로부터 값을 읽기 위해 int형 변수 analogpin을 선언하고 0으로 초기화합니다.
int value=0;	■ 가변저항으로부터 읽은 값을 저장하기 위해 int형 변수 value를 선언하고 0으로 초기화합니다.
analogRead(analogpin);	■ 변수 analogpin에 숫자 0이 저장되어 있기 때문에 아날로그 0번으로부터 값을 읽습니다. ■ 읽은 값의 범위는 0~1023 안의 값입니다.
map(value, 0, 1023, 0, 100);	■ 0~1023 안의 value 값을 0~100 안의 숫자로 매핑합니다.

STEP 6 스케치 컴파일 및 업로드하기

CHAPTER 02 STEP 6의 순서로 스케치를 아두이노 보드로 업로드합니다.

03 앱 인벤터와 아두이노 통신하기

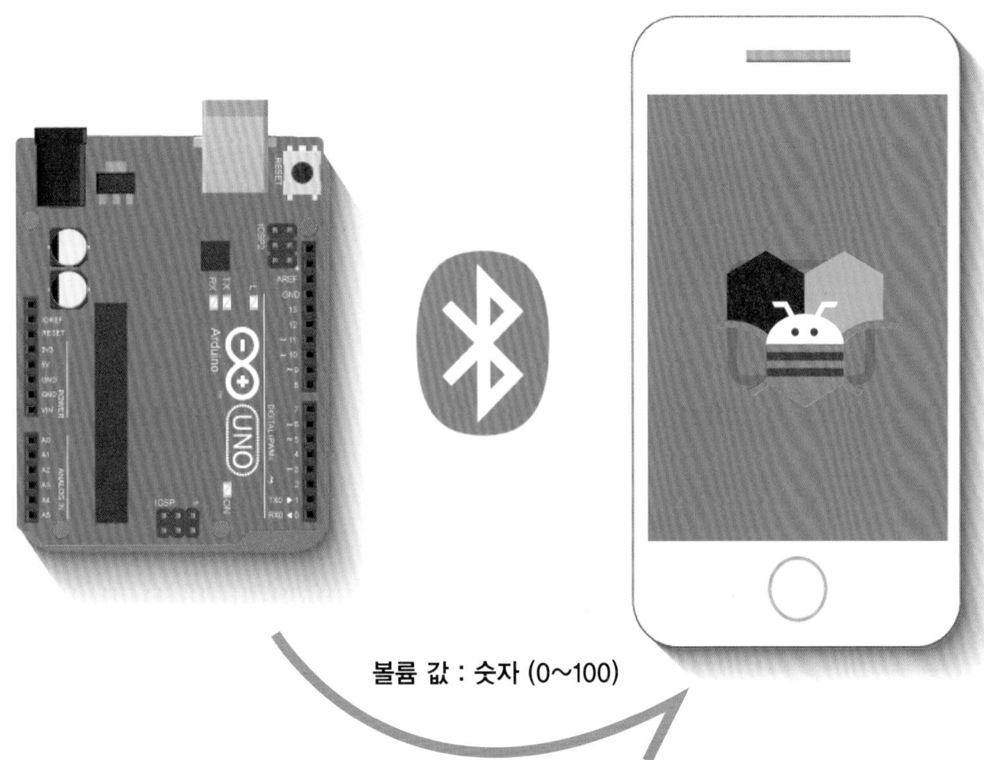

- 아두이노에 연결된 가변저항으로부터 1초마다 값을 읽습니다.
- 읽은 값을 0~100 사이의 값으로 매핑 후 앱으로 보냅니다.
- 앱에서 볼륨 값을 의미하는 숫자 값을 받으면 해당 값으로 소리의 크기를 변경시킵니다.
- 앱에서 아두이노로 보내는 정보는 없습니다.

04 앱 개발하기

STEP 1 디자인 프로젝트 파일 가져오기

1. [프로젝트 〉 내 컴퓨터에서 프로젝트(.aia) 가져오기]를 클릭하여 [디자이너] 화면에서 컴포넌트로만 디자인된 'VolumeController_Design.aia' 프로젝트를 가져옵니다.

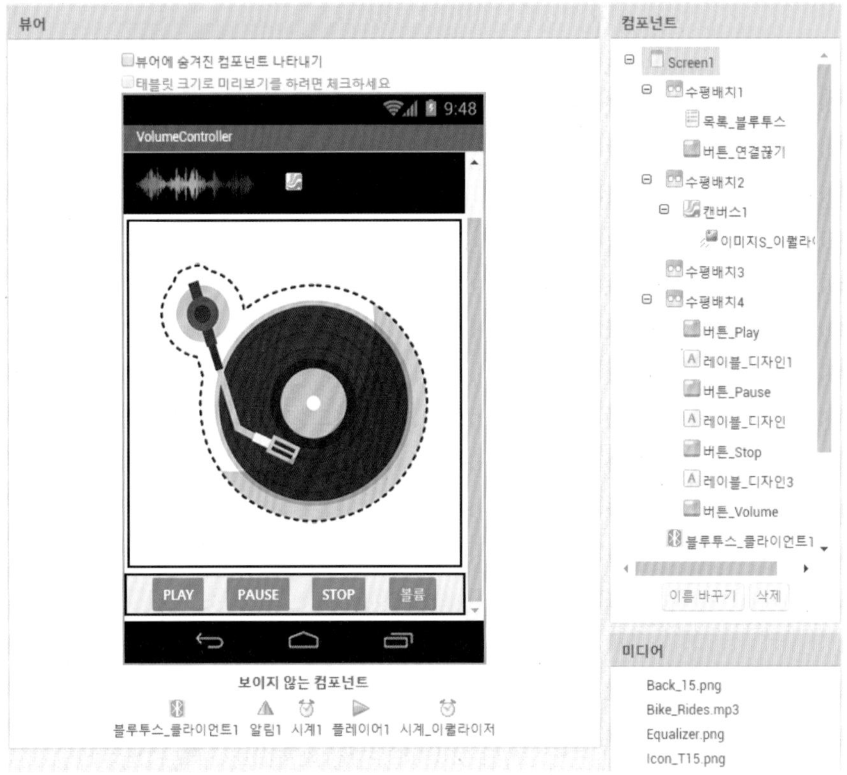

2. [프로젝트 〉 프로젝트 다른 이름으로 저장]을 클릭하여 'VolumeController.aia'라는 새 이름으로 프로젝트를 저장합니다.

STEP 2 컴포넌트 구성하기

'VolumeController.aia' 프로젝트의 컴포넌트 구성은 다음과 같습니다.

종류	팔레트	이름	설명
수평배치	레이아웃	**수평배치1**	[목록_블루투스]와 [버튼_연결끊기]를 수평으로 배치
목록 선택	사용자 인터페이스	**목록_블루투스**	연결 가능한 블루투스 정보 보여 주기
버튼	사용자 인터페이스	**버튼_연결끊기**	연결된 블루투스 연결 끊기
수평배치	레이아웃	**수평배치2**	[캔버스1] 배치
캔버스	그리기 & 애니메이션	**캔버스1**	[이미지S_이퀄라이저] 배치
이미지 스프라이트	그리기 & 애니메이션	**이미지S_이퀄라이저**	이퀄라이저 이미지 보여 주기
수평배치	레이아웃	**수평배치3**	'Back_15.png' 이미지 보여 주기
수평배치	레이아웃	**수평배치4**	[버튼_Play], [버튼_Pause], [버튼_Stop], [버튼_Volume], [레이블_디자인1]~[레이블_디자인3] 배치
버튼	사용자 인터페이스	**버튼_Play, 버튼_Pause, 버튼_Stop, 버튼_Volume**	음악을 재생, 일시정지, 정지, 볼륨 값 보여 주기
레이블	사용자 인터페이스	**레이블_디자인1~ 레이블_디자인3**	버튼 사이의 간격을 두기 위함
블루투스 클라이언트	연결	**블루투스_클라이언트1**	아두이노와 데이터 주고받음
알림	사용자 인터페이스	**알림1**	경고 창 나타내기
시계	센서	**시계1**	아두이노로부터 데이터를 주기적으로 수신하기 위함
플레이어	미디어	**플레이어1**	음악 파일 재생
시계	센서	**시계_이퀄라이저**	[이미지S_이퀄라이저]를 0.5초마다 움직이기 위함

※ 은 [보이지 않는 컴포넌트]입니다.

STEP 3 블록 코딩하기

1 블루투스 통신을 위한 공통 블록

블루투스와 통신을 하는 앱을 개발하기 위해 공통적으로 사용하는 블록입니다.

TIP 블루투스 통신을 위한 공통 블록 

상세한 설명은 [CHAPTER 02 LED 제어하기]의 내용을 참고하기 바랍니다.

2 변수 만들기

1. 아두이노가 보내는 숫자 데이터를 저장하기 위해 [변수_받는데이터]라는 이름의 전역변수를 만듭니다.
2. [변수_받는데이터]의 초깃값을 '0'으로 설정합니다.

3. 아두이노가 보내는 숫자 데이터에서 괄호를 제외하기 위해 [변수_추출된데이터]라는 이름의 전역변수를 만듭니다.
4. [변수_추출된데이터]의 초깃값을 공백으로 설정합니다.

3 초기화하기

1. 앱이 처음 실행되었을 때 초기화해야 할 컴포넌트들의 상태 값을 설정하는 [초기화] 함수를 만듭니다.
2. [이미지S_이퀄라이저]의 [X], [Y] 속성을 설정합니다.

③ [버튼_Volume]의 [텍스트] 속성을 '볼륨'으로 설정합니다.

④ [시계1], [시계_이퀄라이저] 컴포넌트의 [타이머 활성 여부] 속성을 '거짓'으로 설정합니다.

⑤ [Screen1]의 초기화를 실행했을 때 [초기화] 함수를 호출합니다.

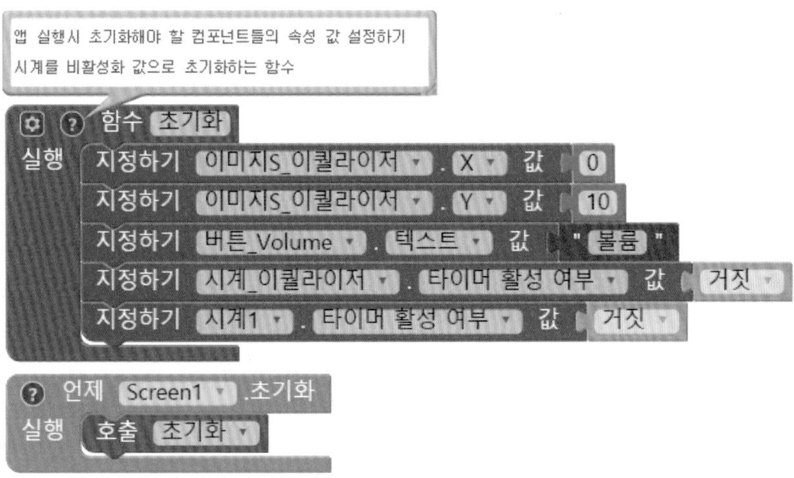

④ [괄호삭제] 함수 만들기

데이터에 있는 ()를 삭제하는 함수

함수 함수_괄호삭제 데이터

실행 지정하기 global 변수_추출된데이터 값 모두 교체하기 가져오기 데이터 부분 " (" 교체 " "

지정하기 global 변수_추출된데이터 값 모두 교체하기 가져오기 global 변수_추출된데이터 부분 ") " 교체 " "

① 데이터에서 '('을 공백으로 교체하여 [global 변수_추출된데이터]에 저장합니다.

② [global 변수_추출된데이터]에서 ')'를 공백으로 교체하여 [global 변수_추출된데이터]에 저장합니다.

5 블루투스로부터 받을 수 있는 데이터가 있다면

① 만약 블루투스로부터 받을 데이터가 있다면

② 받을 수 있는 바이트 크기의 숫자 값을 받아서 미리 만들어 둔 [global 변수_받는데이터]에 저장한 후 데이터에서 괄호를 삭제합니다.

6 볼륨 값에 따라 기능 설정하기

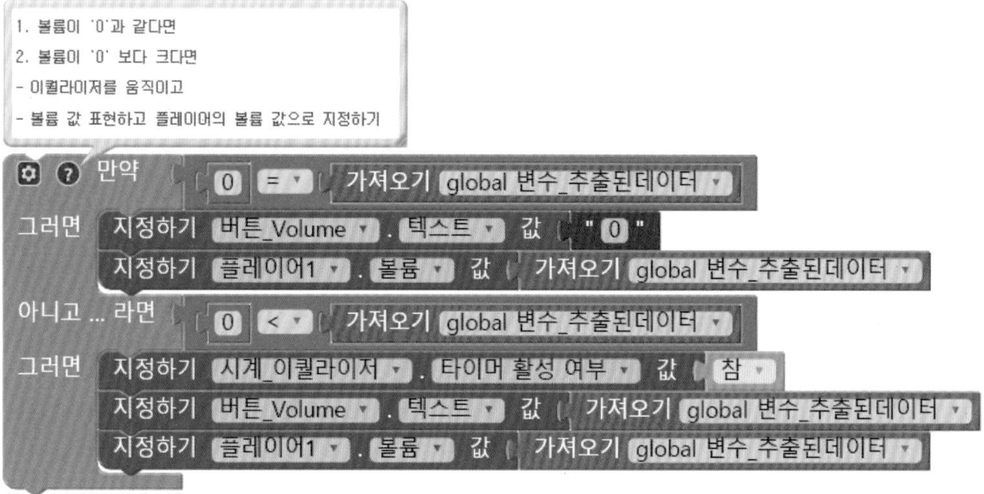

① [global 변수_추출된데이터]의 값이 '0'과 같다면 [버튼_Volume]의 [텍스트] 속성을 '0'으로 설정하고 [플레이어1]의 [볼륨] 속성을 [global 변수_추출된데이터]로 지정합니다.

② [global 변수_추출된데이터]의 값이 '0'보다 크다면 [시계_이퀄라이저]를 활성화하고 [버튼_Volume]의 [텍스트] 속성과 [플레이어1]의 [볼륨] 속성을 [global 변수_추출된데이터]로 지정합니다.

7 1초마다 데이터 수신 후 볼륨 값에 따른 기능 설정하기

```
1초마다 반복하는 시계 컴포넌트
언제 시계1 .타이머
실행 만약 호출 블루투스_클라이언트1 .받을 수 있는 바이트 크기 > 0
  그러면 지정하기 global 변수_받는데이터 값 호출 블루투스_클라이언트1 .부호없는 바이트 받기
                                              바이트 수 호출 블루투스_클라이언트1 .받을 수 있는 바이트 크기
         호출 함수_괄호삭제
                데이터 가져오기 global 변수_받는데이터
  만약 0 = 가져오기 global 변수_추출된데이터
  그러면 지정하기 버튼_Volume . 텍스트 값 "0"
         지정하기 플레이어1 . 볼륨 값 가져오기 global 변수_추출된데이터
  아니고 ... 라면 0 < 가져오기 global 변수_추출된데이터
  그러면 지정하기 시계_이퀄라이저 . 타이머 활성 여부 값 참
         지정하기 버튼_Volume . 텍스트 값 가져오기 global 변수_추출된데이터
         지정하기 플레이어1 . 볼륨 값 가져오기 global 변수_추출된데이터
```

1. 1초마다 블루투스로부터 받을 데이터가 있는지 확인하여 데이터가 있다면
2. [global 변수_추출된데이터]의 값에 따라 기능을 설정합니다.

8 [이퀄라이저_모서리닿으면] 함수 만들기

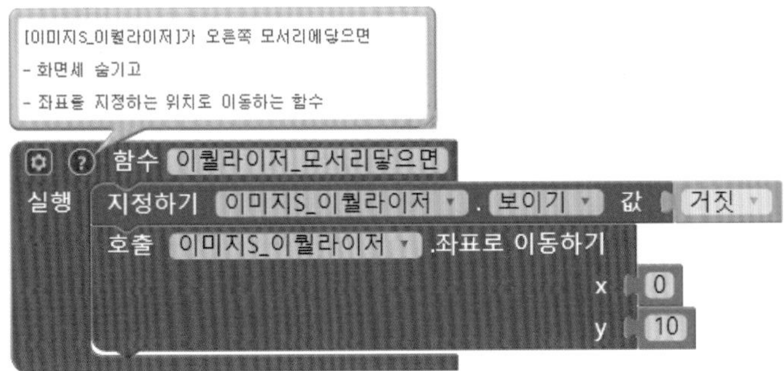

1. [이미지S_이퀄라이저]가 오른쪽 모서리에 닿으면
2. [이미지S_이퀄라이저] 컴포넌트를 화면에서 숨기고
3. X - 0, Y - 10으로 좌표를 이동합니다.

9 [이미지S_이퀄라이저]가 모서리에 닿으면

[이미지S_이퀄라이저]가
- 오른쪽 모서리에 닿을 경우
- [이퀄라이저_모서리닿으면] 함수 호출하기

언제 이미지S_이퀄라이저 .모서리에 닿음
모서리
실행 만약 가져오기 모서리 = 3
그러면 호출 이퀄라이저_모서리닿으면

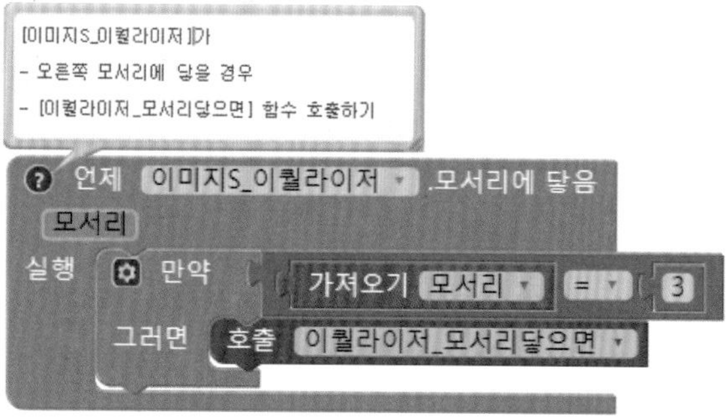

1. [이미지S_이퀄라이저]가 모서리에 닿으면
2. 닿은 모서리가 오른쪽이라면 [이퀄라이저_모서리닿으면] 함수를 호출합니다.

10 0.5초마다 [이미지S_이퀄라이저] 움직이기

0.5초마다 [이미지S_이퀄라이저]를 오른쪽으로 움직이기

언제 시계_이퀄라이저 .타이머
실행 지정하기 이미지S_이퀄라이저 . 보이기 값 참
지정하기 이미지S_이퀄라이저 . 속도 값 5
지정하기 이미지S_이퀄라이저 . 방향 값 0

1. [이미지S_이퀄라이저]를 화면에 보여준 다음
2. 속도를 '5', 방향을 '0'(오른쪽)으로 설정하여 0.5초마다 움직이도록 합니다.

11 플레이어 동작하기

언제 버튼_Play .클릭
실행 호출 플레이어1 .시작

언제 버튼_Pause .클릭
실행 호출 플레이어1 .일시정지

언제 버튼_Stop .클릭
실행 호출 플레이어1 .정지

1. [플레이어1]을 세 가지 기능으로 동작하게 합니다.
2. [PLAY], [PAUSE], [STOP] 버튼을 클릭할 때 그에 해당하는 기능이 실행되게 합니다.

12 전체 코드

```
언제 목록_블루투스 .선택 전
실행 지정하기 목록_블루투스 . 요소 값 블루투스_클라이언트1 . 주소와 이름들
     만약 아니다 블루투스_클라이언트1 . 활성화
     그러면 호출 알림1 .경고창 나타내기
                          알림 " 블루투스를 활성화시켜주세요! "

함수 팝업메시지 내용
실행 호출 알림1 .경고창 나타내기
                   알림 가져오기 내용

함수 연결됨 참거짓
실행 지정하기 목록_블루투스 . 활성화 값 아니다 가져오기 참거짓
     지정하기 버튼_연결끊기 . 활성화 값 가져오기 참거짓
     지정하기 시계1 . 타이머 활성 여부 값 가져오기 참거짓

언제 목록_블루투스 .선택 후
실행 호출 팝업메시지
          내용 합치기 " 연결을 시도합니다.₩n "
                      목록_블루투스 . 선택된 항목
     만약 호출 블루투스_클라이언트1 .연결
                              주소 목록_블루투스 . 선택된 항목
     그러면 호출 연결됨
                 참거짓 참
            호출 팝업메시지
                   내용 " 연결됐습니다. "

함수 연결끊기
실행 호출 블루투스_클라이언트1 .연결 끊기
     호출 팝업메시지
              내용 " 연결이 끊겼습니다. "
     호출 연결됨
         참거짓 거짓
```

언제 Screen1 .오류 발생
컴포넌트 함수 이름 오류 번호 메시지
실행 호출 팝업메시지
내용 합치기 " 에러 "
가져오기 오류 번호
" "
가져오기 함수 이름
" : "
가져오기 메시지
만약 가져오기 오류 번호 = 516
그러면 호출 알림1 .경고창 나타내기
알림 " 상대방이 연결을 끊었습니다. "
호출 연결끊기
아니고 ... 라면 가져오기 오류 번호 = 507
그러면 호출 알림1 .경고창 나타내기
알림 " 선택한 기기와 연결할 수 없습니다.₩n 기기가 켜져 있는지 확인해주세요. "

언제 버튼_연결끊기 .클릭
실행 호출 연결끊기
호출 초기화

전역변수 초기화 변수_받는데이터 값 0
전역변수 초기화 변수_추출된데이터 값 " "

함수 초기화
실행 지정하기 이미지S_이퀄라이저 . X 값 0
지정하기 이미지S_이퀄라이저 . Y 값 10
지정하기 버튼_Volume . 텍스트 값 " 볼륨 "
지정하기 시계_이퀄라이저 . 타이머 활성 여부 값 거짓
지정하기 시계1 . 타이머 활성 여부 값 거짓

언제 Screen1 .초기화
실행 호출 초기화

함수 함수_괄호삭제 데이터
실행 지정하기 global 변수_추출된데이터 값 모두 교체하기 가져오기 데이터
부분 " ("
교체 " "
지정하기 global 변수_추출된데이터 값 모두 교체하기 가져오기 global 변수_추출된데이터
부분 ") "
교체 " "

```
언제 시계1 .타이머
실행 만약 호출 블루투스_클라이언트1 .받을 수 있는 바이트 크기 > 0
     그러면 지정하기 global 변수_받는데이터 값 호출 블루투스_클라이언트1 .부호없는 바이트 받기
                                                  바이트 수 호출 블루투스_클라이언트1 .받을 수 있는 바이트 크기
            호출 함수_괄호삭제
                 데이터 가져오기 global 변수_받는데이터
     만약 0 = 가져오기 global 변수_추출된데이터
     그러면 지정하기 버튼_Volume . 텍스트 값 " 0 "
            지정하기 플레이어1 . 볼륨 값 가져오기 global 변수_추출된데이터
     아니고 ... 라면 0 < 가져오기 global 변수_추출된데이터
     그러면 지정하기 시계_이퀄라이저 . 타이머 활성 여부 값 참
            지정하기 버튼_Volume . 텍스트 값 가져오기 global 변수_추출된데이터
            지정하기 플레이어1 . 볼륨 값 가져오기 global 변수_추출된데이터

언제 버튼_Play .클릭
실행 호출 플레이어1 .시작

언제 버튼_Pause .클릭
실행 호출 플레이어1 .일시정지

언제 버튼_Stop .클릭
실행 호출 플레이어1 .정지

함수 이퀄라이저_모서리닿으면
실행 지정하기 이미지S_이퀄라이저 . 보이기 값 거짓
     호출 이미지S_이퀄라이저 .좌표로 이동하기
                                x 0
                                y 10

언제 이미지S_이퀄라이저 .모서리에 닿음
 모서리
실행 만약 가져오기 모서리 = 3
     그러면 호출 이퀄라이저_모서리닿으면

언제 시계_이퀄라이서 .타이머
실행 지정하기 이미지S_이퀄라이저 . 보이기 값 참
     지정하기 이미지S_이퀄라이저 . 속도 값 5
     지정하기 이미지S_이퀄라이저 . 방향 값 0
```

05 IoT 서비스 확인하기

1 회로가 연결된 아두이노를 준비합니다.

2 USB 케이블로 아두이노와 PC를 연결합니다.

3 아두이노에 연결된 블루투스 모듈을 스마트폰과 페어링합니다.

4 완성된 VolumeController.aia 앱을 실행합니다.

① [연결] 메뉴를 클릭한 후 [AI 컴패니언] 클릭하기

② QR 코드가 나타나면 스마트폰의 MIT AI2 Companion 앱을 실행하여 [scan QR code] 메뉴로 QR 코드 인식하기

③ 스마트폰의 앱과 아두이노의 기능을 실시간으로 확인하기

아두이노	앱 인벤터

가변저항의 손잡이를 반대 방향으로 돌릴 경우 예제와 같은 동작이 발생하도록 스케치를 변경해 보세요.

★ map 함수는 한 범위의 값을 다른 범위의 값으로 매핑합니다.

MEMO

CHAPTER

16

화분 물주기

화분에 물을 주어야 하는데 물통에 물을 담아 직접 물을 주지 않고 앱을 이용하여 정한 주기에 따라 물을 주는 장치를 개발할 수 있습니다.

01 IoT 서비스 설계하기

❶ 앱에서 [물주기] 버튼을 클릭하면 문자열 데이터가 아두이노로 전달되고, 그 문자열의 값이 'water'이면 아두이노에 연결된 모터 드라이버 모듈이 워터펌프를 동작하도록 설계합니다.

❷ 연결된 블루투스를 통해 앱 인벤터에서 아두이노로 [문자열]을 보냅니다.

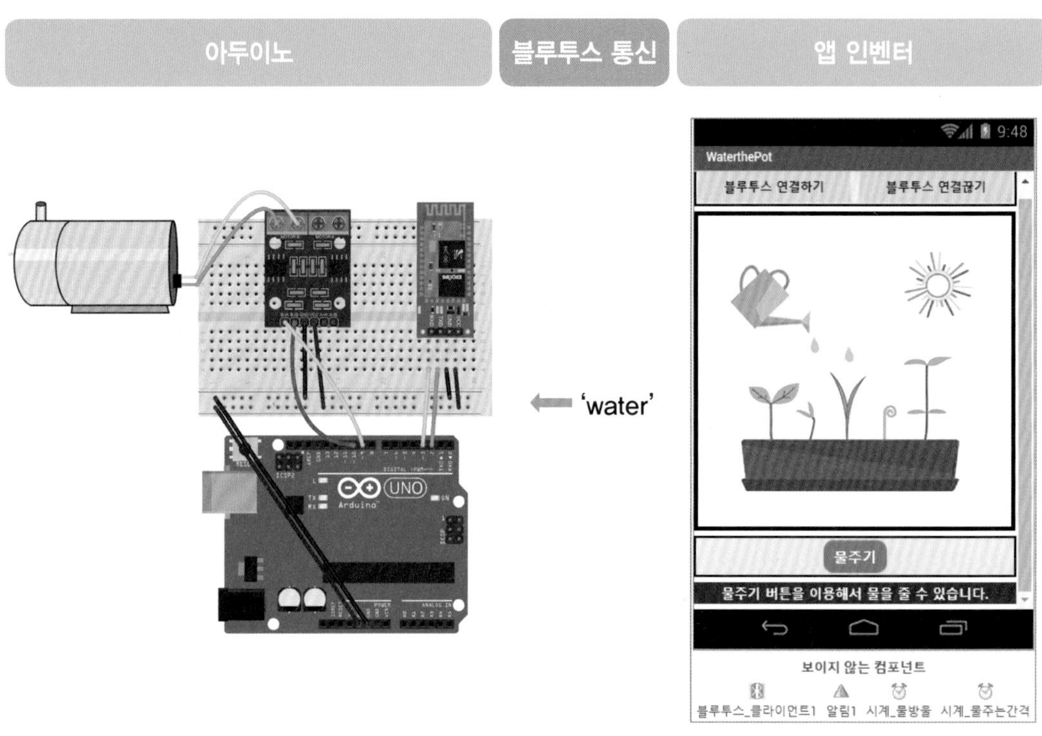

02 아두이노 제작하기

STEP 1 부품 알아보기

1 워터펌프란?

- 워터펌프는 물을 이동시키는 데 사용됩니다. 교재에 사용된 워터펌프는 내부에 DC 모터가 들어가 있으며, 물속에 넣어서 사용합니다.
- 내장된 DC 모터가 동작하면, 옆면의 홀로 물을 흡입하여 돌출된 부분으로 배출합니다.
- 워터펌프는 화분 물주기, 어항 물 채우기, 분수 등 다양한 시제품 제작에 사용될 수 있습니다.

STEP 2 부품 준비하기

부품		개수
	아두이노 우노	1
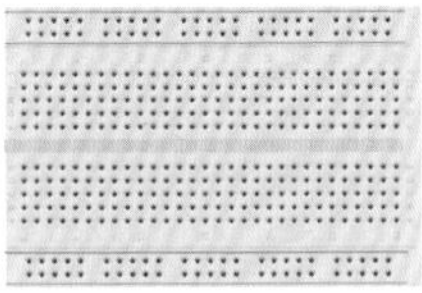	브레드보드	1
	블루투스 모듈(HC-06)	1
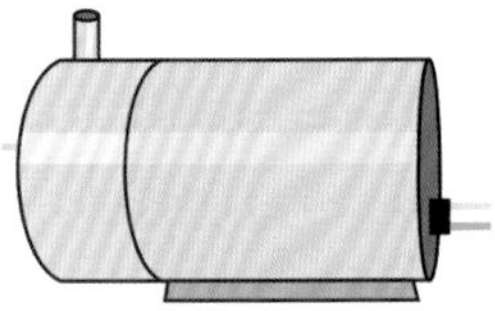	워터펌프	1
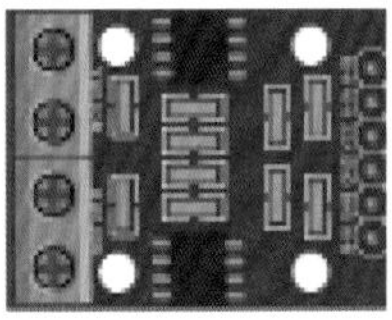	모터 드라이버 모듈(L9110)	1
	수수(MM) 점퍼와이어	4(10cm) 2(20cm)
	암수(MF) 점퍼와이어	4(10cm)

STEP 3 아두이노 연결하기

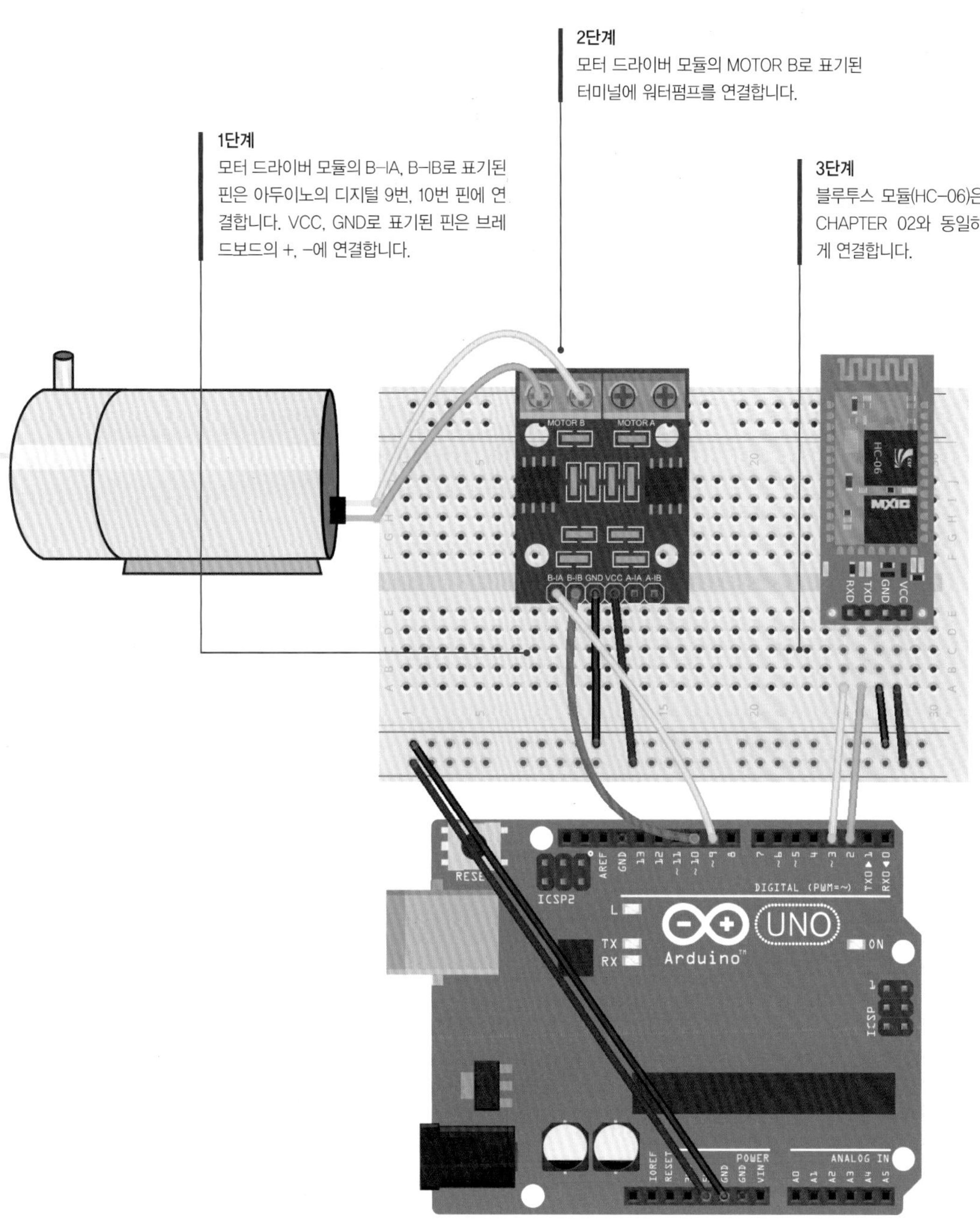

회로를 연결하고 브레드보드의 홀에 다음 이미지와 같이 부품 또는 점퍼와이어가 모두 연결되어야 합니다.

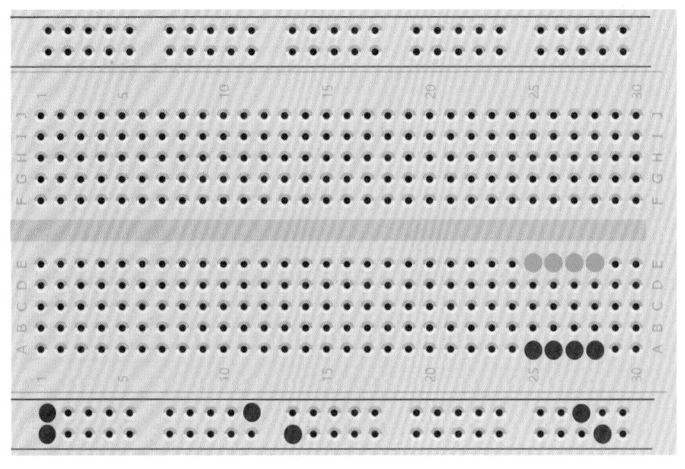

● 블루투스 모듈 ● 점퍼와이어

STEP 4 스케치 작성하기

WaterthePot.ino

```
#include <SoftwareSerial.h>
// 모터 드라이버의 BIA, BIB를 디지털 9, 10번으로 설정한다.
#define BIA 9
#define BIB 10
// int형 변수 waterpump를 선언하고 200으로 초기화한다.
int waterpump = 200;
// 문자열을 저장하기 위한 thisString을 선언한다.
String thisString;

SoftwareSerial mySerial(2,3);

void setup() {
  mySerial.begin(9600);
}

void loop() {
  if(mySerial.available()){
    // 앱에서 보낸 문자열을 읽은 후 thisString에 저장한다.
    thisString=mySerial.readString();
    // thisString이 문자열 water인지 확인한다.
    if(thisString="water")
    {
      // 워터펌프를 5초 동안 동작시킨다.
      analogWrite(BIA, 0);
      analogWrite(BIB, waterpump);
      delay(5000);
      analogWrite(BIB, 0);
    }
  }
}
```

STEP 5 스케치 알아보기

int waterpump = 200;	■ 워터펌프를 동작시키기 위한 값을 저장하기 위해 int형 변수 waterpump를 선언하고 200으로 초기화합니다.
String thisString;	■ 앱에서 보낸 문자열을 저장하기 위해 thisString을 선언합니다.
mySerial.readString()	■ 앱에서 보낸 문자들을 문자열로 읽습니다.
if(thisString="water")	■ 앱으로부터 받은 문자열이 저장된 thisString이 water인지를 확인합니다.
analogWrite(BIB, waterpump);	■ BIB를 상숫값 10으로 정의했기 때문에 디지털 10번을 변수 waterpump에 저장된 값(200)으로 설정합니다. ■ 워터펌프를 약 3.9V(duty cycle : 78%)의 전압으로 동작시킵니다.
analogWrite(BIB, 0);	■ 디지털 10번을 0으로 설정하면, 동작중인 워터펌프가 중지됩니다. ■ 0으로 설정할 경우 전압이 0V(Duty Cycle : 0%)가 됩니다.

STEP 6 스케치 컴파일 및 업로드하기

CHAPTER 02 STEP 6의 순서로 스케치를 아두이노 보드로 업로드합니다.

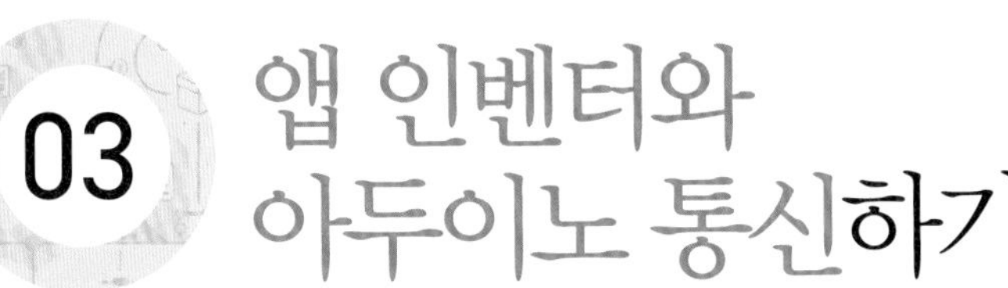

03 앱 인벤터와 아두이노 통신하기

워터펌프 동작시키기 : 문자열 'water'

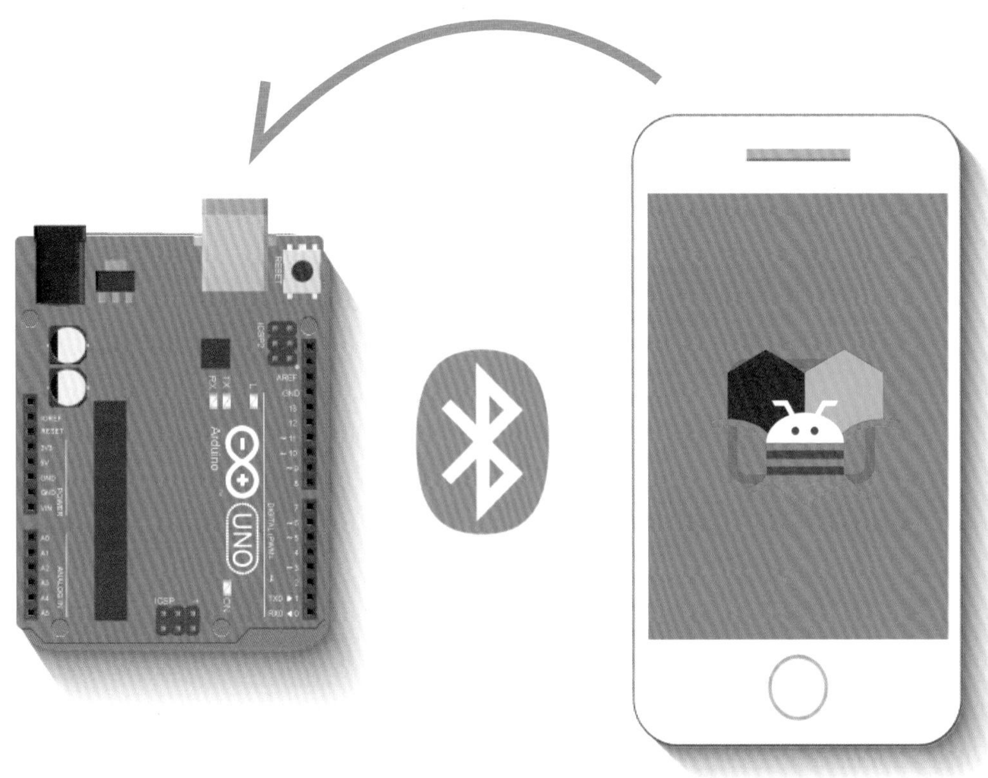

- 앱에서 [물주기] 버튼을 클릭하면 문자열 'water'를 아두이노로 보냅니다.
- 아두이노가 문자열 'water'를 받으면, 워터펌프가 5초 동안 동작합니다.
- 아두이노에서 앱으로 보내는 정보는 없습니다.

04 앱 개발하기

STEP 1 디자인 프로젝트 파일 가져오기

❶ [프로젝트 〉 내 컴퓨터에서 프로젝트(.aia) 가져오기]를 클릭하여 [디자이너] 화면에서 컴포넌트로만 디자인된 'WaterthePot_Design.aia' 프로젝트를 가져옵니다.

❷ [프로젝트 〉 프로젝트 다른 이름으로 저장]을 클릭하여 'WaterthePot.aia'라는 새 이름으로 프로젝트를 저장합니다.

STEP 2 컴포넌트 구성하기

'WaterthePot.aia' 프로젝트의 컴포넌트 구성은 다음과 같습니다.

종류	팔레트	이름	설명
수평배치	레이아웃	**수평배치1**	[목록_블루투스]와 [버튼_연결끊기]를 수평으로 배치
목록 선택	사용자 인터페이스	**목록_블루투스**	연결 가능한 블루투스 정보 보여 주기
버튼	사용자 인터페이스	**버튼_연결끊기**	연결된 블루투스 연결 끊기
수평배치	레이아웃	**수평배치2**	[캔버스1] 배치
캔버스	그리기 & 애니메이션	**캔버스1**	[이미지S_Pot], [이미지S_물방울1], [이미지S_물방울2], [이미지S_화분] 배치, 'Back_16.png' 배경 이미지 보여 주기
이미지 스프라이트	그리기 & 애니메이션	**이미지S_Pot** **이미지S_물방울1** **이미지S_물방울2** **이미지S_화분**	물통, 물방울, 화분 이미지 보여 주기
수평배치	레이아웃	**수평배치3**	[버튼_물주기] 배치
버튼	사용자 인터페이스	**버튼_물주기**	클릭했을 때 'water' 문자열 전송하기
레이블	사용자 인터페이스	**레이블_안내**	앱 사용에 대한 안내
블루투스 클라이언트	연결	**블루투스_클라이언트1**	아두이노와 데이터 주고받음
알림	사용자 인터페이스	**알림1**	경고 창 나타내기
시계	센서	**시계_물방울**	물방울1, 2가 2초 간격으로 움직임
시계	센서	**시계_물주는간격**	5초 간격으로 물을 주기 위함

※ 은 [보이지 않는 컴포넌트]입니다.

STEP 3 블록 코딩하기

1 블루투스 통신을 위한 공통 블록

블루투스와 통신을 하는 앱을 개발하기 위해 공통적으로 사용하는 블록입니다.

TIP 블루투스 통신을 위한 공통 블록

상세한 설명은 [CHAPTER 02 LED 제어하기]의 내용을 참고하기 바랍니다.

2 변수 만들기

초깃값 : 공백
블루투스 연결:1
블루투스 미연결:2

전역변수 초기화 변수_블루투스연결상태 값 " "

1. 블루투스의 연결 상태를 '공백/1/2'의 값으로 갖는 [변수_블루투스연결상태] 전역변수를 만들고 초깃값을 '공백'으로 설정합니다.
2. 블루투스가 연결된 경우에는 '1', 연결되지 않은 경우에는 '2'로 설정합니다.

3 [전송하기] 함수 만들기

1. 앱 인벤터에서 아두이노로 텍스트를 보내기 위한 [전송하기] 함수입니다.
2. **[호출 '블루투스_클라이언트1.텍스트 보내기]** 블록에 [가져오기 '메시지']를 연결합니다.

4 [함수_물주기초기화] 함수 만들기

[시계_물방울]과[시계_물주는간격] 및 물방울 이미지 스프라이트의 활성화 값을 정하는 함수

함수 함수_물주기초기화 활성화
실행 지정하기 이미지S_Pot . 보이기 값 가져오기 활성화
지정하기 이미지S_물방울1 . 보이기 값 가져오기 활성화
지정하기 이미지S_물방울2 . 보이기 값 가져오기 활성화
지정하기 시계_물방울 . 타이머 활성 여부 값 가져오기 활성화
지정하기 시계_물주는간격 . 타이머 활성 여부 값 가져오기 활성화

1. 물방울1, 물방울2, Pot 이미지 스프라이트의 [보이기] 값과 [시계_물방울]과 [시계_물주는간격]의 타이머 활성 여부 값을 설정하는 함수를 만듭니다.
2. 매개변수인 [활성화] 값에 따라 '참' 또는 '거짓'으로 설정됩니다.

5 [함수_물방울1처음위치], [함수_물방울2처음위치] 함수 만들기

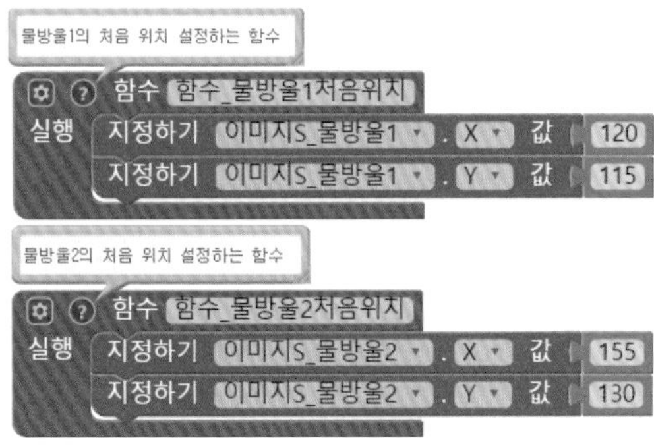

1. 물방울1, 물방울2 이미지 스프라이트의 위치를 설정하는 함수를 만듭니다.
2. 이미지 스프라이트의 위치 값은 'X'와 'Y' 값으로 설정합니다.

6 초기화하기

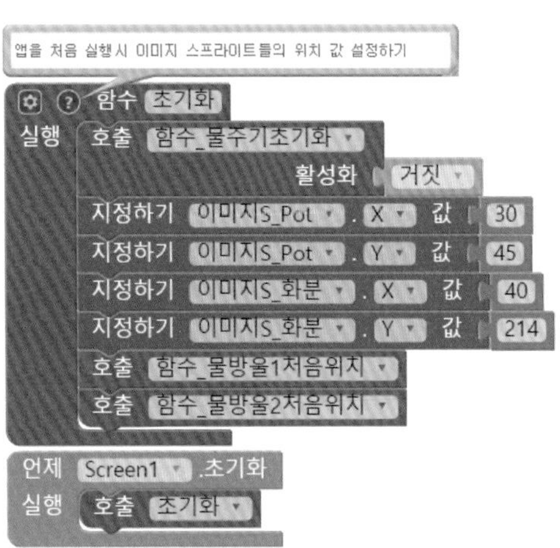

1. 앱이 처음 실행되었을 때 초기화해야 할 컴포넌트들의 상태 값을 설정하는 [초기화] 함수를 만듭니다.
2. [함수_물주기초기화]와 [함수_물방울1처음위치], [함수_물방울2처음위치]를 호출합니다.
3. Pot과 화분 이미지 스프라이트의 위치 값을 설정합니다.
4. [Screen1]의 초기화를 실행했을 때 [초기화] 함수를 호출합니다.

7 물주기 버튼 클릭하기

물주기 버튼을 클릭하면
- 'water'를 전달하면 [전송하기]함수 호출하기
- 물방울1과 물방울2의 위치를 처음으로 설정하고
- 물주기초기화 함수에 "참"을 매개변수로 전달하기

언제 버튼_물주기 .클릭
실행 만약 가져오기 global 변수_블루투스연결상태 = "1"
그러면 호출 전송하기
메시지 " water "
호출 함수_물방울1처음위치
호출 함수_물방울2처음위치
호출 함수_물주기초기화
활성화 참

1 [물주기] 버튼을 클릭하면

2 블루투스에 연결된 상태라면 'water'를 매개변수로 전달하며 [전송하기] 함수를 호출합니다.

3 [함수_물방울1처음위치], [함수_물방울2처음위치]를 호출합니다.

4 '참'을 매개변수로 전달하며 [함수_물주기초기화] 함수를 호출합니다.

8 5초 동안 물주기

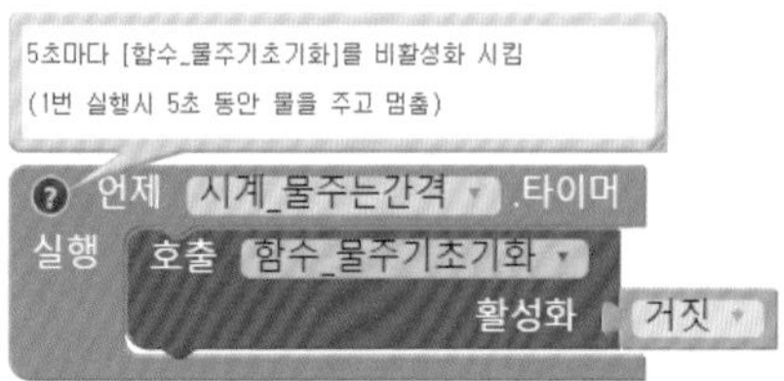

1 5초마다 [함수_물주기초기화]를 비활성화합니다.

2 즉, 한 번 물주기하는 시간이 5초이며, 5초 이후에는 물주는 것이 멈춥니다.

9 물방울 움직이기

2초마다 물방울1과 물방울2가 화분으로 떨어지는 효과를 줌

언제 시계_물방울 .타이머
실행 지정하기 이미지S_물방울1 . X 값 임의의 정수 시작 105 끝 240
지정하기 이미지S_물방울1 . Y 값 임의의 정수 시작 100 끝 140
지정하기 이미지S_물방울2 . X 값 임의의 정수 시작 105 끝 240
지정하기 이미지S_물방울2 . Y 값 임의의 정수 시작 100 끝 140
지정하기 이미지S_물방울1 . 방향 값 270
지정하기 이미지S_물방울1 . 속도 값 5
지정하기 이미지S_물방울2 . 방향 값 270
지정하기 이미지S_물방울2 . 속도 값 7

① 2초마다 물방울1과 물방울2가 아래방향으로 움직이도록 합니다.

② 물방울1과 물방울2의 위치를 일정한 구역에서 임의의 위치로 지정합니다.

③ 물방울은 아래방향(270°)으로 속도를 각각 '5', '7'만큼 움직입니다.

10 [물방울1], [물방울2]가 화분에 닿으면

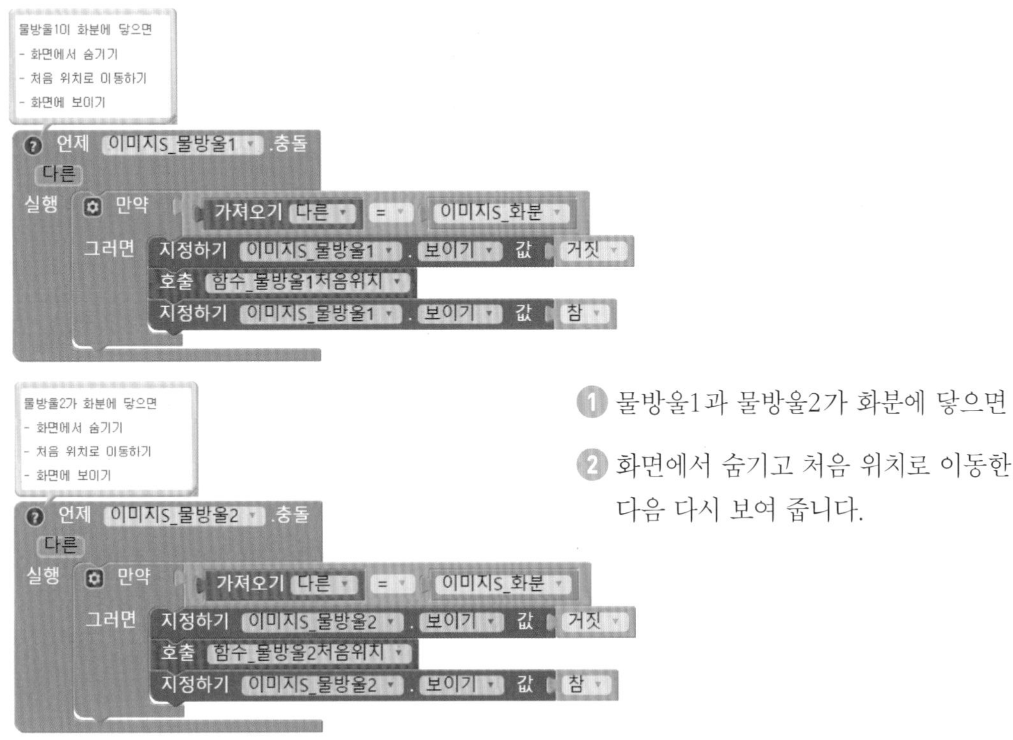

① 물방울1과 물방울2가 화분에 닿으면

② 화면에서 숨기고 처음 위치로 이동한 다음 다시 보여 줍니다.

11 전체 코드

언제 목록_블루투스 .선택 전
실행 지정하기 목록_블루투스 . 요소 값 블루투스_클라이언트1 . 주소와 이름들
만약 아니다 블루투스_클라이언트1 . 활성화
그러면 호출 알림1 .경고창 나타내기
알림 " 블루투스를 활성화시켜주세요! "

함수 팝업메시지 내용
실행 호출 알림1 .경고창 나타내기
알림 가져오기 내용

```
함수 연결됨 참거짓
실행 지정하기 목록_블루투스 . 활성화 값 아니다 가져오기 참거짓
     지정하기 버튼_연결끊기 . 활성화 값 가져오기 참거짓

언제 목록_블루투스 .선택 후
실행 호출 팝업메시지
            내용 합치기 " 연결을 시도합니다.₩n "
                        목록_블루투스 . 선택된 항목
     만약 호출 블루투스_클라이언트1 .연결
                                   주소 목록_블루투스 . 선택된 항목
     그러면 호출 연결됨
                 참거짓 참
            호출 팝업메시지
                     내용 " 연결됐습니다. "
            지정하기 global 변수_블루투스연결상태 값 " 1 "

함수 연결끊기
실행 호출 팝업메시지
            내용 " 연결이 끊겼습니다. "
     호출 블루투스_클라이언트1 .연결 끊기
     호출 연결됨
          참거짓 거짓
     지정하기 global 변수_블루투스연결상태 값 " 2 "

언제 Screen1 .오류 발생
 컴포넌트 함수 이름 오류 번호 메시지
실행 호출 팝업메시지
            내용 합치기 " 에러 "
                        가져오기 오류 번호
                        "   "
                        가져오기 함수 이름
                        " : "
                        가져오기 메시지
     만약 가져오기 오류 번호 = 516
     그러면 호출 알림1 .경고창 나타내기
                          알림 " 상대방이 연결을 끊었습니다. "
            호출 연결끊기
     아니고 ... 라면 가져오기 오류 번호 = 507
     그러면 호출 알림1 .경고창 나타내기
                          알림 " 선택한 기기와 연결할 수 없습니다.₩n 기기가 켜져 있는지 확인해주세요. "

언제 버튼_연결끊기 .클릭
실행 호출 연결끊기
     호출 초기화
```

```
전역변수 초기화 변수_블루투스연결상태 값 " "

함수 전송하기 메시지
실행 호출 블루투스_클라이언트1 .텍스트 보내기
                              텍스트 가져오기 메시지

함수 함수_물주기초기화 활성화
실행 지정하기 이미지S_Pot . 보이기 값 가져오기 활성화
     지정하기 이미지S_물방울1 . 보이기 값 가져오기 활성화
     지정하기 이미지S_물방울2 . 보이기 값 가져오기 활성화
     지정하기 시계_물방울 . 타이머 활성 여부 값 가져오기 활성화
     지정하기 시계_물주는간격 . 타이머 활성 여부 값 가져오기 활성화

함수 함수_물방울1처음위치
실행 지정하기 이미지S_물방울1 . X 값 120
     지정하기 이미지S_물방울1 . Y 값 115

함수 함수_물방울2처음위치
실행 지정하기 이미지S_물방울2 . X 값 155
     지정하기 이미지S_물방울2 . Y 값 130

함수 초기화
실행 호출 함수_물주기초기화
                    활성화 거짓
     지정하기 이미지S_Pot . X 값 30
     지정하기 이미지S_Pot . Y 값 45
     지정하기 이미지S_화분 . X 값 40
     지정하기 이미지S_화분 . Y 값 214
     호출 함수_물방울1처음위치
     호출 함수_물방울2처음위치

언제 Screen1 .초기화
실행 호출 초기화
```

언제 버튼_물주기 .클릭
실행 만약 가져오기 global 변수_블루투스연결상태 = "1"
그러면 호출 전송하기
메시지 "water"
호출 함수_물방울1처음위치
호출 함수_물방울2처음위치
호출 함수_물주기초기화
활성화 참

언제 시계_물주는간격 .타이머
실행 호출 함수_물주기초기화
활성화 거짓

언제 시계_물방울 .타이머
실행 지정하기 이미지S_물방울1 . X 값 임의의 정수 시작 105 끝 240
지정하기 이미지S_물방울1 . Y 값 임의의 정수 시작 100 끝 140
지정하기 이미지S_물방울2 . X 값 임의의 정수 시작 105 끝 240
지정하기 이미지S_물방울2 . Y 값 임의의 정수 시작 100 끝 140
지정하기 이미지S_물방울1 . 방향 값 270
지정하기 이미지S_물방울1 . 속도 값 5
지정하기 이미지S_물방울2 . 방향 값 270
지정하기 이미지S_물방울2 . 속도 값 7

언제 이미지S_물방울1 .충돌
다른
실행 만약 가져오기 다른 = 이미지S_화분
그러면 지정하기 이미지S_물방울1 . 보이기 값 거짓
호출 함수_물방울1처음위치
지정하기 이미지S_물방울1 . 보이기 값 참

언제 이미지S_물방울2 .충돌
다른
실행 만약 가져오기 다른 = 이미지S_화분
그러면 지정하기 이미지S_물방울2 . 보이기 값 거짓
호출 함수_물방울2처음위치
지정하기 이미지S_물방울2 . 보이기 값 참

05 IoT 서비스 확인하기

1 회로가 연결된 아두이노를 준비합니다.

2 USB 케이블로 아두이노와 PC를 연결합니다.

3 아두이노에 연결된 블루투스 모듈을 스마트폰과 페어링합니다.

4 완성된 WaterthePot.aia 앱을 실행합니다.

① [연결] 메뉴를 클릭한 후 [AI 컴패니언] 클릭하기

② QR 코드가 나타나면 스마트폰의 MIT AI2 Companion 앱을 실행하여 [scan QR code] 메뉴로 QR 코드 인식하기

③ 스마트폰의 앱과 아두이노의 기능을 실시간으로 확인하기

아두이노	앱 인벤터

[그리기 & 애니메이션]의 [공] 컴포넌트를 사용하여 물방울의 개수를 2개 더 추가하여 4개로 늘리고, 더 넓은 영역에서 떨어지도록 앱을 수정해 보세요.

★ [그리기 & 애니메이션]의 [공] 컴포넌트도 [이미지 스프라이트]와 같이 움직입니다.

공 이미지 스프라이트